"十三五"规划民航特色专业统编教材

民航运输地理概论

MINHANG YUNSHU DILI GAILUN

主编 辜英智 刘存绪 魏春霖

四川大学出版社

责任编辑:谢正强
责任校对:袁　捷
封面设计:墨创文化
责任印制:王　炜

图书在版编目(CIP)数据

民航运输地理概论 / 辛英智，刘存绪，魏春霖主编.
—成都：四川大学出版社，2017.8（2024.2重印）
"十三五"规划民航特色专业统编教材
ISBN 978－7－5690－1100－5

Ⅰ.①民… Ⅱ.①辛… ②刘… ③魏… Ⅲ.①航空运输－运输地理－高等学校－教材 Ⅳ.①F56

中国版本图书馆CIP数据核字（2017）第208115号

书名	民航运输地理概论
主　编	辛英智　刘存绪　魏春霖
出　版	四川大学出版社
地　址	成都市一环路南一段24号（610065）
发　行	四川大学出版社
书　号	ISBN 978－7－5690－1100－5
印　刷	四川煤田地质制图印务有限责任公司
成品尺寸	185 mm×260 mm
印　张	20.75
字　数	336千字
版　次	2017年8月第1版
印　次	2024年2月第8次印刷
定　价	58.00元

◆读者邮购本书，请与本社发行科联系。
电话:(028)85408408/(028)85401670/
(028)85408023　邮政编码:610065
◆本社图书如有印装质量问题，请
寄回出版社调换。
◆网址:http://press.scu.edu.cn

■版权所有◆侵权必究■

"十三五"规划民航特色专业统编教材
编写指导委员会

主　　编：辜英智　刘存绪　魏春霖

编　　委：李筱泖　顾建庄　杨　军　刘志惠
　　　　　罗娅兰　李清霞　冷　静　胡启潮
　　　　　马秀英　黄孟颖　王俊雷　李　目
　　　　　魏　薇　王　平　吴　易　石文娟
　　　　　魏　庆　黄怡川　陈　刚　何珊珊
　　　　　张　闪　罗致远　李宛融　王志鸿
　　　　　李潇潇

前 言

2017年2月,中国民用航空局、国家发展和改革委员会、交通运输部联合发布了《中国民用航空发展第十三个五年规划》,明确了"十三五"时期民航发展的五大任务,包括确保航空持续安全,构建国家综合机场体系,全面提升航空服务能力,努力提升空管保障服务水平,以改革创新推动转型发展等。随着中国民航业的高速发展,民航服务人才需求量增大,民航服务专业就业前景广阔。为培养具有较高专业应用水平,综合素质优秀,熟练掌握民航服务理论和基本技能,符合民航业发展需要的复合型、技能型、应用型的高级航空服务专业人才,在大力发展高等职业教育的同时,各级部门和高等院校重视发挥教师的积极性与创造性,鼓励和支持教师编写具有高职教育特色和民航服务特色的教材。

四川东星航空教育集团从2007年创建伊始,就致力于为中国民航培养高素质的航空服务类专门人才。集团旗下的成都东星航空旅游专修学院汇集了一大批热爱民航的专兼职教师,聘请了行业专家指导办学。2011年,学院组织校内教师及校外专家学者,编写了"十二五"规划航空服务专业共计14门课程的统编教材,由四川大学出版社正式出版发行。这套教材在使用过程中,得到了广大师生与同业专家的一致好评。但是,伴随着我国民航业突飞猛进的发展,"十三五"规划对我国民用航空发展提出了新理念、新要求,人民群众对航空安全便捷出行方式有了新期盼,原有教材已不能满足新时代对航空人才培养的需求。

2016年,四川东星航空教育集团成立了"十三五"规划民航特色专业统编教材编委会,启动了对"十二五"规划航空服务专业统编教材的全面修订工作。按照"理论联系实际,图文并茂,与时俱进,科学发展"的

思路,经过一年多的辛勤工作,这套"十三五"规划民航特色专业统编教材即将付梓,由四川大学出版社正式出版。本系列教材包括《民航服务概论》《民航服务礼仪》《民航实用英语》《民航服务心理学》《民航安全检查基础》《民航物流基础概论》等16种,参与编纂的人员有李筱泋、顾建庄、杨军、刘志惠、罗娅兰、李清霞、冷静、胡启潮、马秀英、黄孟颖、王俊雷、李目、魏薇、王平、吴易、石文娟、魏庆、黄怡川、陈刚、何珊珊、张闪、罗致远、李宛融、王志鸿、李潇潇等。辜英智、刘存绪、魏春霖对全书进行了审读、统稿并定稿。

在本系列教材的编写过程中,四川大学出版社的编辑提出了许多宝贵的意见,航空业界的学者与同行专家提供了有益的思路,相关学者的文章和专著提供了实用的信息,在此一并致以诚挚的谢意。相对于我国高速发展的民航服务业,本书还难以概其全貌,疏漏不妥之处在所难免,恳请读者批评指正。

编写组

2017 年 8 月

目　录

第一章　地理与民航运输地理概述 …………………………………………（001）
　第一节　地理学概述 ……………………………………………………（001）
　　一、地理学的产生与发展 ………………………………………………（001）
　　二、地理学的学科特点与分类 …………………………………………（005）
　第二节　民航运输地理的特点与作用 …………………………………（009）
　　一、民航运输的特点与作用 ……………………………………………（009）
　　二、五大运输体系与民航运输地理学 …………………………………（011）
　　三、民航运输的组成 ……………………………………………………（013）

第二章　自然地理与飞行 ……………………………………………………（016）
　第一节　地球与地球的运动 ……………………………………………（016）
　　一、地球的基本常识 ……………………………………………………（016）
　　二、地理坐标 ……………………………………………………………（021）
　　三、地球的自转与公转 …………………………………………………（023）
　第二节　地球与导航 ……………………………………………………（026）
　　一、天文导航 ……………………………………………………………（027）
　　二、无线电导航 …………………………………………………………（027）
　　三、卫星导航 ……………………………………………………………（030）
　第三节　航空地图 ………………………………………………………（032）
　　一、地图比例尺 …………………………………………………………（032）
　　二、地图符号 ……………………………………………………………（033）
　　三、地图投影 ……………………………………………………………（036）
　第四节　时差与飞行 ……………………………………………………（039）
　　一、时差的产生和时差对人们生活的影响 ……………………………（039）

　　二、时区与区时 …………………………………………………… (039)
　　三、夏令时（Daylight Saving Time） …………………………… (040)
　　四、多时区制国家 ………………………………………………… (041)
　　五、国际日期变更线 ……………………………………………… (042)
　　六、时差和飞行时间的计算 ……………………………………… (043)

第三章　气象与飞行安全 …………………………………………… (045)

第一节　基本气象要素 ……………………………………………… (045)
　　一、气　温 ………………………………………………………… (046)
　　二、气　压 ………………………………………………………… (047)
　　三、空气湿度 ……………………………………………………… (051)
　　四、基本气象要素与飞行 ………………………………………… (053)

第二节　大气层与飞行环境 ………………………………………… (055)
　　一、对流层 ………………………………………………………… (056)
　　二、平流层 ………………………………………………………… (057)
　　三、航行层 ………………………………………………………… (057)

第三节　云与飞行安全 ……………………………………………… (059)
　　一、云 ……………………………………………………………… (059)
　　二、云对飞行安全的影响 ………………………………………… (060)

第四节　风与飞行安全 ……………………………………………… (065)
　　一、风 ……………………………………………………………… (065)
　　二、风切变 ………………………………………………………… (067)
　　三、风对飞行安全的影响 ………………………………………… (070)

第五节　雾与能见度 ………………………………………………… (071)
　　一、雾 ……………………………………………………………… (071)
　　二、能见度 ………………………………………………………… (071)
　　三、雾对飞机起降的影响 ………………………………………… (071)

第六节　气流与飞行安全 …………………………………………… (073)
　　一、高空急流及其对飞行安全的影响 …………………………… (073)
　　二、山地气流及其对飞行安全的影响 …………………………… (073)

第七节　降水与飞机结冰 …………………………………………… (074)

一、降水及其对飞行安全的影响⋯⋯⋯⋯⋯⋯⋯⋯⋯⋯⋯⋯⋯⋯⋯⋯⋯⋯（074）
　　二、飞机结冰及其对飞行安全的影响⋯⋯⋯⋯⋯⋯⋯⋯⋯⋯⋯⋯⋯⋯⋯⋯（077）
　第八节　雷暴与飞机颠簸⋯⋯⋯⋯⋯⋯⋯⋯⋯⋯⋯⋯⋯⋯⋯⋯⋯⋯⋯⋯⋯⋯（080）
　　一、雷　暴⋯⋯⋯⋯⋯⋯⋯⋯⋯⋯⋯⋯⋯⋯⋯⋯⋯⋯⋯⋯⋯⋯⋯⋯⋯⋯（080）
　　二、飞机颠簸⋯⋯⋯⋯⋯⋯⋯⋯⋯⋯⋯⋯⋯⋯⋯⋯⋯⋯⋯⋯⋯⋯⋯⋯⋯⋯（081）

第四章　民航运输布局与经济分析⋯⋯⋯⋯⋯⋯⋯⋯⋯⋯⋯⋯⋯⋯⋯⋯⋯⋯⋯⋯（087）
　第一节　航线与航线网络⋯⋯⋯⋯⋯⋯⋯⋯⋯⋯⋯⋯⋯⋯⋯⋯⋯⋯⋯⋯⋯⋯（087）
　　一、航线的定义及其分类⋯⋯⋯⋯⋯⋯⋯⋯⋯⋯⋯⋯⋯⋯⋯⋯⋯⋯⋯⋯⋯（087）
　　二、航线网络及其分类⋯⋯⋯⋯⋯⋯⋯⋯⋯⋯⋯⋯⋯⋯⋯⋯⋯⋯⋯⋯⋯⋯（088）
　　三、城市对式航线网络⋯⋯⋯⋯⋯⋯⋯⋯⋯⋯⋯⋯⋯⋯⋯⋯⋯⋯⋯⋯⋯⋯（089）
　　四、城市串式航线网络⋯⋯⋯⋯⋯⋯⋯⋯⋯⋯⋯⋯⋯⋯⋯⋯⋯⋯⋯⋯⋯⋯（090）
　　五、中枢辐射式航线网络⋯⋯⋯⋯⋯⋯⋯⋯⋯⋯⋯⋯⋯⋯⋯⋯⋯⋯⋯⋯⋯（090）
　第二节　影响民航运输布局的主要因素⋯⋯⋯⋯⋯⋯⋯⋯⋯⋯⋯⋯⋯⋯⋯⋯（097）
　　一、自然因素⋯⋯⋯⋯⋯⋯⋯⋯⋯⋯⋯⋯⋯⋯⋯⋯⋯⋯⋯⋯⋯⋯⋯⋯⋯⋯（098）
　　二、经济因素⋯⋯⋯⋯⋯⋯⋯⋯⋯⋯⋯⋯⋯⋯⋯⋯⋯⋯⋯⋯⋯⋯⋯⋯⋯⋯（099）
　　三、社会因素⋯⋯⋯⋯⋯⋯⋯⋯⋯⋯⋯⋯⋯⋯⋯⋯⋯⋯⋯⋯⋯⋯⋯⋯⋯⋯（101）
　　四、科学技术因素⋯⋯⋯⋯⋯⋯⋯⋯⋯⋯⋯⋯⋯⋯⋯⋯⋯⋯⋯⋯⋯⋯⋯⋯（102）
　　五、地理位置因素⋯⋯⋯⋯⋯⋯⋯⋯⋯⋯⋯⋯⋯⋯⋯⋯⋯⋯⋯⋯⋯⋯⋯⋯（103）
　第三节　影响民航运输布局的主要行业⋯⋯⋯⋯⋯⋯⋯⋯⋯⋯⋯⋯⋯⋯⋯⋯（103）
　　一、旅游业⋯⋯⋯⋯⋯⋯⋯⋯⋯⋯⋯⋯⋯⋯⋯⋯⋯⋯⋯⋯⋯⋯⋯⋯⋯⋯⋯（103）
　　二、对外贸易⋯⋯⋯⋯⋯⋯⋯⋯⋯⋯⋯⋯⋯⋯⋯⋯⋯⋯⋯⋯⋯⋯⋯⋯⋯⋯（106）
　　三、劳务输出⋯⋯⋯⋯⋯⋯⋯⋯⋯⋯⋯⋯⋯⋯⋯⋯⋯⋯⋯⋯⋯⋯⋯⋯⋯⋯（107）
　　四、物流业⋯⋯⋯⋯⋯⋯⋯⋯⋯⋯⋯⋯⋯⋯⋯⋯⋯⋯⋯⋯⋯⋯⋯⋯⋯⋯⋯（109）
　　五、民航运输与其他交通运输方式的关系⋯⋯⋯⋯⋯⋯⋯⋯⋯⋯⋯⋯⋯⋯（110）

第五章　中国民航运输资源地理分布⋯⋯⋯⋯⋯⋯⋯⋯⋯⋯⋯⋯⋯⋯⋯⋯⋯⋯⋯（111）
　第一节　中国民航运输外部资源⋯⋯⋯⋯⋯⋯⋯⋯⋯⋯⋯⋯⋯⋯⋯⋯⋯⋯⋯（111）
　　一、中国民航运输地理概述⋯⋯⋯⋯⋯⋯⋯⋯⋯⋯⋯⋯⋯⋯⋯⋯⋯⋯⋯⋯（111）
　　二、中国的航空区划⋯⋯⋯⋯⋯⋯⋯⋯⋯⋯⋯⋯⋯⋯⋯⋯⋯⋯⋯⋯⋯⋯⋯（114）
　第二节　中国民航运输内部资源⋯⋯⋯⋯⋯⋯⋯⋯⋯⋯⋯⋯⋯⋯⋯⋯⋯⋯⋯（115）
　　一、中国国际航线⋯⋯⋯⋯⋯⋯⋯⋯⋯⋯⋯⋯⋯⋯⋯⋯⋯⋯⋯⋯⋯⋯⋯⋯（115）

二、中国国内航线 (118)
三、中国机场概述 (120)
四、中国航空公司概述 (123)
五、中国民航运输保障企业 (125)
第三节 中国民航运输业的发展现状 (126)
一、运输总周转量 (126)
二、旅客运输量 (127)
三、货邮运输量 (127)
四、机场业务量 (128)
五、运输机队 (131)
六、机场数量 (131)
七、航线网络 (131)
八、对外关系 (132)
九、运输航空（集团）公司 (132)

第六章 中国民航旅游地理概述 (134)
第一节 北京市民航运输旅游地理 (134)
一、北京市航空运输地理环境 (134)
二、北京市航空运输发展布局分析 (136)
第二节 天津市民航运输旅游地理 (144)
一、天津市航空运输地理环境 (144)
二、天津市航空运输发展布局分析 (145)
第三节 上海市民航运输旅游地理 (148)
一、上海市航空运输地理环境 (148)
二、上海市航空运输发展布局分析 (150)
第四节 重庆市民航运输旅游地理 (156)
一、重庆市航空运输地理环境 (156)
二、重庆市航空运输发展布局分析 (158)
第五节 四川省民航运输旅游地理 (161)
一、四川省航空运输地理环境 (161)
二、四川省航空运输发展布局分析 (163)

第六节 云南省航空运输地理·······························(167)
　　一、云南省航空运输地理环境·························(167)
　　二、云南省航空运输发展布局分析·····················(169)

第七节 香港地区航空运输地理·······························(172)
　　一、香港特别行政区航空运输地理环境·················(172)
　　二、香港特别行政区航空运输发展布局分析·············(175)

第八节 澳门地区航空运输地理·······························(178)
　　一、澳门特别行政区航空运输地理环境·················(178)
　　二、澳门特别行政区航空运输发展布局分析·············(180)

第九节 台湾地区航空运输地理·······························(181)
　　一、台湾地区航空运输地理环境·······················(181)
　　二、台湾地区航空运输发展布局分析···················(184)

第七章 世界民航运输布局及区划·······························(189)
第一节 国际民用航空运输管理机构···························(189)
　　一、国际民用航空组织·······························(189)
　　二、国际航空运输协会·······························(195)
　　三、IATA 业务分区·································(199)

第二节 世界主要航线·······································(200)
　　一、世界主要航线分布特点···························(200)
　　二、世界主要国际航线·······························(201)

第三节 世界主要航空公司···································(206)
　　一、世界航空公司概述·······························(206)
　　二、世界航空公司的分布·····························(206)
　　三、北美的航空公司·································(207)
　　四、欧洲的航空公司·································(208)
　　五、亚洲的航空公司·································(208)

第四节 世界主要空港·······································(209)
　　一、北美的空港·····································(210)
　　二、欧洲的空港·····································(215)
　　三、亚洲的空港·····································(217)

第五节　ICAO 和 IATA 对世界航空的区划 …………………（220）
　　一、IATA 业务分区 ………………………………………（220）
　　二、IATA 一区 ……………………………………………（220）
　　三、IATA 二区 ……………………………………………（250）
　　四、IATA 三区 ……………………………………………（286）

第一章 地理与民航运输地理概述

第一节 地理学概述

一、地理学的产生与发展

(一) 地理学的产生

地理学是一门具有悠久历史的科学。自从人类出现以后，人们逐渐认识了地球表面的各种现象，从而产生了地理知识。随着人类社会发展，地理知识成为人类生产、生活不可或缺的知识。"地理"一词在我国最早出现于《周易·系辞》："仰以观于天文，俯以察于地理，是故知幽明之故。"以地理命名的著作最早是东汉时期班固编写的《汉书·地理志》，班固按行政区划对当时各行政区内的户口、山川、矿藏、物产、经济、聚落、名胜等进行记述。在西方，"geography"由希腊语"geographein"一词而来，它最早由古希腊学者埃拉托色尼提出。希腊语"geo"为地球、地表、土地之意，"graphein"为记载、描述之意。"地理"一词的由来和解释说明，地理学是一门"记载地表事物"或者"描述地球"的学问。

随着地理学的发展，人们对地理学的认识不断拓展和深化。1810 年，德国地理学家李特尔指出，布满人的地表空间是地理学的研究领域。此后，德国地理学家李希霍芬进一步阐述，地表是具有相当厚度的一个层或者带，包括大气的下层和地壳的表层，即陆、水、气界的界面。美国地理学家哈特向指出，地球表面是岩石圈、水圈、人圈相互混合的地球外壳部

分，是地理学的研究领域。我国科学家钱学森指出，地球表层是个巨系统，包括了非生物、生物和人等相互关联、相互制约、相互作用的部分，系统的空间范围上至对流层上层，下至岩石圈上部，该系统即地理环境。地理环境是人类社会、一个国家或者地区赖以生存和发展的环境，它不局限于狭义的自然环境，而是由无机的、有机的、社会的三方面要素构成的广义的地理环境，这三方面要素分别受自然规律、生物规律和社会经济规律的支配。作为整体的地理环境，其发展是上述三个方面要素相互作用的结果。其他学科研究这些要素的个别方面，而地理学综合研究其整体。因此，一般认为地理学是一门研究地理环境结构、分布及其发展变化规律的科学，融自然科学和社会科学于一体。简单地说，地理学就是研究人与地理环境关系的学科，研究的目的是更好地开发和保护地球表面的自然资源，协调自然与人类的关系。

（二）地理学的发展历程

地理学是一门既古老又年轻的学科，在其发展过程中，明显地形成了古代地理学、近代地理学和现代地理学三个时期。

1. 古代地理学

自远古至18世纪末，是古代地理学时期，主要以描述性记载地理知识为主，而且这些记载多是片断性的，缺乏理论体系，地理学内部尚未出现学科分化，各国的地理学基本上是在本国封闭的条件下发展起来的。在早期，中国和古希腊的成果最显著。中国的《尚书·禹贡》《管子·地员》《山海经》《水经注》等著作，都是世界上比较早的地理学史料。到了后期，欧洲涌现出了哥伦布、达伽马、麦哲伦等地理探险家，他们的发现极大地推动了地理学的发展。

案例 1.1　《尚书·禹贡》

《尚书·禹贡》成书于战国前后，全书只有1189字，由"九州""导山""导水""水功""五服"五部分组成。"九州"假托大禹治水时划分的疆界，将全国分为冀、青、徐、扬、荆、豫、梁、雍、兖九州，实际上是以河流、山脉、海洋等自然分界划分的，带有自然区划的萌芽。"九州"至今还是中国的代称之一，其中有的州名在现今的地名中仍在沿用。"导山"部分记述山岳，"导水"部分专写河流，"水功"部分记述大禹治水的功绩，"五服"部分以都城为中心由近及远分为甸、侯、绥、要、荒等五服，从整体区域角度记述政治和社会生活。

案例 1.2　地理大发现

哥伦布，意大利航海家，于 1492 年 8 月 3 日黎明前率三艘帆船出发，在大西洋上克服种种困难，于 10 月 12 日登上了巴哈马群岛，发现了新大陆。哥伦布十年间四次西渡大西洋，发现了南美洲大陆和加勒比海一些岛屿，但他至死还认为自己到的是亚洲的南洋群岛，所以把加勒比海岛屿称作西印度群岛。他死后不久，一位名叫亚美利加的意大利人才发现大西洋彼岸不是亚洲而是新的大陆，从此将美洲命名为亚美利加。

1497 年，瓦斯科·达伽马率葡萄牙船队，避开了强大的本哥拉洋流和赤道以南海岸的顶头风，在大西洋绕了一个大圈子，然后沿非洲西海岸绕过好望角，沿非洲东岸向北航行，经莫桑比克，穿过印度洋到达了印度，从而发现了这条苏伊士运河开通前欧洲人前往亚洲的唯一航道。随着这条航道的开通，葡萄牙人占领了印度的果阿，在马六甲海峡建立了基地，租借了中国的澳门并强占了台湾，首次打通与日本的贸易。紧接着大批欧洲人涌入亚洲，带来了基督教，带来了欧洲的文明，也造成了亚洲人受欺侮受压迫的历史。从此，地中海、大西洋的欧洲文明与印度、中国文明连接起来了，人类彼此隔绝的时代基本结束了。

麦哲伦原为葡萄牙人，归属西班牙。在西班牙国王的赞助下，于 1519 年 9 月出发横渡大西洋，绕过南美洲后来以他名字命名的海峡（麦哲伦海峡），驶入太平洋。由于长期在茫茫的太平洋航行，船员患了坏血病，没有粮食、淡水，靠吃老鼠、牛皮、木屑，喝脏水生活，历尽千辛万苦，麦哲伦本人也在与菲律宾土人的冲突中死亡，最后只剩 18 名水手穿过印度洋，绕过好望角，于 1522 年 4 月回到西班牙。他们向东行而从西归，用事实证明了人类的故乡地球是圆球体。

地理大发现给地理科学带来了巨大变革，它的意义也超出地理科学，几乎对所有的自然科学和哲学都是巨大的推动力，是人类近代飞跃性进步的先声。正是由于地理大发现给人类开拓了广阔的发展空间，发现了在当时看来几乎是无穷无尽的资源，才刺激了产业革命的迅速发展，这一发现成为人类历史上、科学发展史上最伟大的事件之一。

2. 近代地理学

从 19 世纪初到 20 世纪 50 年代是近代地理学时期。近代地理学形成的标志是德国洪堡《宇宙》和李特尔《地学通论》两书的问世。近代地理学是产业革命的产物，是随着工业社会的发展而成熟起来的。这一时期，学说纷起、学派林立。地理学的各部门学科几乎都在这个时期出现和建立，因此这也是部门地理学蓬勃发展的时期。

洪堡和李特尔是同时代的人，是近代地理学的开拓者和奠基人。洪堡治学相当广泛，涉及自然地理、地质学、地磁学、气候学、生物地理学等各个方面，为自然地理学、植物地理学的建立奠定了基础。他著有 30 卷的《新大陆热带地区旅行记》《新西班牙王国政治论文集》《植物地理论文集》和巨著《宇宙》（5 卷）。他的著作被译成各国文字出版，特别是《宇宙》被译成几乎所有的欧洲文字，在学术界有着极其深刻的影响。

李特尔最重要的功绩在于他确立了地理学的概念和体系。他指出，地理学的研究对象不是整个宇宙，也不是地球的全部，而是地球表面，用他当时的话来说，就是在地球上所看到的领域。这既区别于物理学、化学、生理学，也区别于历史学和天文学。

3. 现代地理学

从 20 世纪 60 年代至今是现代地理学时期。现代地理学是现代科学技术革命的产物，并随着科学技术的进步而发展，其标志是地理数量方法、理论地理学的诞生和计算机制图、地理信息系统、卫星等应用的出现。社会需求是现代地理学发展的主要动力。从 20 世纪中叶开始，科学技术的突飞猛进、社会的快速发展带来了人口、资源、环境与发展等一系列问题，对地理学研究提出了新的要求。同时科学技术的进步也为地理学提供了新的研究手段，使地理科学研究水平的提高得到了保证，并促使现代地理学的研究内容和研究方法发生了实质性的变化。

首先，地理学的数量革命，特别是 20 世纪 60 年代以来电子计算机的运用，使地理学从以描述为主的形式发展为以数量上的函数来取代文字上的因果说明，并进一步预测人类的空间行为和社会的空间组织的趋势。

其次，现代地理学把空间和过程研究结合起来，改变了传统地理学脱离过程、满足于静态研究的方式。地理学研究的核心——区域地理学在这方面表现特别明显：区域地理学对位置的研究从传统对位置的描述到现在的区位因素的研究和分析，探索地表事物之间的规律性的空间关系，并以此来为与人类活动有关的地面设施提出适当的安排；区域地理学所讲的分布由过去反映分布现状和揭示地域差异到现在对分布规律与分布模式的研究，为生产布局服务；区域地理学所研究的人地关系，由过去注重自然对人类的影响到现在强调人类对自然环境的利用和产生的影响。总之，区域地理学研究内容由过去重描述、解释，强调区域个性，把注意力局限于形态一致的区域，向注重区域内各部分存在着功能上的联系的功能区域方向发展，直到现在面向实践和预测未来。

最后，现代地理学"人文化"趋势非常明显，把"人"（人类和人类社会）作为研究的中心，应用地理学和实验地理学的发展，使地理知识与技能成为解决经济、社会、环境等实际问题（如城乡规划、土地利用、城市容量等问题）的主要研究方法之一。

二、地理学的学科特点与分类

（一）地理学的学科特点

1. 综合性

现代地理学把地球表面作为"人类之家"，其研究对象为整体的"地理综合体"，即"自然·生物·人类系统"。这个综合体或系统，在形式上可以区分为自然环境和人类社会两方面，所以地理学也可区分为自然地理学和人文地理学两大部门。

自然地理学需要研究整个地球表面的自然环境，所以不能不研究地球的形状和运动、气候、水文、地貌、土壤、植被和动物、自然地理环境的地域分布规律和自然带等。人文地理学需要研究人类社会各种经济生活和文化现象，所以不能不研究与地理环境有关的社会、经济、政治、文化等方面。但因自然环境和人类社会之间，以及构成两者本身的各种因素之间，都有着紧密的内在联系，彼此间相互依存、相互制约、相互影响，而形成整个"地理综合体"，这就必然形成了综合性特点。例如"自然与人类"的综合，"人地相关"的综合，这些都是地理学所特有的"综合性特点"。地理学不限于研究地球表面的各个要素，更重要的是把它作为统一的整体，综合地研究其组成要素及它们的空间组合。地理学着重于研究各要素之间的相互作用、相互关系，以及地表综合体的特征和时空变化规律。地理学的综合性研究分为不同的层次，层次不同，综合的复杂程度也不同。高层次的综合研究，即人地相关性的研究，是地理学所特有的。

以机场布局问题为例，它应属于人文地理学下属的经济地理问题，但所必需的场址条件、气象条件等却必须以自然地理为基础，那就离不开自然地理学的范畴。如果片面强调研究经济地理而不同时研究自然地理，那么又怎样对机场布局所必需的自然条件进行综合分析研究呢？在我国，过去由于少数人过分强调自然地理和经济地理的对立性，而忽视两者之间的密切联系，因而导致经济地理有脱离现代地理科学体系而独立的趋势。

2. 区域性

现代地理学除了综合性特点以外，还具有区域性的特点。从全球范围看，地理环境是一个整体，但是地球上不同的地区却存在着明显的地域分异。由于所在地区的纬度高低不同、海陆分布不同、地形的高低起伏不同，对热量和水分的收支都有不同影响，因而可能出现不同的气候、不同的植被、不同的农业、不同的人类生活和社会现象。各不同地区经过综合研究，可以划分为农业区、工业区、经济特区、沿海开放城市等，突出地表现各地区的地理景观特色，并可作为各地区开发建设的科学依据。这就显示出区域性研究的重要意义和重大作用。由于不同的地区存在不同的自然现象和人文现象，一种要素在一个地区呈现出的变化规律在另一个地区可能完全不同，因此研究地理区域就要剖析不同区域内部的结构，包括不同要素之间的关系及其在区域整体中的作用、区域之间的联系，以及它们之间发展变化的制约关系。

因为地理学研究不能脱离一定的地区，地理学特有的综合性和区域性特点是不可能分割开来的。它的综合性特点，要在地区实有的基础上才能显示出来；而它的区域性特点，则需要多学科的综合研究，才能显示出特定地区区域性的全貌。

（二）地理学的分类

1. 采用两分法的分类体系

我国部分地理工作者倾向于采用两分法体系，把地理学分为自然地理学和人文地理学两大部分。

自然地理学研究自然地理环境（或人类自然环境），包括未经人类作用的天然环境和人类作用后发生变化的自然环境。自然地理学将组成自然环境的各种要素相互联系起来，进行综合研究，以阐明自然地理环境的整体、各组成要素及其相互间的结构、功能、物质迁移、能量转换、动态演变及地域分异规律。自然地理学按研究对象分为综合自然地理学和部门自然地理学。综合自然地理学即狭义的自然地理学，对自然环境整体进行系统的综合研究，阐明其历史形成、现代过程、类型特征、地域分异和发展演化，包括古地理学、热量水分平衡、化学地理、生物地理群落（生态系统）等领域，以及景观学、土地学和区域自然地理学等。部门自然地理学以组成自然地理环境的各要素为研究对象，包括地貌学、气候学、水文地理学、土壤地理学、植物地理学和动物地理学等。

人文地理学是以人地关系的理论为基础，探讨各种人文现象的地理分布、扩散和变化，以及人类社会活动的地域结构的形成和发展规律的一门学科。"人文"二字与自然地理学的"自然"二字相对应，泛指各种社会、政治、经济和文化现象。人文地理学经过长期发展已形成一个较完整的学科体系。一般可以分为综合人文地理学和部门人文地理学。综合人文地理学着重对整体社会经济活动或人文现象进行系统的综合研究，以阐明其历史形成、空间分布和发展演化规律。部门人文地理学以某一具体人文现象的空间分布特征和规律为研究对象。由于人文现象复杂多样，部门人文地理学涉及的领域十分宽广，主要包括经济地理学、城市地理学、政治地理学、文化地理学、人口地理学、行为地理学和军事地理学等。部门人文地理学根据研究对象又可进一步细分为若干学科，如经济地理学包括工业地理学、农业地理学和交通运输地理学等，文化地理学包括语言地理学、民俗地理学等。

采用两分法的地理学学科体系如图1.1所示。航空运输地理学属于交通运输地理学的范畴，是交通运输地理学的一个分支。

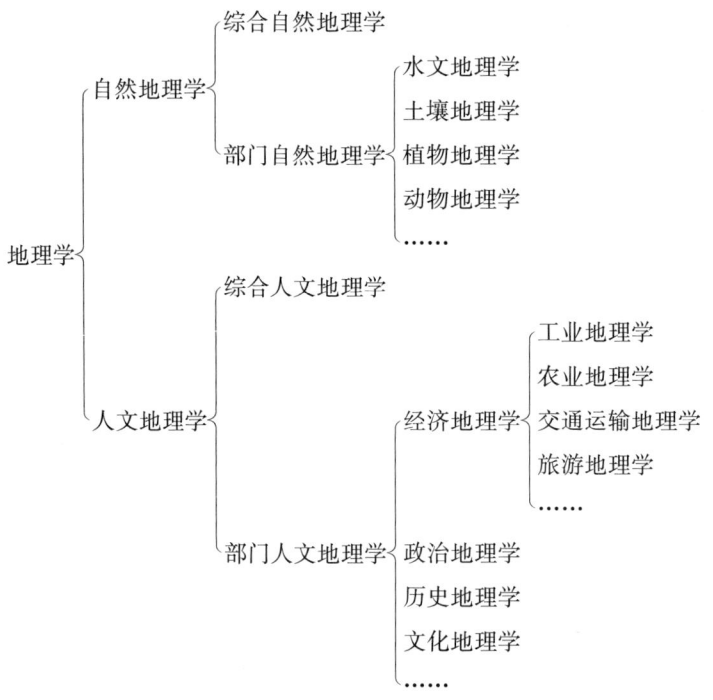

图 1.1　采用两分法的地理学学科体系

2. 钱学森划分的现代地理学学科体系

我国著名科学家钱学森认为，地理科学包括地理学及其相关学科，具有三个层次，即基础理论层次、直接应用的技术性层次和介于两者之间的技术理论层次。基础理论层次是地球表层学，包括自然地理学、人文地理学；应用技术层次包括区域规划、资源开发、环境保护、气象和地震预报等；技术理论层次包括计量地理学、生态经济学、国土经济学、城市学、遥感学、制图学等，如图 1.2 所示。这一体系的划分站在现代科学角度，具有鲜明的时代性。该体系加强了应用与应用理论层次，适应了现代科学技术和生产实践的需要，是真正意义上的现代地理学学科体系。

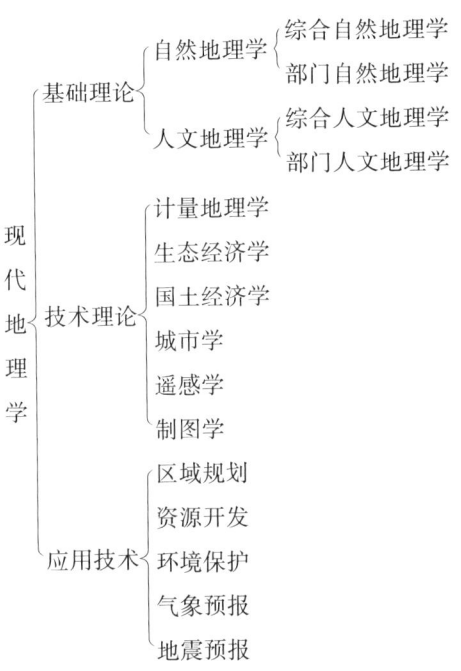

图 1.2　现代地理学学科体系

第二节　民航运输地理的特点与作用

一、民航运输的特点与作用

民用航空运输业是一项现代社会服务业，是生产劳动社会化的形式之一，是专门化生产的第三大产业体系，是国民经济的重要基础支柱。

（一）民航运输的特点

航空运输是一个复杂巨系统，是综合运输系统的一部分。它通过飞机的快速飞行实现人和物的长距离便捷位移，与陆路运输和水路运输既相互竞争又相辅相成，共同组成国家综合运输系统，是国家经济运行及国家间经济往来的大动脉。

航空运输系统与其他运输系统相比，有以下一些相似的特点：

①都需要交通基础设施和载运工具。

②生产能力相对固定而需求波动。

③生产过程即消费过程，产品不能存储，没有卖掉的座位或吨位照样会"生产"出来，但不会产生收益。

④运输产品是无形的，购买前不能事先对它的质量进行判断，只能在消费过程中感受，消费完后才能对质量做出评估。

航空运输系统与其他运输系统相比，有以下一些不同的特点：

①载运工具是飞机，飞机是高科技的产品，价格高昂，以 A380 为例，其造价高达每架 2.4 亿~2.5 亿美元。

②航路由导航系统规定，且有不同的高度层，不需要像公路或铁路那样占用大量土地资源，受地形的限制较少。

③运行速度快、固定成本高，但边际成本低。

④机场是航空运输与陆路交通的衔接点，是重要的运输活动场所。

⑤安全管理特别重要。

⑥实现国际性快速运输，同时也容易受到全球经济危机、战争、大范围流行病、传染病和国际恐怖主义的影响。

⑦受天气、气候等自然因素影响较大。

（二）民航运输的作用

1. 民航运输的经济作用

经济运行总要伴随物资、人员、信息和资金的流动，其中物资和人员的流动依靠交通运输完成。人员的流动常常伴随有资金、信息和知识的流动，物资的流动也伴有资金、信息甚至知识的流动，因此交通运输是连接生产与消费的重要环节，是经济运行的基础。现代经济的快速运行，要求运输速度越来越快，因此航空运输作为最快捷的运输模式，越来越受欢迎，已成为人们出行经常选择的交通方式。航空运输的发展使经济全球化和信息化的特征更加明显。一个国家，一个地区，经济越发达，它的航空运输系统也越发达。与其他交通方式相比，航空运输以最快的速度促进地区间交流，促进更高效生产方式的实现，提供更多的就业机会。

航空运输业的发展促进了经济的发展，同时航空运输业的发展又受到经济发展水平的制约。虽然国民经济的增长可带来航空运输业的更高速增长，但国民经济运行的不平稳将带来航空运输的大波动，经济危机将带来航空运输的大滑坡，因此经济运行的不平稳将直接给航空运输经营带来风险。

现代化机场已经不再仅仅是飞行器运行的保障基地，不再限于是陆路与空中运输的衔接点，而是已成为促进当地经济发展的发动机。大型现代机场就是一座航空城，保税区和航空物流园区的建设使机场成为重要的贸易加工区，发达的零售业、餐饮业和娱乐业不但增加了旅客的消费，而且吸引了大量当地居民到机场购物和娱乐。航空经济现象已经引起人们的关注。

中国民用航空局局长李家祥指出，航空运输业的投入产出比相对比较高，如果投入是1的话，产出可以达到8；而当一个机场的吞吐量达到100万人次时，就会产生18亿元的直接经济效益，对经济的拉动作用巨大。

2. 民航运输的社会作用

航空运输的发展同样对社会发展具有巨大的促进作用，表现为：①航空运输不受地面障碍影响，可以扩大和促进地区间人员、信息、文化交流；②机场不但是一个地方的窗口，一个城市的门户，而且通过航空城的建设可以促进机场周边区域的城市化进程；③航空运输快速便捷，节约人们更多的出行时间，使人们更有效地利用时间，人们可以用更多的时间来学习和更新自己的知识，或进行旅游和娱乐活动，促进第三产业的发展和产业结构的优化；④在发生重大自然灾害时，路面交通往往受到破坏，航空运输在救灾抢险方面，如运送救灾物资和受伤人员，能发挥重要作用，因此有利于社会福利的发展；⑤航空运输的发展将加强国防建设，当国家安全受到外来力量威胁时，可以快速调动军队和运送军事物资。

二、五大运输体系与民航运输地理学

为了更深刻地理解民用航空运输业的特征和特性，首先需要了解一下其他几种运输方式。

（一）五大运输体系

现代运输业是一项社会性生产行为，它与社会的其他生产行为相互依赖、相互促进和相互制约，形成一个紧密联系的社会经济体。现代运输业有五大运输方式：铁路运输、公路运输、水路运输、航空运输和管道运输，它们都有各自的特点。

1. 铁路运输

铁路是在19世纪初出现的，随着工业革命的发展，铁路运输成为陆上运输的主要力量，在世界范围内铁路在货运方面依然占有主导地位，但在客运方面的比例逐渐下降。我国铁路在客运周转量中一直占据30%左右的份额，在运输业中排第二位，次于公路；铁路货运周转量近年来的份额下降比较明显，主要是由于水运增长比较明显。铁路运输的优点有运量大、速度快、运费较低、受自然因素影响小等，其缺点有修筑铁路造价高、消费金属材料多、占地面积大、短途运输成本高等。

2. 公路运输

公路运输是运输业中最早产生的形式，随着汽车的普及和公路网的形成，公路运输无论在货运上还是在客运上都占有很大比重，它的服务灵活性和网络的覆盖面积具有突出的优势。到20世纪90年代初，公路在客运的周转量上已经超过铁路，但在货运上不及铁路的一半。我国近年来高速公路网的迅速建成，使公路运输得到了长足发展。公路运输的优点有应用面广、机动灵活、周转速度快、装卸方便、对各种自然条件适应性强等，其缺点有运量小、耗能多、成本高、运费较贵等。

3. 水路运输

水路运输是古老的运输方式，它的优势在于运价低廉，特别是国际货物运输中，水运占了绝大部分。我国水运在货运上占的比重最大，而且近年来有明显的上升趋势，但在客运上只占据不到1%的份额。水路运输的优点有运量大、投资少、成本低等，其缺点有速度慢、灵活性和连续性差、受航道水文状况和气象等自然条件影响大等。

4. 管道运输

管道运输目前只适用于一些特殊物体，如原油、天然气、煤炭等的运输，它于19世纪中叶开始出现，在我国的货运中只占据1%~2%的份额。管道运输的优点有运量大、损耗小、安全性能高等，其缺点有设备投资大、灵活性差、适用性差等。

5. 航空运输

航空运输出现得最晚，发展得最快，近 20 年来世界航空运输的年增长率在 10％左右，我国则以每年 20％左右的速度递增。我国航空运输占客运周转量的比例位于公路、铁路之后，航空货物由于受到价格和体积的限制，主要用于高品质、特殊需要的货物的运输。航空运输的优点有速度快、舒适性好，是最快捷的运输方式；其缺点有运量小、运费高、设备投资较大等。

（二）民航运输地理学

地理学是研究人类生存的地理环境，以及人类活动与地理环境关系的科学。航空运输是人类活动的组成部分，因而航空运输地理学是研究航空运输与地理环境的关系，研究航空运输的空间分布及其发展规律的一门学科。

作为交通运输地理学的一个分支，航空运输地理学研究的对象和科学性质决定了它具有区域性和综合性这两个鲜明特点。

区域性是地理学也是交通运输地理学的基本属性，所以也是航空运输地理学的基本特点。由于各地区地理环境的差异，工农业生产布局的特点及经济发展水平不一样，人口分布也不同。因而，在不同的地区内，航线、航站分布及客货流的流量、流向等表现出明显的差异，都具有一定的地域性、地理分布性。

航空运输地理学具有很强的**综合性**特点，因为这门学科是从自然、社会、经济、技术等因素的相互联系中来探讨航空运输布局和发展规律的。在分析问题上，强调多因素和区域间相互联系的观点和系统综合的分析方法，并且注意区域的历史发展过程（动态的）、现状特点的形成以及和未来发展趋势预测的紧密结合。因此，无论从它涉及的多因素上讲，还是从它在时间和空间的结合上讲，都具有十分深刻的综合性特点。

三、民航运输的组成

一般认为航空运输系统由航空公司子系统、机场子系统和空管子系统组成。

航空运输系统的组成如图 1.3 所示，系统的边界是"机场陆路到达系统",它有时也作为航空运输系统的一部分进行处理。航空运输系统作为社会系统的子系统,它的外部是社会系统的其他部分和气象等自然系统,系统的服务对象是运输需求发生地(需求源)的旅客或货主。

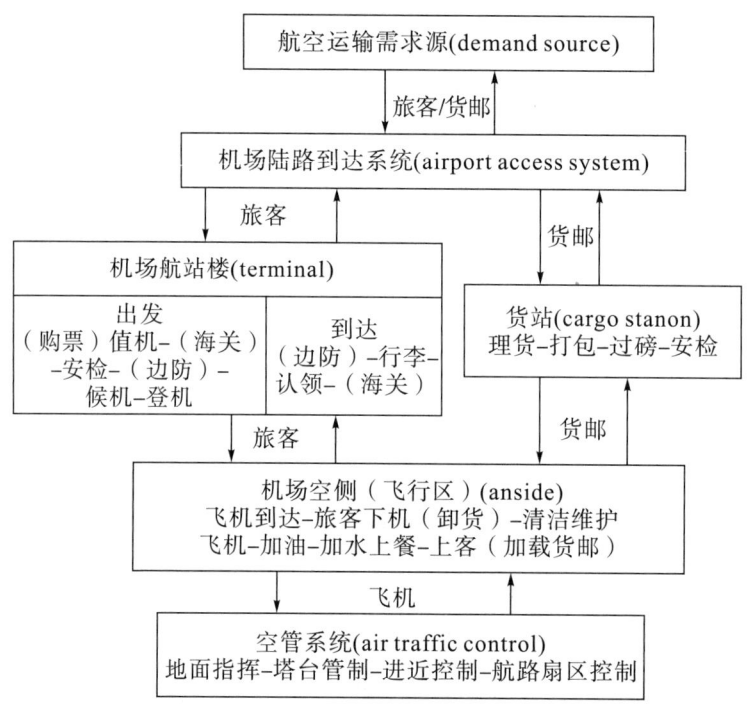

图1.3 航空运输系统

航空公司是运输生产的主体,是航空运输系统直接面对旅客或货主的最主要部分,旅客对航空的不满几乎全部撒向航空公司,即使航班延误是由恶劣天气或飞机流量管理造成的,也会导致旅客对航空公司的抱怨。

旅客通过与航空公司的接触感受航空公司的服务质量,包括机票销售、航站楼服务和机上服务等。航空公司的服务质量取决于服务链上的每个环节,从机队规划(机型的选择)、航线规划、航班计划、机务维修到运行控制,甚至旅客服务信息系统,处处都体现出航空公司的服务水平和服务质量。

机场公司和空中交通管理局则为航空公司提供生产保障服务,帮助和支持航空公司完成运输生产任务,因此航空公司在航空运输系统内部是机场和空管局的客户。

<h2 style="text-align:center">思考练习</h2>

1. 地理学学科特点有哪些？
2. 地理因素对民航运输有哪些影响？
3. 民航运输与其他运输方式相比有哪些优点和缺点？

第二章 自然地理与飞行

第一节 地球与地球的运动

地表是一个巨系统，是与人类有直接关系的地理环境。航空运输的活动范围在地表空间，地表空间与地球本身的空间位置、地球的结构和性质紧密相关。地球的运动造成了昼夜变化、四季更替、地方时差等与飞行有关的地理现象。飞机相对于地表运动，由此而产生了飞行偏移、飞行中昼夜长短等特殊问题。在飞行层次中，还会伴随各种复杂的天气现象，从而影响和制约飞行活动，威胁飞行的安全。

一、地球的基本常识

地球是太阳系从内到外的第三颗行星，也是太阳系中直径、质量和密度最大的类地行星。赤道半径为 6378.140 千米，其大小在太阳系的行星中排列第五位。地球有大气层和磁场，表面的 71% 被水覆盖，其余部分是陆地，是一个蓝色星球。地球是包括人类在内上百万种生物的家园，也是目前人类所知宇宙中唯一存在生命的天体。地球已有 45 亿岁，有一颗天然卫星月球围绕着地球以 27.32 天的周期旋转，而地球自西向东旋转，以近 24 小时的周期自转并且以一年的周期绕太阳公转。

（一）地球的形状和大小

地球是一个两极略扁的不规则椭球体。地球赤道半径 6378.140 千米，地球极半径 6356.755 千米，地球平均半径 6371.004 千米。从这些数据我们可以看到地球赤道半径大，为什么呢？那是因为地球在绕地轴转动的中间部分的离心作用大而使中间即赤道附近的半径大了。再者地壳的不断变动形成地球表面的高山、海洋，还有地震、火山等，都会造成地球表面的不同。

地球表面的总面积为 510067860 平方千米。地球的质量为 6.5856×10^{21} 吨，其密度是水的 5.515 倍。地球的体积估计为 1082513039000 立方千米，也可以近似表示为 1.08×10^{21} 立方米。地球上被水覆盖的面积估计为 36208.2 万平方千米，约占地球表面积的 70.89%。海洋的平均深度估计为 3553.97 米，地球上水的总重量估计为 1.32×10^{18} 吨，海水的体积估计为 1284643.137 立方千米，而淡水的体积为 34990280.04 立方千米。

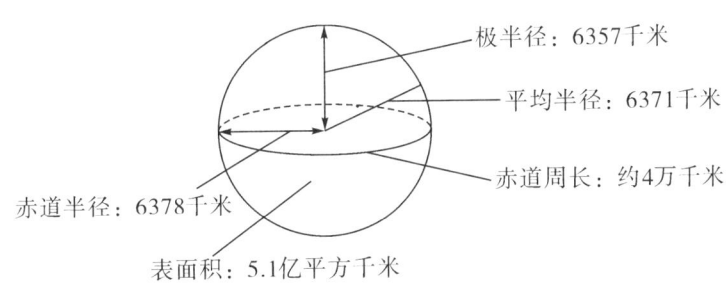

图 2.1　地球形状和大小

（二）地球的结构

1. 地球内部结构

地球的内部结构为一同心圆状圈层构造，由地心至地表依次分化为地核（core）、地幔（mantle）、地壳（crust）。地球地核、地幔和地壳的分界面，主要依据地震波传播速度的急剧变化推测确定。当地壳岩石发生断裂错动时，会产生强烈的震动，这就是地震。地震所释放出的能量非常巨大，可相当于 10 万颗普通的原子弹爆炸。它能使地球像一个巨大的音叉那样发生振动，产生强大的地震波。当人们在地表用仪器观测地震波向地球中心传播时，发现地震波在大陆底下 33 千米左右深处，在海洋底下 10 千米左右深处发生了巨大的突变；在地下 2900 千米左右深处又发生了巨大的突变。这表明地下有两个明显的界面，界面上下物质的物理性质有很大差异。第一个界面位于 33 千米深处，是莫霍洛维奇于 1909 年发现的，简称为"莫霍面"。另一明显界面位于2885千米深处,是美国学者于1914年发现的,简称为"古登堡面"。据此,科学家们认为,地球内部大致可分为组成物质和性质不同的三个同心圈层,最外面的一层称为地壳,最中心部分称为地核,中间一层称为地幔。如果把地球内部结构做个形象的比喻,它就像一个鸡蛋,地核就相当于蛋黄,地幔就相当于蛋白,地壳就相当于蛋壳。

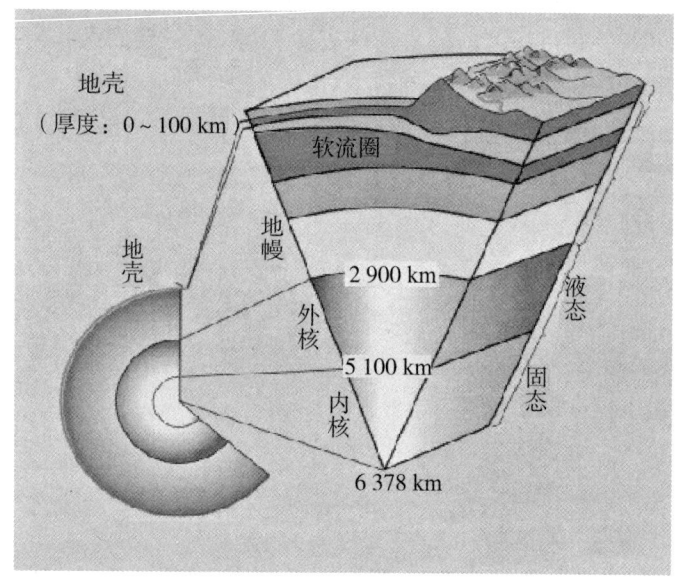

图2.2 地球内部结构

(1)地壳。

地壳的厚度是不均匀的,一般大陆地壳较厚,尤其山脉底下更厚,平均厚度约32千米,海洋地壳较薄,一般在5~10千米。地壳的物质组成除了沉积岩外,基本上是花岗岩、玄武岩等。花岗岩的密度较小,分布在密度较大的玄武岩之上,而且大都分布在大陆地壳,特别厚的地方则形成山岳。地壳上层为沉积岩和花岗岩层,主要由硅-铝氧化物构成,因而也叫硅铝层;下层为玄武岩或辉长岩类组成,主要由硅-镁氧化物构成,称为硅镁层。海洋地壳几乎或完全没有花岗岩,一般在玄武岩的上面覆盖着一层厚0.4~0.8千米的沉积岩。地壳的温度一般随深度的增加而逐步升高,平均深度每增加 1 千米,温度就升高 30℃。

(2) 地幔。

地幔是介于地表和地核之间的中间层,厚度将近 2900 千米,主要由致密的造岩物质构成,这是地球内部体积最大、质量最大的一层。它的物质组成具有过渡性。靠近地壳部分,主要是硅酸盐类的物质;靠近地核部分,则同地核的组成物质比较接近,主要是铁、镍金属氧化物。地幔又可分成上地幔和下地幔两层。下地幔顶界面距地表 1000 千米,密度为 4.7 克/立方厘米,上地幔顶界面距地表 33 千米,密度 3.4 克/立方厘米,因为它主要由橄榄岩组成,故也称橄榄岩圈。一般认为上地幔顶部存在一个软流层,是放射性物质集中的地方,由于放射性物质分裂的结果,整个地幔的温度都很高,在 1000℃～3000℃之间,这样高的温度足可以使岩石熔化,所以地幔可能是岩浆的发源地。但这里的压力很大,有 50 万～150 万个大气压。在这样大的压力下,物质的熔点要升高。在这种环境下,地幔物质具有一些可塑性,但没有熔成液体,可能局部处于熔融状态,这已从火山喷发出来的来自地幔的岩浆得到证实。下地幔温度、压力和密度均增大,物质呈可塑性固态。地球各层的压力和密度随深度增加而增大,物质的放射性及地热增温率,均随深度增加而降低,近地心的温度几乎不变。

(3) 地核。

地核又称铁镍核心,其物质组成以铁、镍为主,又分为内核和外核。内核的顶界面距地表约 5100 千米,约占地核直径的 1/3,可能是固态的,其密度为 10.5～15.5 克/立方厘米。外核的顶界面距地表 2900 千米,可能是液态的,其密度为 9～11 克/立方厘米。推测外地核可能由液态铁组成,内核被认为是由刚性很高的、在极高压下结晶的固体铁镍合金组成。地核中心的压力可达到 350 万个大气压,温度可达 4000℃～5000℃。在这样高温、高压的条件下,地球中心的物质的特点是在高温、高压长期作用下,犹如树脂和蜡一样具有可塑性,但对于短时间的作用力来说,却比钢铁还要坚硬。

2. 地球外部结构

地球外圈分为四圈层,即大气圈、水圈、生物圈和岩石圈。

(1) 大气圈。

大气圈是地球外圈中最外部的气体圈层，它包围着海洋和陆地。大气圈没有确切的上界，在2000～16000千米高空仍有稀薄的气体和基本粒子。在地下，土壤和某些岩石中也会有少量空气，它们也可认为是大气圈的一个组成部分。地球大气的主要成分为氮、氧。由于地心引力作用，几乎全部的气体集中在离地面100千米的高度范围内，其中75%的大气又集中在地面至10千米高度的对流层范围内。根据大气分布特征，在对流层之上还可分为平流层、中间层、高层大气等。

(2) 水圈。

水圈包括海洋、江河、湖泊、沼泽、冰川和地下水等，它是一个连续但不很规则的圈层。从离地球数万公里的高空看地球，可以看到地球大气圈中水汽形成的白云和覆盖地球大部分的蓝色海洋，它使地球成为一颗"蓝色的行星"。其中海洋水质量约为陆地（包括河流、湖泊和表层岩石孔隙和土壤中）水的35倍。如果整个地球没有固体部分的起伏，那么全球将被深达2600米的水层所均匀覆盖。大气圈和水圈相结合，组成地表的流体系统。

(3) 生物圈。

由于存在地球大气圈、地球水圈和地表的矿物，在地球上这个合适的温度条件下，形成了适合于生物生存的自然环境。人们通常所说的生物，是指有生命的物体，包括植物、动物和微生物。据估计，现有生存的植物约有40万种，动物有110多万种，微生物至少有10多万种。据统计，在地质历史上曾生存过的生物有5亿～10亿种之多，然而，在地球漫长的演化过程中，绝大部分生物都已经灭绝了。现存的生物生活在岩石圈的上层部分、大气圈的下层部分和水圈的全部，构成了地球上一个独特的圈层，称为生物圈。生物圈与其他圈层相比，其不同点是，首先，其他圈层是由无机物组成的，而生物则构成了生物圈的主体，是一个非常活跃的圈层；其次，其他圈层都具有相对独立的空间结构，而生物圈则渗透于其他圈层之中，形成一个特殊的结构。生物圈是太阳系所有行星中仅在地球上存在的一个独特圈层。

(4) 岩石圈。

地球岩石圈主要由地壳和地幔圈中上地幔的顶部组成，从固体地球表面向下穿一直延伸到软流圈。岩石圈厚度不均,平均厚度约为 100 千米。由于岩石圈及其表面形态与现代地球物理学、地球动力学有着密切的关系,因此,岩石圈是现代地球科学中研究得最多、最详细、最彻底的固体地球部分。

二、地理坐标

(一) 地理的经纬线

经线和纬线是人们为了在地球上确定位置和方向而在地球仪和地图上画出来的,地面上并没有画经纬线。连接南北两极的线,叫作经线。和经线相垂直的线,叫作纬线。纬线是一条条长度不等的圆圈。最长的纬线,就是赤道。因为经线指示南北方向,所以,经线又叫子午线。国际上规定,把通过英国格林尼治天文台原址的那条经线,叫作 0°经线,也叫本初子午线。在地球上经线指示南北方向,纬线指示东西方向。

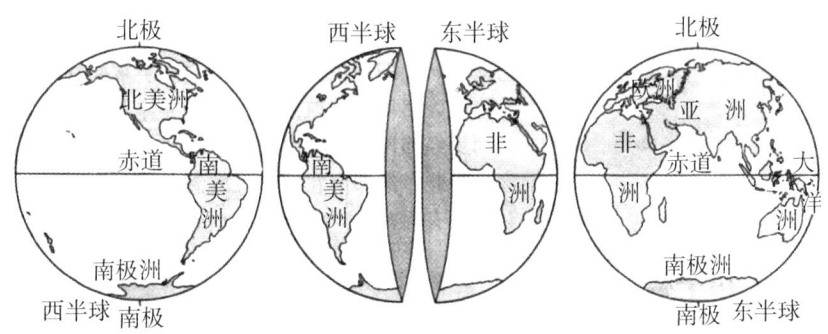

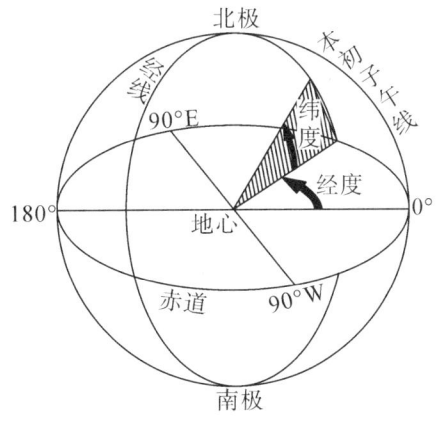

图 2.3　地理的经纬线

(二）经线和纬线的确定方法

地面上并没有画着经纬线，不过，你想要看到你所在地方的经线并不难：立一根竹竿在地上，当中午太阳升得最高的时候，竹竿的阴影就是你所在地方的经线。

在地图上，通过地球表面上任何一点，都能画出一条经线和一条与经线相垂直的纬线。这样，就能画出无数条经线和纬线来。怎么样才能够区别出这些经线和纬线呢？最好的办法是给每一条经线和纬线都起上一个名字，这就是经度和纬度。用经度表示各条经线的名称，用纬度表示各条纬线的名称。

从 0°经线向东叫东经，向西叫西经。由于地球是个球体，所以东、西经各有 180°。东经 180°和西经 180°是在同一条经线上，那就是 180°经线。最长的纬线圈——赤道，叫作 0°纬线。从赤道向北度量的纬度叫北纬，向南的叫南纬。南、北纬各有 90°。北极是北纬 90°，南极是南纬 90°。

由于经线连接南北两极，所以，所有的经线长度都相等，都表示南北方向。纬线都表示东西方向。经线和纬线互相垂直、互相交织，就构成了经纬网。我们在阅读地图的时候，就可以借助经纬网来辨别方向，也可以判断出地球上任何一点的经纬度位置。

经线和纬线还可以把地球划分成几个不同的半球。像切西瓜一样，把地球沿赤道切开，赤道以北的半球叫北半球，赤道以南的半球叫南半球。如沿西经 20°和东经 160°经线把地球切开，由西经 20°向东到东经 160°的半球叫东半球，以西的半球叫西半球。

（三）地球仪上的经纬线

1. 纬线与纬度

人们把地轴的中心叫地心。通过地心且垂直于地轴的平面，叫赤道面。赤道面与地球表面相交的大圆圈叫赤道。在地球表面上，凡与赤道相平行的圆圈，就称为纬线圈或纬线。由于赤道面垂直于地轴，而所有纬线都与赤道相平行，所以任何一条纬线都代表地球上的东西方向。

地球上某一点的纬度，就是该点代表重力方向的铅垂线与赤道面的夹角。这个夹角，在赤道为 0°，在北京约为 40°，在南北两极为 90°。自赤道到南北两极的纬度分别为 0°至 90°。由于赤道面把地球等分为两部分，赤道以南称为南半球，赤道以北称为北半球，所以，纬度也有南北之分，赤道以南称南纬，用"S"表示；赤道以北称北纬，用"N"表示。为了研究某些问题方便起见，我们称 0°～30°之间的纬度地带，为低纬度；30°～60°之间的纬度地带，为中纬度；60°～90°之间的纬度地带，为高纬度。

2. 经线与经度

通过两极并和赤道相垂直的大圆圈，称为经线圈或经线，也称子午线。由于所有经线都交于南北两极，又与纬线相垂直，所以任何一条经线都代表地球上的南北方向。

地球上某一点的经度，就是该点所在经线平面与本初子午线平面之间的夹角。这一夹角相当于这两个平面所夹的赤道弧在地心所张的角度。本初子午线以东称东经，用"E"表示；以西称西经，用"W"表示。地球圆周为 360°，所以东西经各分 180°。

3. 经纬网

地球仪上的经纬线共同组成了经纬网。有了经纬网及其经纬度，地球上各个点的位置就容易确定了。地球上两个不同的地点，可以有相同的纬度或经度，但不可能既有相同的纬度又有相同的经度。因此，地球上不同的地点、不同的位置，就可以用相应的经纬度来表示。例如，北京位于赤道以北 40°，本初子午线以东 116°，北京的地理坐标就是 40°N，116°E；利马（南美洲秘鲁的首都）位于赤道以南 12°，本初子午线以西 77°，利马的地理坐标是 12°S，77°W。

三、地球的自转与公转

（一）地球的自转

1. 自转方向

地球绕自转轴自西向东转动，如图 2.4 所示。从北极点上空俯视，地球逆时针方向旋转，从南极点上空看则顺时针方向旋转。

2. 自转周期

地球自转一周的时间是 1 日，如果以距离地球遥远的同一恒星为参照点，则一日时间的长度为 23 小时 56 分 4 秒，即一个恒星日。如果以太阳为参照点，则一日的时间长度为 24 小时，叫作太阳日，这是我们通常使用的地球自转周期。一个太阳日与一个恒星日之间的差异主要是受地球公转影响的结果。

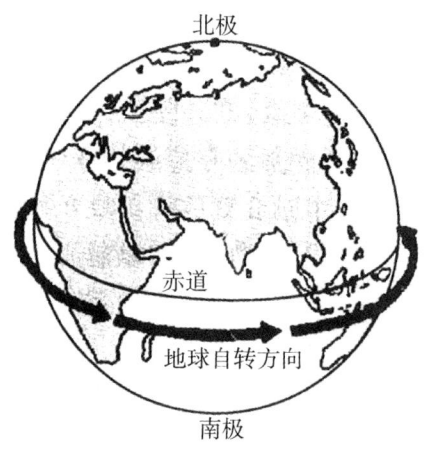

图 2.4　地球自转示意图

3. 自转速度

除两极外，地球上任意一点自转的角速度约为 15 度/小时，地球表面每点的线速度随纬度增加而减小，其具体的数值为赤道的线速度乘以纬度的余弦，所以线速度在赤道最大，向两极递减，两极的线速度最小。在地球赤道上的自转线速度大约为 1670 千米/小时，北纬 60°处的自转线速度大约为赤道的一半，为 837 千米/小时。

4. 自转影响

地球自转主要造成了昼夜更替、地方时差、地转偏向力等重要现象，按照惯性原理，物体具有保持原来匀速直线运动或者静止状态的一种性质。但是，由于地球本身在旋转，从而使各地的方向坐标也在不断变化，也就是东西南北的方向在不断变化，这就使运动物体相对发生了偏移。总结地球上物体偏转规律如下：

①北半球：向运动方向的右侧偏转。

②赤道：运动物体不发生偏转。

③南半球：向运动方向的左侧偏转。

运动物体的偏转是一个极为重要的问题,它对高速远程的运动物体和大尺度的空气运动具有更重要的研究价值。地转偏向力的作用使飞机在飞行时产生一定程度的偏移,尤其是当飞机在长距离飞行时其作用更加明显,在实际飞行中,必须克服这一偏转,才能到达目的地。

(二)地球的公转

1. 公转规律

地球不但自转,同时也围绕太阳公转,如图2.5所示。地球在公转过程中,所经路线上的每一点,都在同一个平面上,而且构成一个封闭曲线。地球在公转过程中所走的封闭曲线,叫作地球轨道。地球轨道的形状是一个接近正圆的椭圆形,太阳位于椭圆的一个焦点上。由于地球轨道是椭圆形的,随着地球的绕日公转,日地之间的距离就不断变化。地球轨道上距太阳最近的一点,即椭圆轨道的长轴距太阳较近的一端,称为近日点。

地球过近日点大约在每年1月初,此时地球距太阳约为147100000千米,通常称为近日距。地球轨道上距太阳最远的一点,即椭圆轨道的长轴距太阳较远的一端,称为远日点。地球过远日点大约在每年的7月初,此时地球距太阳约为152100000千米,通常称为远日距。近日距和远日距二者的平均值为149600000千米,这就是日平均距离。

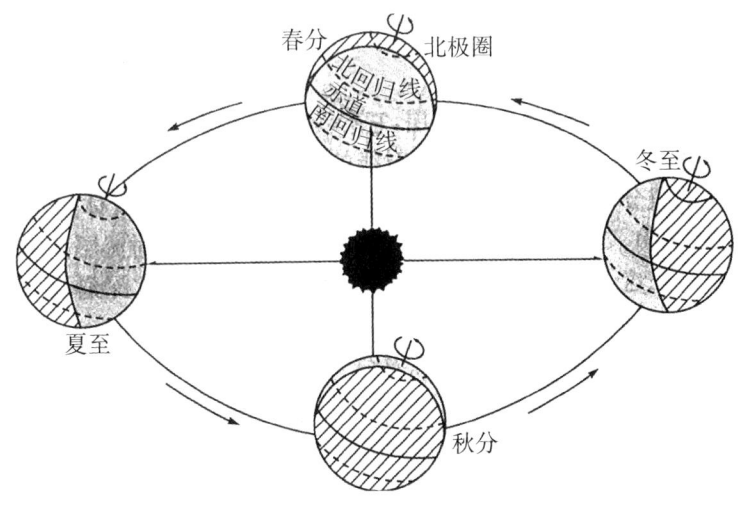

图2.5 地球公转示意图

地球绕太阳公转一周所需要的时间，就是地球公转周期。地球公转周期是一年。地球上的观测者，观测到太阳在黄道上连续经过某一点的时间间隔，需要 365 日 6 时 9 分 10 秒（或 365.2564 日）。

由于地球自转轴与公转轨道平面斜交成约 66°34′ 的倾角，因此，在地球绕太阳公转的一年中，有时地球北半球倾向太阳，有时南半球倾向太阳。太阳的直射点总是在南北回归线之间移动，于是产生了昼夜长短的变化和四季的更替。

2. 公转影响

地球的公转和地轴的倾斜，共同造成了四季更替和昼夜长短的变化，这是我国航空公司安排航班计划要考虑的重要因素之一。

在北半球由于冬半年白天比夏半年白天短，为了充分利用白天，冬半年的航班时刻比夏半年提前 1～2 小时。我国民航航班计划安排是每年 3 月的最后一个星期日至 10 月的最后一个星期六执行夏秋季航班计划，10 月的最后一个星期日到第二年 3 月的最后一个星期六执行冬春季航班计划。同时根据航季的不同，各航空公司将参照执行的航班收益情况，在新航季里对现有航班进行调整，具体内容涵盖增加新航线、增加新航班、调整航班时刻、调整航班线路及取消航线、航班等工作。以 2009 年为例，我国于 2009 年 3 月 9 日至 10 月 24 日执行夏秋航班计划，于 2009 年 10 月 25 日至 2010 年 3 月 27 日执行冬春航班计划。

根据太阳高度和昼夜长短随纬度的变化，将地球表面有共同特点的地区，按纬度划分为 5 个气候带，即热带、南温带、北温带、南寒带和北寒带。飞机跨越这些气候带时，要考虑到带间气候特点的差异，从而对飞机的适航性能做出评估。

第二节 地球与导航

导航是轮船和飞机正常航行不可缺少的技术手段。最初，人们仅靠目视判别地表物体来确定航向，指南针的出现为古代航海提供了方便。后来，人们掌握了太空中一些天体的准确位置和运行规律，于是利用仪器对天体进行观测，从而确定航向。随着科学技术的进步，无线电技术、空间技术、电子计算机等先进技术逐渐在导航、通信、监控等方面得到应用，大大提高了导航的准确性，使飞机在全球的海、空领域内自由航行。导航的实质是确定物体所在的经纬度位置。

导航的方法有三种：天文导航、无线电导航和卫星导航。

一、天文导航

天文导航是根据天体来测定飞行器位置和航向的航行技术。天体的坐标位置和它的运动规律是已知的，测量天体相对于飞行器参考基准面的高度角和方位角就可以计算出飞行器的位置和航向。天文导航系统是自主式系统，不需要地面设备，不受人工或自然形成的电磁场的干扰，不向外辐射电磁波，隐蔽性好，定向、定位精度高，定位误差与时间无关，因而天文导航在航天器上得到广泛应用。

二、无线电导航

无线电导航是目前最主要的导航方式，是借助于载体上的电子设备接收和处理无线电电波获得导航参量，保障载体安全、准确、及时到达目的地的一种导航手段。无线电导航在军事和民用方面有着广阔的应用前景。

（一）无线电导航的基本知识

1. 电磁波传播的基本特性

无线电导航主要利用电磁波传播的三个基本特性。

①电磁波在自由空间是直线传播。

②电磁波在自由空间的传播速度是恒定的。

③电磁波在传播路线上遇到障碍物时会发生反射。

通过测量无线电导航台发射信号（无线电电磁波）的时间、相位、幅度、频率参量，可确定运动载体相对于导航台的方位、距离和距离差等几何参量，从而确定运动载体与导航台之间的相对位置关系，据此实现对运动载体的定位和导航。

2. 无线电波在空间传播过程中的特性

①无线电波在均匀理想媒质中，沿直线（或最短路径）传播。

②无线电波经电离层反射后，入射波和反射波在同一平面内。

③无线电波在不连续媒质的界面上会产生反射。

④在均匀理想媒质中，无线电波传播速度恒定。

利用上述特性，通过无线电波的接收、发射和处理，导航设备能测量出所在载体相对于导航台的方向、距离、距离差、速度等导航参量（几何参量）。

20世纪20—30年代，无线电测向是航海和航空仅有的一种导航手段，而且一直沿用至今。不过它后来已成为一种辅助手段。第二次世界大战期间，无线电导航技术迅速发展，出现了各种导航系统。雷达也开始在舰船和飞机上用作导航手段，飞机着陆开始使用雷达和仪表着陆系统。

3. 无线电导航的优缺点

优点：不受时间、天气限制，精度高，定位时间短，设备简单可靠。

缺点：必须辐射和接收无线电波而易被发现和干扰，需要载体外的导航台支持，一旦导航台失效，与之对应的导航设备便无法使用。

（二）无线电导航在航空中的应用

无线电导航设备在过去几十年中发展出很多种类。我国目前正在使用的主要有两类：一类叫无方向信标，也叫中波导航台，英文缩写为NDB；另一类是甚高频全向信标（VOR）和测距仪（DME）组成的系统。

在中波导航台系统中，飞机使用可以转动的环状天线接收信号，当测到电波最强的方向时，天线停止转动，于是就测出电台与飞机之间的方位。飞机按这个方向飞行，就能准确地飞到电台所在的位置。中波导航台准确性低并且容易受到天气的影响，但它价格便宜，设备结实耐用，所以世界上很多中小型机场和发展中国家的多数机场还在使用它。我国广大的西部地区的机场也在使用这种系统。

甚高频全向信标台使用甚高频电波，直线传播，不受天气影响，准确度高。VOR的天线在发射时不停地转动，发射出的信号按方向改变而改变。飞机收到VOR信号时，机上的仪表按照信号的频率和强度变化自动指示出正北方向和飞机相对于发射台的方向。VOR的作用有效范围在

200千米以内。通常在航路上每隔150千米左右建立一个VOR台。飞机根据航空地图上标出的VOR台的位置，就可以在航路上顺利地飞行了。在使用VOR航路飞行时，驾驶员只能知道发射台的方向，但不能确定飞机与发射台之间的距离。当测距仪系统与VOR配套使用后，这个问题就解决了。DME的地面发射台和VOR台建在同一地点或建在机场附近。它所使用的频率是超高频，频率在1000MHz左右。这套系统由飞机上的询问机和地面台站上的应答机构成。飞机上的询问机向地面发出一对脉冲信号，脉冲之间的间隔是随机的，因此不同飞机发出的信号都是不同的。地面应答机接收到这对脉冲信号后发回同样的一对脉冲信号。把发出信号和收到返回信号所消耗的时间与无线电波传播的速度相乘，就可以算出飞机与地面站之间的距离。

测距仪可以测量出的距离最远可达500千米，误差仅为200米左右。在天空中飞行的各架飞机在询问时所发出的脉冲对的间隔不同，在接收时只接收自己所发出的脉冲信号。同时有几架飞机向地面站询问时，它们的信号彼此不会混淆。VOR—DME系统的无线电波在天空中划出一条明确的通道，这条空中通道就叫航路。飞机在航路上飞行，随时可以从仪表上得知自己的航向和位置，根据地面管制员的调度，一个接一个地按航路点飞行，一直飞完全程。VOR—DME导航系统能保证飞机安全有秩序地飞行，极大地提高了空中的交通流量和飞行安全。现在这个系统成了世界上大部分地区主要的导航手段。

建设VOR—DME的航路，费用很高。因此，不可能把地面上所有台站之间都建立起航路。一般只能在中心城市之间或中心城市到一般城市之间设立航路。如果飞机在两个没有航路的一般城市之间飞行，为了保证飞行安全，这时飞机不得不采取从一个城市沿着已有的航路飞到中心城市，再沿另一条航路飞往所要去的一般城市。这样飞行不但浪费了燃油和时间，又使航路变得拥挤。在飞机上应用电子计算机以后，才解决了这个问题。从两个以上的VOR地面台站收到的信号经过飞机上的电子计算机处理后得出一条实际上没有地面台站的航线，在这条航线上设置出假想的航路点，飞机按照这条航线飞行，同样也可顺利抵达目的地。这种专门设计的计算机被称为航线计算机。飞机上配备了这种计算机后，就可以在能收到两个以上 VOR 地面台站所发出的信号的地方，按照计算机计算出来的航线飞行，这种方法叫区域导航。它把 VOR 的导航范围由几条航路扩展为一个平面，这个平面就是各个 VOR 导航台站无线电信号所能覆盖的整个平面。

VOR—DME 系统使用的甚高频和超高频电波是直线传播的，作用距离在 200 千米之内。在浩瀚的大洋或大面积的无人区中，是无法建造出连接一条航路的诸多 VOR 站的。为了满足远距离导航的需要，又开发出罗兰系统和欧米伽系统。这两种系统使用了低频和甚低频的无线电波，作用距离都在 2500 千米以上。在地球表面只要建立起不多的这类台站，就可以为飞机飞越大洋或辽阔的无人区导航。这种导航的缺点是精确度不够高，而且需要功率非常强大的发射台。20 世纪 60 年代以后，有关专业人士又开始寻找更好的方式以取代无线电导航系统。

三、卫星导航

卫星导航定位指利用卫星导航定位系统提供的位置、速度、时间等信息来完成对地球各种目标的定位、导航、监测和管理。在卫星导航系统中卫星的位置是已知的，用户利用其导航装置接收卫星发出的无线电导航信号，并经过处理，可以计算出用户相对于导航卫星的几何关系，最后确定出用户的绝对位置，有时还可以确定出运动速度。

卫星导航综合了传统导航系统的优点，真正实现了各种天气条件下全球高精度被动式导航定位，特别是时间测距卫星导航系统，不但能提供全球和近地空间连续立体覆盖、高精度三维定位和测速，而且抗干扰能力强。

卫星导航系统由导航卫星、地面台站和用户导航设备三大部分组成，由多颗卫星组成的导航卫星网构成一组流动的导航台，地面台站负责对卫星跟踪测量和控制管理，地面控制中心根据跟踪测量数据计算出轨道，并将随后一段时间的卫星星历预测数据注入卫星，以供卫星向用户发送。用户导航设备通常由接收机、定时器、数据预处理器、计算机和显示器等组成。

全球主要的卫星导航系统有以下几种：

（一）美国全球卫星定位系统（GPS）

美国于1964年建成世界上第一个卫星导航系统子午仪，1973年开始研制更先进的全球定位系统GPS，并于20世纪90年代中期正式组网运营。

GPS的空间部分由24颗卫星组成，可供用户进行三维的位置和速度确定，定位精度军用为1厘米，民用为10米。每颗卫星都不断发出测距信号和导航电文；地面上的接收机接收到卫星发出的信号，可以测定接收机天线到导航卫星间的距离，并解算导航电文得到卫星空间坐标。一般来说需要同时接收4颗卫星的信号，经过解算便能确定接收者所处的位置、行进速度等。定位卫星发出的信号覆盖全球，而且不受天气影响，因此能全天候、全天时对地球上任何地方的目标进行导航定位，无论目标是移动的还是固定的。

（二）俄罗斯GLONASS卫星定位系统

俄罗斯GLONASS卫星定位系统拥有工作卫星21颗，分布在3个轨道平面上，同时有3颗备份星。每颗卫星都在1.91万千米高的轨道上运行，周期为11小时15分。因GLONASS卫星星座一直处于降效运行状态，现在只有少数卫星能够正常工作。GLONASS的精度要比GPS系统的精度低。

（三）中国北斗卫星系统

我国是世界上第三个拥有卫星导航系统的国家，我国的卫星导航系统叫北斗卫星导航定位系统，是中国自行研制开发的区域性有源卫星定位与通信系统，是继美国的全球定位系统（GPS）、俄罗斯的GLONASS之后第三个成熟的卫星导航系统。

它是利用地球同步卫星为用户提供快速定位、简短数字报文通信和授时服务的一种全天候、区域性的卫星定位系统，该系统空间部分由35颗卫星组成，包括5颗静止轨道卫星和30颗非静止轨道卫星。北斗卫星导航定位系统可向用户提供全天候、全天时即时定位服务，定位精度与GPS相当。目前，我国正在实施北斗三号系统建设。根据系统建设总体规划，计划2018年，面向"一带一路"沿线及周边国家提供基本服务；2020年前后，完成35颗卫星发射组网，为全球用户提供服务。

（四）欧洲伽利略系统

伽利略系统是欧洲计划建设的新一代民用全球卫星导航系统，于2008年初步建成系统并投入运营。按照规划，伽利略系统耗资约27亿美元，由30颗卫星组成，均匀地分布在高度约为2.3万千米的3个轨道面上，其中包括27颗工作星，另加3颗备份卫星。系统的典型功能是信号中继，即向用户接收机的数据传输可以通过一种特殊的联系方式或其他系统的中继来实现，如通过移动通信网来实现。伽利略接收机不仅可以接收本系统信号，而且可以接收 GPS、GLONASS 这两大系统的信号，并且具有导航功能与移动电话功能相结合、与其他导航系统相结合的优越性能。

第三节 航空地图

地图历来是航空运输的必备工具。随着现代管理技术的应用，空运用图的种类及数量逐渐增多。航线分布图、机场分布图、飞行图、地形图、客货流分布图等被广泛应用于客货运输、空中管制、机场建设与净空管理、区域规划等方面。

将地球表面的全部或者一部分地形、地物按一定的比例缩小，用一定的方法和符号描绘在平面上的图形，就叫地图。它是地面上各种景物的简略记录。

在绘制地图时，需要将地球表面上的各种景物画到面积有限的平面上。因此，必须将地球缩小一定的比例，并采用一定的符号和投影方法，即地图比例尺、地图符号和地图投影方法，称为地图三要素。

一、地图比例尺

地图比例尺就是地图上线段的长度（D图）与地面上相对应的实际长度（D地）之比，即地图比例尺＝图上长度（D图）/实地长度（D地）

例：南京长江大桥实际长度6.7km（670000cm），画在某一张地图上长度为 6.7cm，则这张地图的比例尺是 6.7/670000 或 6.7∶670000。

为了使用方便，比例尺的分子通常都化为 1，那么，分母的大小就表示地面某一线段长度画在地图上时缩小的比例。如上例，地图的比例尺为 1∶100000 表示缩小了 10 万分之一。地图比例尺通常会注在每幅地图的图廓下方，常用的有三种表示形式。

(1) 数字比例尺。

用分式或比例式表示。如 1∶1000000 或 1/1000000。使用时将数字比例尺的分母消去 5 个"0"，剩下的数值就是图上长 1cm 所代表的地面距离千米数，利用这一关系可正确量取两点间的实地距离。

(2) 文字说明比例尺。

用字在地图上注明图上长度同地面实际长度的关系。例如，1cm 相当于 10km。

(3) 图解比例尺。

用线段图形标明图上长度与实地长度的关系，也称为线段比例尺。用线段比例尺量距离时，应从尺身读取整数，从尺头读取不足 10km 的距离数。

为了适应航空运输的不同用途，需要各种不同大小比例尺的航图，但地图比例尺的大小是相对而言的。不同比例尺的地图互相比较，比例尺分母较小，比值就越大，因而比例尺也较大。领航上习惯于把比例尺大于 1∶500000 的地图称为大比例尺地图，如 1∶200000 和 1∶100000 地图。把比例尺小于 1∶100000 的地图称为小比例尺地图，如 1∶1500000 和 1∶2000000 地图。同样大小的地图，比例尺大的所表现的地面范围要小些，但比较详细；比例尺小的地图所表现的地面范围要大些，但比较简略。飞行人员应根据飞行任务的需要，选择适当比例尺的航图。

二、地图符号

地图符号不仅具有确定客观事物的空间位置、分布特点以及数量、质量特征的基本功能，还具有相互联系和共同表达地理环境诸要素总体特征的特殊功能。

绘制地图时，需将地面上的各种景物、高低起伏的形态表示出来，因而必须采用不同的表示符号，这些符号就称为地图符号。

航空地图上，地形、地物和各种航行资料，主要通过各种符号来表示。

（一）地物在地图上的表示

地面上的河流、湖泊、森林、沙漠等自然景物，以及居民点、铁路、公路、桥梁、机场等人工建造物，统称地物。各种地物，依据它们的面积、长短有三种表示形式。

①真形。森林、湖泊、岛屿、大居民点、城市等，按比例尺缩小后仍能在地图上表示出真实轮廓即真实形状的，地图上用实线或虚线画出其真实轮廓，其间填充不同的符号和颜色。

②半真形。铁路、公路、河流以及其他较狭窄的线状地物，其长度和弯曲情况可按比例尺缩小，但宽度按比例尺缩小后无法表示出来，因而采用半真形的符号表示。

③代表符号。村镇、桥梁、灯塔、寺庙等较小的地物，按比例尺缩小后，根本无法在地图上表现其形状和大小，因而只能用一些规定的符号来表示，这些符号只表明地物的位置，而不表明其形状和大小。在每幅地图的边缘或背面有代表符号的图例，使用时可参照图例来了解地面的各种景物。同一地物在不同比例尺地图上其表示符号不完全相同，使用时需注意，当需要对地物作补充说明时，在它旁边注有说明符号，说明符号总是配合上述三种表示形式使用。如河流旁边注上箭头以表示水流方向。

（二）地形在地图上的表示

地面高低起伏的形态叫地形，也叫地貌。为了计算和比较地面各点的高度，我国规定以黄海平均海平面作为基准面，从这一基准面算起的某地点的高度，叫该地的海拔，也叫标高（Elevation，ELEV）。两地点标高之差叫标高差，高于平均海平面，标高为正；低于平均海平面，标高为负。如图2.6所示。

在各种航图上，将地形情况清楚地在地图上表现出来，常采用标高点、等高线和分层着色三种表示方法。

①标高点。标高点是一些选定的特殊地点，如山峰、山脊的顶点，其位置用一小黑点或黑三角表示，旁边注明该地点的标高数值，如"·1046"

或"▲1705";标高前附加有"±"的(如±2700),表示标高不精确;标高数值为红色表示该地点是所在区经、纬网格的最大标高;标高数值为红色并加一个长方形红框则表示该位置点标高为本幅地图范围的最大标高。标高点只能查出个别地点的标高,但看不出整个地形的起伏情况。

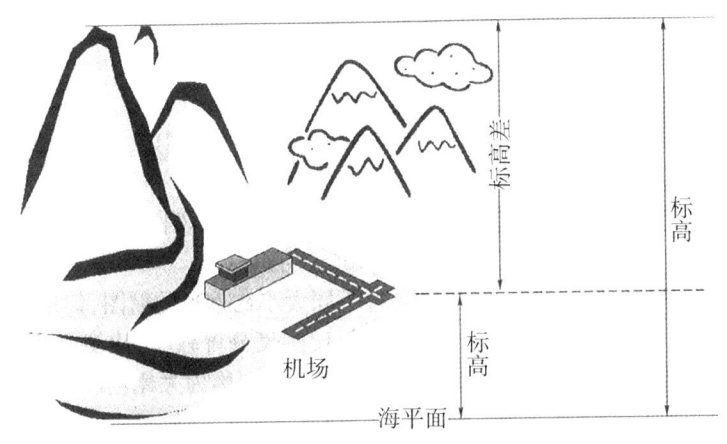

图 2.6　机场标高

②等高线。等高线指的是地球表面标高相等的各个地点的连线在地图上的投影。在现代地图上,地形主要是用等高线来表示的。在每幅地图上,每隔一定高度画有一条等高线,旁边注明其标高,如图 2.7,为不同地形等高线示意图。用等高线表示地形虽然详细准确,但看起来不够明显。

③分层着色。在两条等高线之间,从低到高,由浅到深,分别涂有不同的颜色,以表示不同的高度。这样,航图的地形看起来更为明显,一目了然。不同颜色所表示的高度,在地图边缘的颜色高度尺上都有注明。

目前使用的航空地图为了把地形表现得更加明显、准确,都是采用综合三种方法来表示地形的起伏。在地图上查某地点标高的方法是,根据该点所在的等高线或所在区域的颜色从颜色高度尺上查出;若该地点正好在等高线上,则等高线的标高就是该地点的标高,若在两条等高线之间,一般以邻近较高的等高线的高作为该地点的标高。

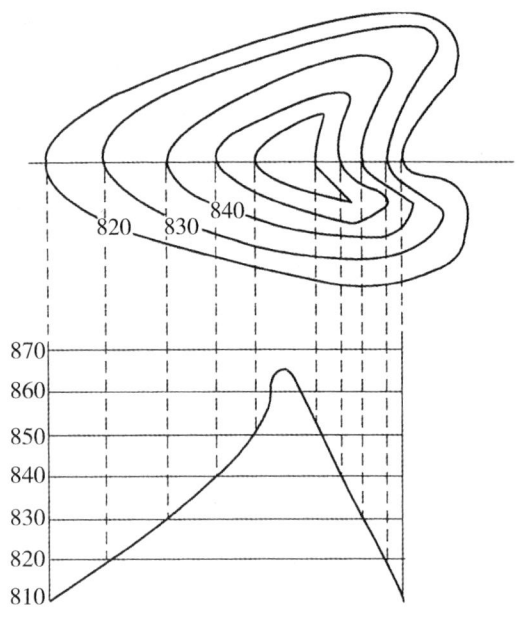

图 2.7 地形与等高线

三、地图投影

（一）地图投影原理

地图投影就是指建立地球表面（或其他星球表面或天球面）上的点与投影平面（地图平面）上点之间的一一对应关系的方法，是将地球的经纬线描绘到平面上的方法，即建立它们之间的数学转换公式。地图投影是将一个不可展平的曲面，即地球表面，投影到一个平面的基本方法，保证了空间信息在区域上的联系与完整。这个投影过程将产生投影变形，而且不同的投影方法具有不同性质和大小的投影变形。

由于投影的变形，地图上所表示的地物，如大陆、岛屿、海洋等的几何特性（长度、面积、角度、形状）也随之发生变形。每一幅地图都有不同程度的变形；在同一幅图上，不同地区的变形情况也不相同。地图上表示的范围越大，离投影标准经纬线或投影中心的距离越长，地图反映的变形也越大。因此，大范围的小比例尺地图只能供了解地表现象的分布概况使用，而不能用于精确的测量和计算。

地图投影的实质就是将地球椭球面上的地理坐标转化为平面直角坐标。用某种投影条件将投影球面上的地理坐标点一一投影到平面坐标系内，以构成某种地图投影。

（二）地图投影分类

由于地球是一个赤道略宽两极略扁的不规则的梨形球体，故其表面是一个不可展平的曲面，所以运用任何数学方法进行这种转换都会产生误差和变形，为按照不同的需求缩小误差，就产生了各种投影方法。

1. 按变形方式可分为等角投影、等（面）积投影和任意投影三类

①等角投影——保持地图上任何一点沿纬线和经线方向的局部比例尺相等，即没有角度失真的投影。在等角投影图上量出任一直线的方向，与该直线在地面的指向完全一致。

②等积投影——保持地图区域面积不变的投影。等积投影图存在长度和角度失真，并且一个地区的形状会发生很大变化，完全失去了它的"庐山真面目"。

③任意投影——角度变形、面积变形和长度变形同时存在的一种投影，是既不等角又不等积的投影。这种投影图虽然各方面都有变形，但是它的面积、角度等误差都较小。特别是在应用部分变形不大，适合于绘制各种无特殊要求的地图，如教学地图。

在任意投影中，有一种较为特殊，即等距离投影，是指保持地图上沿某一方向（例如经线方向）没有长度失真的投影。该图除存在角度和面积失真外，在保持等距的方向以外的其他方向上，仍然存在长度失真。字面上看该投影无长度变形，事实上只是在标准线上距离不变。

几种投影的区别表现在：等角投影无形状变形（也只是在小范围内没有），但面积变形较大；等积投影反之；任意投影的两种变形都较小。

2. 按转换法则，分几何投影和条件投影

①几何投影——和条件投影相对，指把地球面上的经纬网投影到几何面上，然后将几何面展为平面的投影方法。几何投影又分方位投影、圆柱投影、圆锥投影和多圆锥投影。

方位投影——使一个平面与地球仪相切或相割，以这个平面做投影面，将地球仪上的经纬线投影到平面上，形成投影网，即以平面为投影面

的一类投影。投影平面与地球仪相切或相割的切点在赤道的称横方位，切点在极点的称正方位，切点在任意点的称斜方位。

圆柱投影——以圆柱面为投影面的一类投影。假想用圆柱包裹着地球且与地球面相切（割），将经纬网投影到圆柱面上，再将圆柱面展开为平面而成。

圆锥投影——以圆锥面为投影面的一类投影。假想用圆锥包裹着地球且与地球面相切（割），将经纬网投影到圆锥面上，再将圆锥面展开为平面而成。一般用的是正轴圆锥投影。

②条件投影——和几何投影相对，指经纬网不是借助于几何面，而是根据某种条件构成的投影方式。包括伪方位投影、伪圆柱投影和伪圆锥投影。

伪方位投影——在方位投影的基础上，根据某些条件加以改变而成的。

伪圆柱投影——在圆柱投影的基础上，根据某些条件加以改变而成的。

伪圆锥投影——在圆锥投影的基础上，根据某些条件加以改变而成的。

3. 按投影轴与地轴的关系，分正轴（重合）、斜轴（斜交）和横轴（垂直）三种

①正轴投影——投影面的轴线与地轴重合一致。

②斜轴投影——投影面的轴线与地轴相交成某一角度。

③横轴投影——投影面的轴线与地轴垂直。

4. 几何投影中根据投影面与地球表面的关系分切投影和割投影

①切投影——以平面、圆柱面或圆锥面作为投影面，使投影面与球面相切，将球面上的经纬线投影到平面、圆柱面或圆锥面上，然后将该投影面展为平面而成。

②割投影——以平面、圆柱面或圆锥面作为投影面，使投影面与球面相割，将球面上的经纬线投影到平面、圆柱面或圆锥面上，然后将该投影面展为平面而成。

第四节 时差与飞行

一、时差的产生和时差对人们生活的影响

在没有钟表的古代，人们只能通过观察太阳在天空中的位置来确定本地时间，这个时间叫作"地方时"。地球是自西向东自转的，东边总比西边的早。比如，在北京太阳已经升起了一个时辰，而乌鲁木齐还处于黎明时分。这个时间差便是不同地区的"时差"。

各国的时间使用地方时，给交通和通信带来不便。为了统一，世界采取了时差制度并且遵循此制度，各国时间历法都以此制度为基础。

中国早在15世纪就有人注意到了时差现象。此人便是成吉思汗的谋士耶律楚材。耶律楚材在跟随蒙古大军西征的过程中发现，用金代《大明历》推算应该在某时刻出现的月食，在中亚的撒马尔罕竟然要推迟出现。他隐约意识到，把万里之外的中原地带制定的《大明历》直接用在遥远的西域恐怕不合适。于是，他在《西征庚午元历》中提出了一个全新的概念"里差"，弥补了由于东西距离差造成的天象所发生的时间差。这实际上是对不同地理经度引起的地方时差做出了数值上的修正。虽然耶律楚材没有提出"时区"的概念，但他事实上已经解决了时差的问题。

地球自转造成了经度不同则地区的时刻不同。当飞机跨越经度时，就产生了时刻上的不统一。目前，世界主要航线的分布多呈东西向，沿这些航线飞行时，必然跨越经度，因此，也就必须进行时差的换算。时差换算对安排航班、制定飞行计划和提高服务质量具有实际意义。此外，时差与飞行中昼夜长短的变化对机组人员的生物钟也产生较大影响。

二、时区与区时

随着世界交往的日益频繁，需要一个全球统一且符合各地人民生活习惯的计时方法。1884年，国际上开始采用划分时区的办法。地球每一昼

夜自转一周，即每24小时自转360度，每个小时旋转经度15度。这样每隔15个经度划一个时区，全球共分为24个时区，每个相邻时区都相差一小时。

国际上规定，以伦敦格林尼治天文台的零度经线为标准，从西经7度半到东经7度半划为中区，又称零时区。在这个时区内，以零度经线的地方时间为标准时间，这就是格林尼治时间（Greenwich Mean Time，GMT）。从中区向东、西每隔15度各划一个时区，这样东西各划出12个时区。东面的依次叫东一区、东二区……西面的依次叫西一区、西二区……其中，东十二区和西十二区是重合的。各时区都以该区的中央经线的地方时为该区共同的标准时间，即理论区时。例如，北京在东经116度半，划分在东八区，这一区的中央经度为东经120度，因此，"北京时间"以东经120度的地方时为标准时间。

在国际无线电通信之间，为了统一使用协调世界时（Universal Time Coordinated，UTC），又称通用协调时、世界标准时间。UTC是经过平均太阳时（以格林尼治时间GMT为准）、地轴运动修正后的新时标，以及以秒为单位的国际原子时所综合精算而成的时间，计算过程相当严谨精密，比GMT更加精准。UTC与GMT相差必须在0.9秒以内，若大于0.9秒则由位于巴黎的国际地球自转事务中央局发布闰秒，使UTC与地球自转周期一致。当前全世界民用时指示的时刻就是协调世界时，世界上授时台发播的时号大部分是协调世界时时号。

区时是为了计时方便，经国际协商而定的一种计时手段。实际上，一些国家的时区并不完全按照经线，而是参照各国行政区域和自然界限来划分，因此与理论区时略有差异。这样划分的时刻系统称为当地标准时（Local Standard Times，LST），它是各国实际采用的时刻系统。在世界各国实际划分的时区图上，时区之间的界限不完全是经线，多呈曲线与折线，其主要原因就是考虑了行政区划。比如，我国疆域从西到东跨越五个时区，但是为了减少时间转换的麻烦，只用北京时间作为全国的标准时间。

三、夏令时（Daylight Saving Time）

夏令时是一种法定的时间。夏天太阳升起得比较早，白天时间很长。

为了节约能源和充分利用白天的宝贵时间，世界上不少国家都采用法律规定的形式，每到夏天就将这个国家使用的时间提前1小时，也有提前半小时或几小时的；到了冬季，又将拨快的时间拨回来。这样的时间就是"夏令时"，是一种法定时间。

我国曾于1986年到1991年每年从4月的第二个星期天早上2点钟，到9月的第二个星期天早上2点钟，在这段时期内，全国都将时间拨快1小时，实行夏令时。从9月的第二个星期天早上2点钟起，又将拨快的时间重新拨回来，直到第二年4月的第二个星期天早上2点钟。

其他的国家如英国、德国和美国等，也都使用过夏令时。北半球夏季时间白天长，将时间提前1小时，比标准时早1小时。例如，在夏令时的实施期间，标准时间的上午10点就成了夏令时的上午11点。采用夏令时是为了充分利用夏季白天较长的日光时段，以求节省能源。

目前世界上很多国家使用夏令时，因此，在安排航班时刻表时，要注意到航班通达的地方，哪些正在施行夏令时，哪些没有，以避免影响航班衔接和旅客行程。

四、多时区制国家

一些联邦制国家在本国实行多时区制，如美国、加拿大、巴西、澳大利亚等，一个国家有多个时区。在《OAG》的国际时间换算表中，这类国家名的右上角有"＊＊"。

航空公司的航班时刻均以当地时间公布，在这类多时区国家的国内旅行也要考虑时差问题，以免造成时间上的混乱。

多时区国家的各个时区是以不同的区域来表示的，要直接从表中查到某个具体城市的时差并不容易。如果您对地理位置比较熟悉，可以直接在表中查找。如悉尼6月1日的时差，如果知道悉尼属于新南威尔士州（New South Wales）可以直接在表中查澳大利亚，New South Wales Except Broken Hill&Lord Howe Island 的数字（GMT+10）。

如果对其地理位置不熟悉，那么就需要借助其他工具。比如，通过世界地图中的"世界时区"来定位。如先在地图册"世界时区"中找到悉尼的位置，查看其所在的时区为东10区（GMT+10）来计算时差。其他一些国际运输资料，如《OAG》中的航班出发城市资料，或《PAT》运价表中的城市资料，也能查到具体时差资料。或者，在民航计算机定做系统中，通过指令（TIME：SYD）可查询城市的时差情况。

五、国际日期变更线

为了避免日期上的混乱，1884年国际经度会议规定了一条国际日期变更线。这条变更线位于太平洋中的180度经线上，作为地球上"今天"和"昨天"的分界线，因此被称为"国际日期变更线"。为避免在一个国家中同时存在着两种日期，实际日界线并不是一条直线，而是折线。它北起北极，通过白令海峡、太平洋，直到南极。这样，日界线就不再穿过任何国家。这条线上的子夜，即地方时间零点，为日期的分界时间。按照规定，凡越过这条变更线，日期都要发生变化：从东向西越过这条界线时，日期要加一天，从西向东越过这条界线时，日期要减去一天。

（一）日期变更线的提出

地球是太阳系中的一颗行星，它除了绕太阳公转外，每天还自转一周。因此，地球被太阳光照射的半个球面形成白昼，而背着太阳光的另外半个球面便是黑夜，它们之间的过渡带是清晨和黄昏。地球不停地自西向东转着，地球上的晨、昼、昏、夜也不断地从东向西移动，循环往复地在各地出现。全球各地都以自己所看到的太阳位置作为确定"一天"的标准，把自己所在地方相应的地球另一面的一条经线作为"日期变更线"也叫国际日界线，这样就有许多条"日期变更线"，使用起来很不方便。为了解决这个问题，应该规定一条全世界共同的、可供对照的"日期变更线"。随着标准时计时的区时系统的确立，东西十二区重叠，计时相同但日期不同，为避免混乱，现在公认一百八十度经线作为日期变更线，因为它是以"格林尼治时间"为标准的日期变更线，这条"日期变更线"就叫"国际日期变更线"。

（二）国际日期变更线的设置

国际上统一规定180°经线为"国际日期变更线"。当你由西向东跨越国际日期变更线时，必须在你的计时系统中减去一天；反之，由东向西跨越国际日期变更线，就必须加上一天。这条穿过太平洋的"国际日期变更线"，为了方便地方生活，避开了一些岛屿和地区，这是为了使它们不致分成两个日期，因此，它不是一条直线而是有几个曲折的曲线。

国际日期变更线的拐弯大致是第一处在俄罗斯东部即白令海峡，第二处在美国的阿拉斯加地区、阿留申群岛，第三处在南太平洋，向东突出，让斐济群岛等属于东十二区（东十二区的西部）。

六、时差和飞行时间的计算

航空公司航班时刻表中公布的出发和到达时间都是以地方时间为标准的。例如，航班CA6221每天11：25从北京出发，到达法兰克福的时间为地方时间14：35。在航班计划安排的过程中，计划人员要熟知时差的概念和应用，这样才能合理地安排航班计划。

时差对于长途旅行者和机组人员造成的最大问题就是飞行时差反应。飞行时差反应是指因短时间内穿越多个时区而导致的睡眠模式和其他生理功能节律（身体生物钟）的失调。飞行时差反应的负面影响通常由脱水、疲劳和紧张等症状混合在一起，而且还会导致消化不良、感觉不适、失眠和身心反应迟钝。所以一般在长距离国际航线飞行时，乘务人员会帮助乘客调整时差，比如会把座舱灯光调暗，并要求乘客把窗帘关上，这就是要营造一个睡眠的气氛。

在运输业务中，常常需要计算飞行小时，以便安排旅客的旅行，或计算货物的在途时间。

航班飞行小时的计算，大致可分为三个步骤。下面通过例题来说明计算步骤。

例：航班AF033，12月10日10：30从巴黎出发，将于同日11：55到达蒙特利尔。请计算航班的飞行时间。

步骤一：查清始发地、目的地的地方时和标准时的关系。

巴黎Paris：LST（当地标准时）＝GMT（格林尼治时间）＋1

蒙特利尔采用加拿大东部时区：Montreal LST＝GMT－5

步骤二：将始发时间和到达时间换算成标准时间。

巴黎始发时间：GMT＝10：30－01：00＝09：30

蒙特利尔到达时间：GMT＝11：55＋05：00＝16：55

步骤三：求算到达时间和始发时间之间的差额，即飞行时间。

巴黎到蒙特利尔飞行时间：16：55－09：30＝7 小时 25 分钟

思考练习

1. 举例说明地球的运动对人类生活的影响有哪些？
2. 导航的方法有哪些？分别具有什么特点？
3. 地图的三要素分别是什么？
4. 时差是如何产生的？
5. 时差对民航运输的影响有哪些？
6. 时区是如何划分的？
7. 什么是夏令时？夏令时对民航运输有哪些影响？

第三章 气象与飞行安全

第一节 基本气象要素

航空气象是研究不同气象条件与飞行活动和航空技术之间的关系,研究航空气象保障的方式和方法,以及飞行器在地球大气层中飞行的气象问题的一门学科。气象条件对飞机的起飞、航行、降落以及其他各种飞行活动有不同的影响,飞机的设计制造和气象条件也有密切关系。在实际工作中,航空气象的主要任务是保障飞行安全,提高航行效率,在不同的气象条件下,有效地运用航空技术。飞机在大气中飞行,大气总是在不停地运动,大气状态的每一变化都会对飞行活动带来影响。特别是在对流层的中下部,各种天气频繁出现。它们往往对航行和起降产生不利影响,轻则延误航班,重则造成事故。据国际民航组织的统计,仅由于气象原因造成的严重空中事故,就占民航总事故的10%~15%,与气象直接或间接有关的事故占民航总事故的1/3左右。

随着航空事业的发展,飞机性能的提高,大型飞机的增多,气象对飞行的影响不仅依然存在,而且对航空气象保障提出了更高的要求。目前,飞行活动与气象条件之间的关系正在从气象条件决定能否飞行,变为在复杂气象条件下如何飞行的问题。气象条件是客观存在的,但它对飞行活动影响的好坏,却往往因人们主观处置是否得当而有不同的结果。航空气象保障就是为航空活动提供需要的气象情报及提出安全合理的综合措施,因此飞行人员、空中交通管制人员和民航其他工作人员都要具备相当的航空气象知识，才能做到充分利用有利天气，避开不利天气，预防和减少危险天气的危害，增加效益，顺利完成飞行任务。

对飞行影响最大的气象要素是气温、气压、空气湿度等。它们之间相互联系，随着地理纬度、季节的变化而变化。

一、气 温

（一）气温的概念

气温是指大气层内空气的温度，它表示着空气分子受热的程度，温度高空气分子热运动的动能大，温度低空气分子的动能小。一般我们使用摄氏温度（℃）来表示大气温度，但在有些科研飞行中使用绝对温度（K），绝对温度和摄氏温度之间的关系为：

$$K=273+℃$$

在对流层，大气的温度随着高度的增加而线性下降，大约每升高1000米温度下降6.5℃。到达同温层后温度基本保持不变，在标准大气条件下，在11000~26000米的高度，空气温度均保持在－56.6℃。

（二）气温变化的基本方式

实际大气中，气温变化的基本方式有以下两种。

1. 气温的非绝热变化

非绝热变化是指空气块通过与外界的热量交换而产生的温度变化。气块与外界交换热量的方式主要有以下几种：

①辐射。辐射是指物体以电磁波的形式向外放射能量的方式。所有温度高于绝对零度的物体，都要向周围放出辐射能，同时也吸收周围的辐射能。物体温度越高，辐射能力越强，辐射的波长越短。如物体吸收的辐射能大于其放出的辐射能，温度就要升高，反之则温度降低。

地球大气系统热量的主要来源是吸收辐射（短波）。当太阳辐射通过大气层时，有24%被大气直接吸收，31%被大气反射和散射到宇宙空间，余下的45%到达地表。地面吸收其大部分后，又以反射和辐射（长波）的形式回到大气中，大部分被大气吸收。同时，大气也在不断地放出长波辐射，有一部分又被地面吸收。这种辐射能的交换情况极为复杂，但对大气层而言，对流层热量主要直接来自地面长波辐射，平流层热量主要来自臭氧对太阳紫外线的吸收。因此这两层大气的气温分布有很大差异。总的来说，大气层白天由于太阳辐射而增温，夜间由于向外放出辐射而降温。

②乱流。乱流是空气无规则的小范围涡旋运动，乱流使空气微团产生混合，气块间热量也随之得到交换。摩擦层下层由于地表的摩擦阻碍而产生扰动，以及地表增热不均而引起空气乱流，是乱流活动最强烈的层次，乱流是这一层中热量交换的重要方式之一。

③水相变化。水相变化是指水的状态变化，水通过相变释放热量或吸收热量，引起气温变化。

④传导。传导是依靠分子的热运动，将热量从高温物体直接传递给低温物体的现象。由于空气分子间隙大，通过传导交换的热量很少，仅在贴地层中较为明显。

2. 气温的绝热变化

绝热变化是指空气气块与外界没有热量交换，仅由于其自身内能增减而引起的温度变化。例如当空气块被压缩时，外界对它做的功转化成内能，空气块温度会升高；反之空气块在膨胀时温度会降低。飞机在飞行中，其机翼前缘空气被压缩而增温，后缘涡流区，空气因膨胀而降温，这对现代高速飞机来说是非常明显的。实际大气中，当气块做升降运动时，可近似地看作绝热过程气块上升时，因外界气压降低而膨胀，对外做功耗去一部分内能，温度降低，气块下降时则相反，温度升高。

气块在升降过程中温度绝热变化的快慢用绝热直减率来表示。绝热直减率表示在绝热过程中，气块上升单位高度时其温度的降低值（或下降单位高度时其温度的升高值）。

二、气 压

(一) 气压的概念

气压是指空气在单位面积上所产生的压力，它来自于空气的重量，也来自于空气内部分子的热运动，因而大气压力随着高度的变化而减小，也随着温度的降低而降低。大气压有两种表示方法，一种是用汞柱的高度表示，另一种是用通用的压力单位帕斯卡（Pa）。它们之间的关系是：

$$1\text{毫米汞柱}=133.32\text{Pa}$$

例如在海平面的标准气压为 760 毫米汞柱，或者为 101325Pa。

此外在航空气象上还经常使用毫巴、psi，1 毫巴＝100Pa，1 psi＝6498.4Pa。

用这些单位表示的标准大气压为 1013.25 毫巴或 14.7psi。大气压力随着高度的增加，基本上呈线性下降，航空器一直在使用这个规律来确定飞行的高度。

（二）航空上常用的几种气压

1. 本站气压

本站气压是指气象台气压表直接测得的气压。由于各观测站所处地理位置及海拔高度不同，本站气压常有较大差异。

2. 修正海平面气压

修正海平面气压是由本站气压推算到同一地点海平面高度上的气压值。运用修正海平面气压便于分析和研究气压水平分布的情况。海拔高度大于 1500m 的观测站不推算修正海平面气压，因为推算出的海平面气压误差可能过大，失去意义。

3. 场面气压

场面着陆区（跑道入口端）最高点的气压。场面气压也是由本站气压推算出来的。飞机起降时为了准确掌握其相对于跑道的高度，就需要知道场面气压。场面气压也可由机场标高点处的气压代替。

4. 标准海平面气压（标准大气压）

大气处于标准状态下的海平面气压称为标准海平面气压，其值为 1013.2hPa 或 760mmHg。海平面气压是经常变化的，而标准海平面气压是一个常数。

（三）气压与高度

飞机飞行时，测量高度多采用无线电高度表和气压式高度表。无线电高度表所测量的是飞机相对于所飞越地区地表的垂直距离。无线电高度表能不断地指示飞机相对于所飞越地表的高度，并对地形的任何变化都很"敏感"，这既是很大的优点，又是严重的缺点。如果在地形多变的地区上空飞行，飞行员试图按无线电高度表保持规定飞行高度，飞机航迹将随地形起伏。而且，如果在云上或有限能见度条件下飞行，将无法判定飞行高度的这种变化是由于飞行条件受破坏造成的，还是由于地形影响引起的，这样就使无线电高度表的使用受到限制，因而它主要用于校正仪表和在复杂气象条件下着陆。

气压式高度表是主要的航行仪表。它是一个高度灵敏的空盒气压表，但刻度盘上标出的是高度，另外有一个辅助刻度盘可显示气压，高度和气压都可通过旋钮调定。高度表刻度盘是在标准大气条件下按气压随高度的变化规律而确定的，即气压式高度表所测量的是气压，根据标准大气中气压与高度的关系，就可以表示高度的高低。飞行中常用的气压高度有以下几种。

1. 场面气压高度（QFE）

它是飞机相对于起飞或着陆机场跑道的高度。为使气压式高度表指示场面气压高度，飞行员需按场压来拨正气压式高度表，将气压式高度表的气压刻度拨正到场压值上。场压高度只能在起飞、进近和着陆阶段使用。鉴于场压高度存在诸多不安全因素，欧美国家一般不使用它，我国民航机场也已不再使用。

2. 修正海平面气压高度（QNH）

修正海平面气压高度是指以海平面气压调整高度表数值为零，上升至某一点的垂直距离。换句话说，高度表气压基准拨正在修正海平面气压值时，高度指针所指示的数值就是修正海平面气压高度。在飞机着陆时，将高度表指示高度减去机场标高就等于飞机距机场跑道面的高度。机场区域内统一使用修正海平面作为气压高度的基本面。修正海平面气压高度与场压高度关系如下：

$$QNH = QFE + 机场标高/8.25（8.25 为气压递减率）$$

3. 标准大气压高度（QNE）

标准大气压是指在标准大气条件下海平面的气压，其值为1013.2hPa（或760mmHg）。标准气压高度是指以标准大气压拨正高度表数值为零，上升至某一点的垂直距离。换句话说，高度表气压基准拨正在标准大气压值时，高度指针所指示的数值就是标准气压高度。

飞行高度层是指以1013.2hPa气压面为基准的等压面，各等压面之间具有规定的气压差。飞机在航线（航路）上飞行时，都要按标准气压调整高度表,目的是使所有在航线上飞行的飞机都有相同的"零点"高度,并按此保持规定的航线仪表高度飞行,以避免飞机在空中相撞。

三种气压高度的计算关系如下所示。

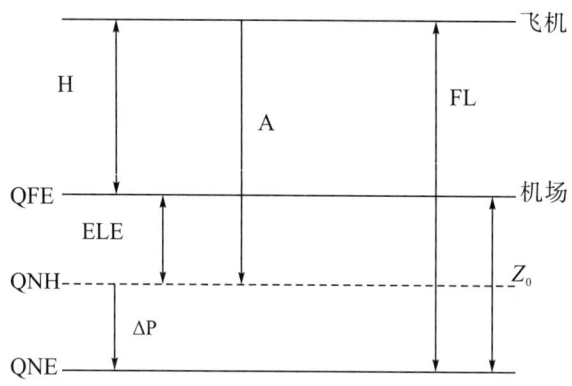

图 3.1　三种气压高度的关系

$$\Delta P = (1013.2 - QNH) \times 8.25$$
$$A = H + ELE（标高）$$
$$FL = A + \Delta P = H + Z_0$$

飞机完整的飞行过程包括离场、航路、进场三大阶段,由于 QNE 和 QNH 两种气压高度分别适用在不同的飞行阶段,在完整的飞行过程中,高度表可在两种高度之间进行转换(拨正)。

(1) 离场航空器。

离场航空器在爬升过程中,保持本场的 QNH 直至达到过渡高度(过渡高度是指一个特定的修正海平面气压高度,在此高度或以下,航空器的垂直位置按照修正海平面气压高度表示)。在穿越过渡高度或者在过渡高度以下穿越修正海平面气压适用区域的侧向水平边界时,必须立即将高度表气压刻度调到标准大气压 1013.2hPa,其后航空器的垂直位置用飞行高度层表示。航空器在修正海平面气压适用区域内,按过渡高度平飞时,应使用机场的修正海平面气压。

(2) 航路、航线飞行。

在航路、航线及未建立过渡高度和过渡高度层(在过渡高度之上的最低可用飞行高度层)的区域飞行,航空器应使用标准大气压 1013.2hPa

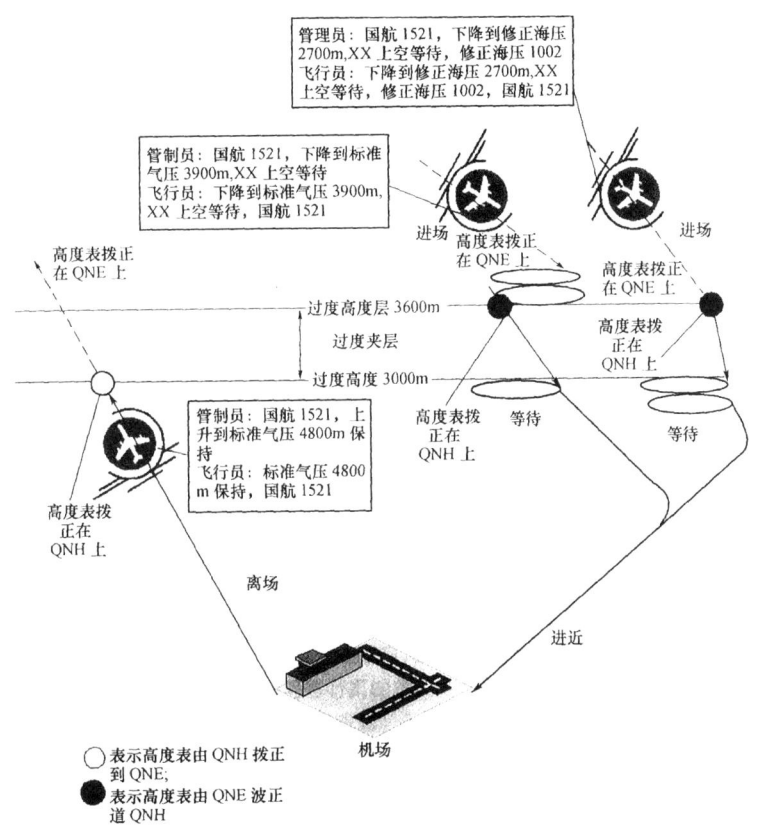

图 3.2　QNH、QNE 高度表的拨正

作为高度表拨正值，并按照规定的飞行高度层飞行。

（3）进场航空器。

进场航空器在下降穿过机场的过渡高度层，或者在过渡高度以下进入修正海平面气压适用区域侧向边界时，应立即将高度表气压刻度调到本场 QNH 值，其后航空器的垂直位置用高度表示。

三、空气湿度

大气中含有水汽，大气中的水汽含量是随时间、地点、高度、天气条件在不断变化的。空气湿度就是用来度量空气中水汽含量多少或空气干燥潮湿程度的物理量。

（一）常用的湿度表示方法

常用的湿度表示方法有相对湿度、露点（t_0）。

1. 相对湿度

是指空气中的实际水汽与同温度下的饱和水汽压的百分比。水汽压是空气中的水汽所产生的那部分压力，是气压的一部分。在其他条件相同时，水汽含量越多，水汽压越大。在温度一定的情况下，单位体积空气所能容纳的水汽含量有一定的限度，如果水汽含量达到了这个限度，空气就呈饱和状态，称为饱和空气。饱和空气的水汽压叫饱和水汽压。理论和实践都证明，饱和水汽压的大小仅与气温有关，气温越高，饱和水汽压越大。因此气温升高时，空气的饱和水汽压增大，容纳水汽的能力就增大。

相对湿度的大小直接反映了空气距离饱和状态的程度（空气的潮湿程度）。相对湿度越大，说明空气越接近饱和，饱和空气的相对湿度为100%。相对湿度的大小取决于两个因素：一是空气中的水汽含量。水汽含量越多，水汽压越大，相对湿度越大。另一个因素是温度。在空气中水汽含量不变时，温度升高，饱和水汽压增大，相对湿度减小。通常情况下，气温变化大于水汽含量变化，一个地方的空气相对湿度的变化主要受温度的影响，晚上和清晨相对湿度大，中午、下午相对湿度减小。

2. 露点

当空气中水汽含量不变且气压一定时，气温降低到使空气达到饱和时的温度，称为露点温度，简称露点。

气压一定时，露点的高低只与空气中水汽含量的多少有关，水汽含量越多，露点温度越高，露点温度的高低反映了空气中水汽含量的多少。

当空气处于未饱和状态时，其露点温度低于气温，只有在空气达到饱和时，露点才和气温相等。所以可用气温露点差来判断空气的饱和程度，气温露点差越小，空气越湿润。

露点温度的高低还和气压大小有关。在水汽含量不变的情况下，气压降低时，露点温度也会随之降低。一般来说，未饱和空气每上升100m，温度下降约1℃，而露点温度下降约0.2℃，因此气温露点差的减小速度约为0.8℃/100m。

（二）空气湿度的变化

空气湿度的变化从两方面来考虑，一是空气中水汽含量的变化，一是空气饱和程度的变化。

1. 空气中水汽含量的变化

空气中的水汽含量与地表有关，地面潮湿的地方空气中的水汽含量较高；在同一地区，水汽含量与气温的关系很大，在温度升高时饱和水汽压增大，空气中的含水量也相应增大。对一定地区来说，水汽含量与气温的变化规律基本相同，即白天大于晚上，最高值出现在午后。但在大陆上当乱流特别强时，由于水汽迅速扩散到高空，近地面空气水汽含量反而有迅速减少的现象。水汽含量的年变化则与气温相当吻合，最高在7—8月，最低在1—2月。

2. 空气饱和程度的变化

空气的饱和程度与气温高低和空气中水汽含量的多少有关。但由于气温变化比露点温度的变化要快，空气饱和程度一般是早晨大午后小，冬季大夏季小。露珠一般出现在夏季的早晨，而冬季的夜间容易形成霜。夜间停放在地面的飞机冬季表面结霜、夏季油箱积水等现象，都和空气饱和程度的变化有关。

此外，由于大气运动及天气变化等因素的影响，空气湿度还有非周期性的变化。

四、基本气象要素与飞行

气压、气温和空气湿度的变化都会对飞机性能和仪表指示造成一定的影响，这种影响主要是通过它们对空气密度的影响而实现的。

空气密度与气压成正比，与气温成反比。对局地空气而言，气温变化幅度比气压变化幅度大得多，因此空气密度变化主要是由气温变化引起的。

实际大气中通常含有水汽，由于水的分子量（18）比空气平均分子量（约为29）要小得多，因此水汽含量不同的空气，密度也不一样，水汽含量越大，空气密度越小。暖湿空气的密度比干冷空气的密度要小得多。

（一）密度高度

飞行中常用到密度高度的概念。密度高度是指飞行高度上的实际空气密度在标准大气中所对应的高度。在标准大气条件下，空气密度与高度的关系是确定的，但在实际大气中，某高度上的空气密度大小还要受到气温、湿度、气压等因素的影响。密度高度可用来描述这种密度随高度变化的差异。

如果在热天，空气受热变得暖而轻，飞机所在高度的密度值较小，相当于标准大气中较高高度的密度值，称飞机所处的密度高度为高密度高度。反之，在冷天，飞机飞行时所处位置的密度高度，一般为低密度高度。低密度高度能提高飞机操纵的效率，而高密度高度则降低飞机操纵的效率，且容易带来危险。

（二）基本气象要素变化对飞行的影响

飞机性能及某些仪表指示是按标准大气制定的。当实际大气状态与标准大气状态有差异时，飞机性能及某些仪表指示就会发生变化。

1. 对高度表指示的影响

实际大气状态与标准大气状态通常存在一定差异，因此实际飞行时高度表指示高度与当时气象条件有关。在飞行中，即使高度表示度相同，实际高度也并不都一样，尤其在高空飞行时更是如此。航线飞行通常采用标准海平面气压高度（QNE），在标准大气中"零点"高度上的气压为760mmHg，但实际上"零点"高度处的气压并不总是760mmHg。高度表示度会出现误差。当实际"零点"高度的气压低于760mmHg时，高度表示度会大于实际高度；反之，高度表示度就会小于实际高度。

此外，当实际大气的温度与标准大气温度不同时，高度表示度也会出现偏差。由于在较暖的空气中气压随高度降低得较慢，而在较冷的空气中气压随高度降低得较快，因而在比标准大气暖的空气中飞行时，高度表所示高度将低于实际飞行高度，在比标准大气冷的空气中飞行时，高度表示度将高于实际飞行高度。

在山区或强对流区飞行时，由于空气有较大的垂直运动，不满足静力平衡条件，高度表示度会出现较大误差，通常在下降气流区指示偏高，在上升气流区指示偏低。因而在这些地区飞行时，气压式高度表应和无线电高度表配合使用，确保飞行安全。

2. 对空速指示的影响

空速表是根据空气作用于空速表上的动压来指示空速的。空速表的示度不仅取决于飞机的空速，也与空气密度有关。如果实际大气密度与标准大气密度不符，表速与真空速也就不相等。实际大气密度大于标准大气密度时，表速会大于真空速，反之则表速小于真空速。

3. 对飞机飞行性能的影响

飞机的飞行性能主要受大气密度的影响。当实际大气密度大于标准大气密度时，一方面空气作用于飞机上的力要加大，另一方面发动机功率增加，推力增大。这两方面作用的结果，就会使飞机飞行速度增加，即最大平飞速度、最大爬升率和起飞载重量会增大，而飞机起飞、着陆滑跑距离会缩短。当实际大气密度小于标准大气密度时，情况相反。

第二节　大气层与飞行环境

人类生活的地球被一层空气包围着，地球周围的这层气态物质叫作大气。整个大气具有相当大的厚度，从垂直方向看，不同高度上的空气性质是不同的，但在水平方向上空气的性质却相对一致，即大气表现出一定的层状结构。这一结构可通过大气分层来加以描述。

整个大气层随高度不同表现出不同的特点，分为对流层、平流层、中间层、电离层和散逸层。目前，高空飞行的飞机一般不超过 20 千米，民航运输飞机大多在 12000 米以下。这一圈层的厚度还不足整个大气层厚度的 1%。飞机的活动范围在大气层的底层。影响航空运输的大气层主要是对流层和平流层，因此，本节主要讨论这两层的特点。

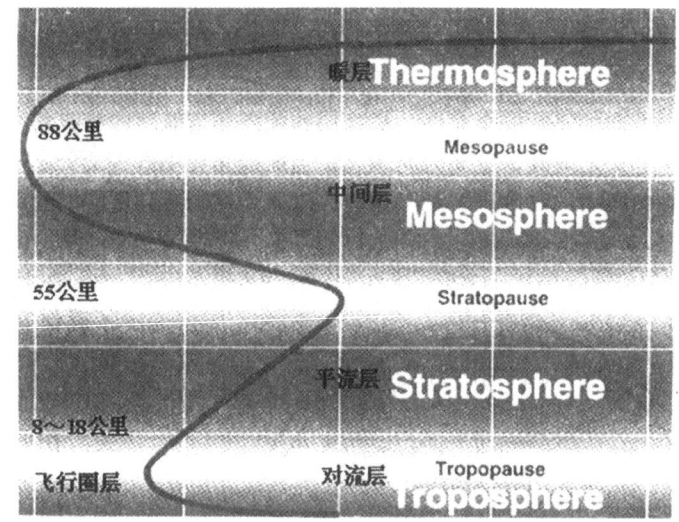

图 3.3 大气的垂直分层

一、对流层

对流层为深厚大气层的最底层,平均厚度十多千米,低纬相对较厚,有 17~18 千米,高纬相对较薄,有 8~9 千米。它虽然是各层中最薄的一层,却集中了大气质量的 3/4,整个大气中的水汽和杂质都集中于这一层。对流层是目前飞行活动的主要圈层。在飞行中遇到的各种复杂的天气现象,云、雾、暴雨、雷电等都出现在这一层。对流层有以下三个明显的特征。

①气温随高度递减。

在对流层中,大气的热能主要来自地面的长波辐射。而太阳辐射能的绝大部分集中于短波 0.17~4.00 微米,大气对于这种短波辐射几乎不能吸收。因此大气的温度主要取决于地表的长波辐射,离地表越近,得到的热能越多,反之,远离地表则得到的热能越少,所以出现气温随高度增加而递减的现象。气象学中称之为气温的垂直递减率。一般来说,地表温度约为 288K(绝对气温),相当于摄氏温度 15℃;上升到对流层顶为 190K,相当于摄氏温度 −83℃,下降了 110℃。平均每上升 1000 米下降 6.5℃。

②有强烈的对流运动，对流层因此而得名。

由于气温随高度递减，造成对流，对流即指空气的垂直升降运动，正是由于空气的抬升，才造成大气中的云、雨、雷、电等危险天气的产生。

③冷、暖、干、湿的水平分布不均。

这种分布不均造成空气的水平运动，使得不同地区之间进行能量和水分的交换。在对流层中，由下到上，气流和天气现象的分布也有明显的差异。

二、平流层

平流层是指从对流层顶至深厚大气层55千米处，它与对流层相比较有明显不同：

①气温随高度的增加而增加。

平流层中大气的热能主要来自臭氧层对太阳辐射的吸收，主要是对紫外线的吸收。气温从190K又增加到270K。

②大气运动以平流为主，平流层因此得名，该层中气流相对平稳。

③含水汽和杂质极少，云、雨现象几乎绝迹。

由此可见，平流层中没有强烈的对流运动，没有各种危险的天气现象，气流平稳，能见度好，应该是飞机航行的良好层次。

三、航行层

从以上对两个层次的分析来看，对流层上部和平流层内应该是飞行的理想层次。但是，目前平流层还没有被充分利用。首先，飞机本身必须具备高空飞行的能力。随着高度的增加，空气逐渐稀薄，飞行员对操纵的反应相对迟缓，这些缺陷只有通过飞机性能的提高才能解决。另一方面，由于行政区划的限制和空中管制的约束，多数中、短程飞行都被限制在较低的层次中。而在远程航线上，航行层次在对流层上部和平流层下部之间。

(1) 真航线角在0°~179°范围内的，飞行高度层按照下列方法划分。

①高度为900~8100m，每隔600m为一个高度层；

②高度为8900~12500m，每隔600m为一个高度层；

③高度在12500m以上，每隔1200m为一个高度层。

（2）真航线角在 180°~359°范围内的，飞行高度层按照下列方法划分。

①高度为 600~8400m，每隔 600m 为一个高度层；
②高度为 9200~12200m，每隔 600m 为一个高度层；
③高度在 13100m 以上，每隔 1200m 为一个高度层。

详细的高度层配备如图 3.4 和表 3.5 所列。

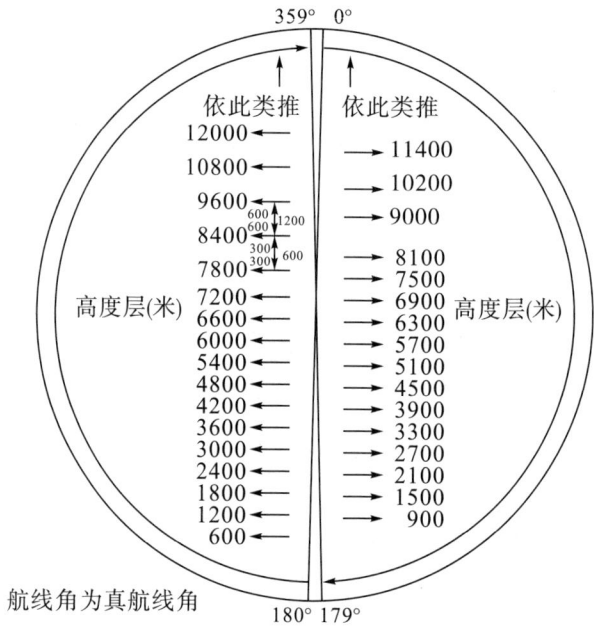

图 3.4　按航线角确定向东、向西

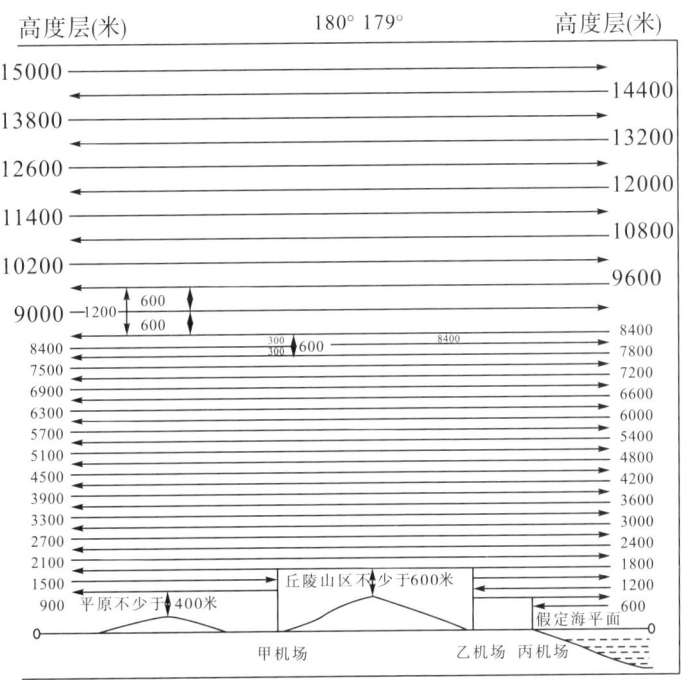

图 3.5 飞行高度的划分

第三节 云与飞行安全

一、云

云是悬浮在空气中的小水滴和（或）冰晶组成的可见聚合体，其底不接触地面。不同的云对飞行的影响是不同的，对目前性能较好的大型喷气式运输机来说，一般层状云除了低云对飞机的起飞和着陆有限制外，通常已不构成对飞行安全的威胁。但是由于云还伴随出现其他一些天气现象，仍会对飞行的稳定性产生影响，尤其是积状云，常造成飞机积冰、飞机颠簸、强烈风切变、雷击和冰雹，成为飞行障碍，甚至危及飞行安全。

二、云对飞行安全的影响

云有各种各样的外貌,它们千姿百态,变幻无穷,各自既有不同的成因,又有不同的特征,对飞行的影响也不尽相同(见表3.1)。

表3.1 云的类型、特征及其对飞行的影响

类别	云名	云高（m）	云厚（m）	云的组成	云的主要特征	云对飞行的影响
高云	卷云	7000～10000	500～2500	冰晶	白色,可看出纤维状结构,呈丝状、片状或钩状	冰晶耀眼。有时有轻微颠簸,个别情况有强烈颠簸
	卷层云	6000～9000	1000～2000	冰晶	乳白色的云幕。透过它看日月,轮廓分明,并经常有晕	冰晶耀眼,气流较平稳
	卷积云	6000～8000	几百	冰晶	由白色鳞片状的小云块组成,像微风吹过水面所引起的小波纹	冰晶耀眼,偶有轻微颠簸
中云	高层云	2000～5000	1000～3500	水滴冰晶共同组成	浅灰色的云幕,透过它看日月,轮廓模糊,厚的则完全遮蔽日月,并可降连续性雨雪	有轻微或中度积冰,能见度较坏
	高积云	3000～5000	200～1000	水滴,冬季可由冰晶组成	由白色或灰白色的云块组成,像波浪或瓦房顶;厚的可降间断小雨	有积冰和轻微颠簸,能见度较坏

续表

类别	云名	云高（m）	云厚（m）	云的组成	云的主要特征	云对飞行的影响
低云	层积云	500~2000	几百至2000	水滴	由灰色或灰白色的云块或云条组成，像波浪，云块比高积云厚大；能下雨雪	有积冰和轻微颠簸，能见度较恶劣
	雨层云	500~1200	200~10000	水滴冰晶共同组成	低而阴暗的云幕，云底模糊不清；能下连续性雨雪	有中度到严重积冰，能见度恶劣
	碎雨云	50~500	几十至300	水滴	云块支离破碎，高度很低，云量变化大，生成在降水性的云层	影响着陆
	层云	50~500	几百	水滴	低而较均匀的灰色云幕，云底模糊；有时可下毛毛雨	影响着陆
	碎层云	50~500	几十至300	水滴	和碎雨云相似，常由层云分裂或雾抬升或海上平移而来	影响着陆
	淡积云	500~1200	几百至2000	水滴	个体不大，底部平坦，顶部呈圆弧形，样子像馒头，孤立分散	有轻微颠簸
	浓积云	500~1200	4000~5000	水滴	个体不大，底部平坦，顶部呈圆弧形重叠，边缘明亮，轮廓清晰，像华彩；向阳面呈白色，背阳面和底部阴暗呈黑色；有时可下阵雨	有强烈的颠簸和积冰，能见度恶劣，不能飞入其中
	积雨云	300~1500	4000~10000以上	水滴冰晶共同组成	云体十分庞大，顶部多呈白色，边缘轮廓模糊，呈砧状，底部阴暗；可下阵雨阵雪，常伴有雷暴和大风，有时能下冰雹	有很强烈的颠簸和积冰，能见度恶劣，不能飞入其中

根据云底高度分类，云被分成三族：低云族、中云族、高云族。

（一）低云的外貌特征及对飞行的影响

低云通常是指云底高度在 2000m 以下的云。这类云包括的种类最多，对飞行的影响也最大，是飞行人员需要了解的重点。

1. 淡积云

淡积云呈孤立分散的小云块，底部较平，顶部呈圆弧形凸起，像小土包，云体的垂直厚度小于水平宽度。从云上观测淡积云，像飘浮在空中的白絮团。远处的云块，圆弧形云顶和较平的云底都很清楚。如果垂直向下看，则只见圆弧形的云顶，看不见较平的云底。

淡积云对飞行的影响较小。云上飞行比较平稳；若云量较多时，在云下飞行有时有轻微颠簸；云中飞行时，连续穿过许多云块，由于光线忽明忽暗，还容易引起疲劳。

2. 浓积云

浓积云是在大气中对流运动旺盛时（垂直速度强盛时可达 15m/s～20m/s）形成的积云。由于对流所及高度高出凝结高度很多，故云体有较大的空间向上发展，在成熟阶段的浓积云，厚度可达 4000～5000m，显得庞大高耸，其垂直厚度大于水平宽度，像地面上的群山异峰，伸展得很高的云柱，犹如耸立的高塔，所以有人也称这种云为"塔云"。云内每一股强盛的上升气流使云顶形成一个云泡，故浓积云云顶呈重叠的圆拱形隆起，状似花椰菜。由于浓积云比淡积云厚密庞大，不易透过阳光，故凹凸的云表面有明显阴影。被阳光照耀部分很白亮，被遮阴部分则显得阴暗。浓积云在中、低纬度地区有时可降阵雨。如果清晨有浓积云发展，表明大气层结构不稳定，午后常有积雨云发展，甚至有雷阵雨产生。除了南极以外，浓积云可以在世界上任何地区形成。

淡积云和浓积云都属于积云，但浓积云对飞行的影响比淡积云大得多，在云下或云中飞行常有中度到强烈的颠簸，云中飞行还常有积冰。此外，由于云内水滴浓密，能见度十分恶劣，通常不超过 20m。因此，禁止在浓积云中飞行。

3. 积雨云

积雨云臃肿庞大，云顶有丝缕状冰晶结构，顶部常扩展成砧状或马鬃状，通常高于 6000m，最高可达 20000m。云底阴暗混乱，起伏明显，有时呈悬球状、滚轴状或弧状，有时还偶尔出现伸向地面的漏斗状的云柱。常伴有雷电、狂风、暴雨等恶劣天气，偶有龙卷风产生，有时还会下冰雹。

积雨云对飞行的影响最为严重。云中能见度极为恶劣，飞机积冰强烈；在云中或云区都会遇到强烈的颠簸、雷电的袭击和干扰；暴雨、冰雹、狂风都可能危及飞行安全。因此，飞机禁止在积雨云中或积雨云区飞行。

4. 碎积云

碎积云云块破碎，中部稍厚，边缘较薄，随风漂移，形状多变。其云块厚度通常只有几十米。

碎积云对飞行的影响不大，但云量多时，妨碍观测地标和影响着陆。

5. 层积云

层积云是由片状、团块或条形云组成的云层或散片，有时呈波状或滚轴状，犹如大海波涛。层积云个体肥大，结构松散，多由小水滴组成，为水云，通常呈灰白色或灰色，厚时呈暗灰色。层积云又可分为透光层积云、蔽光层积云、积云层积云、堡状层积云、荚状层积云等。

层积云中飞行一般平稳，有时有轻颠，可产生轻度到中度积冰。

6. 层云

层云云底呈均匀幕状，模糊不清，像雾，但不与地面相接；云底高度很低，通常仅为 50～500m，常笼罩山顶或高大建筑。

层云中飞行平稳，冬季可有积冰；由于云底高度低，云下能见度也很恶劣，严重影响起飞着陆。

7. 碎层云

碎层云通常由层云分裂而成，云体呈破碎片状，很薄，形状极不规则，变化明显。云高通常为 50～500m，往往由消散中的层云或雾抬升而成，出现时多预示晴天。碎层云对飞行的影响与层云相同。

8. 雨层云

雨层云云底高度在 600～3000m，云层厚度可达 4000～5000m，多出现在暖锋云系中，由整层潮湿空气系统滑升冷却而成。它往往会造成较长时间的连续降雨，农谚"天上灰布悬，雨丝定连绵"即指雨层云的降水状况。

雨层云底因降水而模糊不清，云层很厚，云底灰暗，完全遮蔽日月，出现时常布满全天，能降连续性雨雪。与积雨云隆起部分的颜色相比似乎更令人感到恐惧，但其导致灾害性天气较少。

雨层云中飞行平稳，但能见度恶劣，长时间云中飞行可产生中度到强度的积冰。暖积云中可能隐藏着积雨云，会给飞行安全带来严重危险。

9. 碎雨云

碎雨云常出现在雨层云、积雨云或厚的高层云下，云体低而破碎，厚度通常几十米到300米，形状多变，移动较快，呈暗灰色，主要是由于降水物蒸发，空气湿度增大，在乱流作用下水汽凝结而成的。

碎雨云主要影响起飞着陆，特别是有时碎雨云迅速掩盖机场，对安全威胁很大。

（二）中云的外貌特征及对飞行的影响

中云的云底高度为2000～6000m，中云根据其外貌特征可分为高层云和高积云。

高层云是浅灰色的云幕，水平范围很广，常布满全天。在高层云中飞行平稳，有可能产生轻度到中度的积冰。

高积云是由白色或灰白色的薄云片或扁平的云块组成，这些云块或云片有时是孤立分散的，有时又聚合成层。成层的高积云中，云块常沿一个或两个方向有秩序排列。在高积云中飞行通常天气较好，冬季可有轻度积冰，夏季有轻度到中度颠簸。

（三）高云的外貌特征及对飞行的影响

高云有卷云、卷层云和卷积云三种。

卷云是具有纤维状结构的云，常呈丝状或片状，分散地飘浮在空中。卷层云是乳白色的云幕，常布满全天。卷积云是由白色鳞片状的小云块组成的，这些云块常成群地出现在天空，看起来很像微风拂过水面所引起的小波纹。卷积云常由卷云和卷层云蜕变而成，所以出现卷积云时，常伴有卷云或卷层云。

在卷云、卷层云和卷积云的云中或云上飞行时，冰晶耀眼，有时可产生轻度到中度颠簸。

总的来说，在云区飞行，一般常见的影响是低能见度和飞机颠簸。云状不同，影响的程度也不同。以上十四种云中，对飞行影响最大的是积雨云和浓积云，无论在航线上或起落过程中都应避开。

对飞机起降和低空飞行影响最大的云主要是低云。在低云和有限能见度条件下，飞机的起飞、着陆及低空、超低空飞行，都会变得相当困难。

第四节　风与飞行安全

美国 1993 年共有 180 起飞机事故与各种风有关，其中 38 起飞行事故造成人员死亡或严重受伤，25 架飞机毁坏，138 架飞机实质性损坏。

为了保证飞行安全，各有关人员必须密切注意风对安全飞行的潜在危害和必须采取的安全措施。危害飞行安全的风主要是侧风、顺风、大风和"恶风"，但阵风、风切变、下沉气流、上升气流和湍流也是危害飞行安全不可忽视的因素。空气相对于地面的水平运动，就是我们通常所说的风。风是一种重要的天气现象和气象要素。

一、风

风是矢量，有大小和方向。气象上的风向是指风的来向。因此，风来自北方叫作北风，风来自南方叫作南风。气象台站预报风时，当风向在某个方位左右摆动不能肯定时，则加以"偏"字，如偏北风。当风力很小时，则采用"风向不定"来说明。

风向的测量单位，我们用方位来表示。如陆地上，一般用 16 个方位表示，海上多用 36 个方位表示，在高空则用角度表示。用角度表示风向，是把圆周分成 360°，北风（N）是 0°（360°），东风（E）是 90°，南风（S）是 180°，西风（W）是 270°，其余的风向都可以由此计算出来。

为了表示某个方向的风出现的频率，通常用风向频率这个量，它是指一年（月）内某方向风出现的次数和各方向风出现的总次数的百分比，即风向频率＝某风向出现次数/风向的总观测次数×100%。由计算出来的风向频率，可以知道某一地区哪种风向比较多，哪种风向最少。根据观测发现，我国华北、长江流域、华南及沿海地区的冬季多刮偏北风（北风、东北风、西北风），夏季多刮偏南风（南风、东南风、西南风）。

风速是指单位时间内空气微团的水平位移，常用的表示风速的单位是米/秒（m/s）、千米/小时（km/h）和海里/小时（n mile/h），后者也称为节（KT）。它们之间的换算关系为：1m/s = 3.6km/h，1KT = 1.852km/h。此外，风速大小也可用风力等级来表示。

风的测量方法主要有仪器探测和目视估计两大类。常用仪器有风向风速仪、测风气球、风袋、多普勒测风雷达等，风向风速仪是测量近地面风常用的仪器。为了便于飞行员观测跑道区的风向风速，可在跑道旁设置风袋。风袋飘动的方向可指示风向，风袋飘起的角度可指示风速。高空风可用测风气球进行探测，现在一些大型机场装有多普勒测风雷达，用来探测机场区域内一定高度风的分布情况，对飞机起降有很大帮助。

风的目视估计主要是按风力等级表进行的（见表3.2）。

表3.2 风力等级表

风力等级	海面浪高（m）		海面和渔船征象	陆上地面物征象	相当风速（m/s）	
	一般	最高			范围	中数
0			平静	静烟直上	0.0~0.2	0
1	0.1	0.1	有微波	烟能表示风向。树叶略有摇动	0.3~1.5	1
2	0.2	0.3	有小波纹，渔船摇动	人面感觉有风，树叶有微响，旗子开始飘动，高的草和庄稼开始摇动	1.6~3.3	
3	0.6	1.0	有小浪，渔船渐觉簸动	树叶及小枝摇动不息，旗子展开，高的草和庄稼摇动不息	3.4~5.4	4
4	1.0	1.5	浪顶有些白色泡沫，渔船满帆时，可使船身倾于一侧	能吹起地面灰尘和纸张，树枝摇动，高的草和庄稼波浪起伏	5.5~7.9	7

续表

5	2.0	2.5	浪顶白色泡沫较多，渔船收去帆之一部分	树叶及小枝摇摆，内陆的水面有小波，高的草和庄稼波浪起伏明显	8.0～10.7	9
6	3.0	4.0	白色泡沫开始被风吹离浪顶，渔船缩帆大部分	大树枝摇动，电线呼呼有声，撑伞困难，高的草和庄稼不时倾伏于地	10.8～13.8	12
7	4.0	5.5	白色泡沫离开浪顶，被吹成条纹状	全树摇动，大树枝弯下来，迎风步行感觉不便	13.9～17.1	16
8	5.5	7.5	白色泡沫被吹成明显的条纹状	折毁小树枝。人迎风前行感觉阻力甚大	17.2～20.7	19
9	7.0	10.0	被风吹起的浪花使水平能见度减小，机帆船航行困难	草房遭受破坏，房瓦被掀起。大树枝可折断	20.8～24.4	23
10	9.0	12.5	被风吹起的浪花使水平能见度明显减小，机帆船航行颇危险	树木可被吹倒，一般建筑物遭破坏	24.5～28.4	6
11	11.5	16.0	被风吹起的浪花使水平能见度明显减小，机帆船遇之极危险	大树可被吹倒，一般建筑物遭严重破坏	28.5～32.6	31
12	14.0	>16.0	海浪滔天	陆上少见，其摧毁力极大	>32.6	>31

二、风切变

2006年6月22日，武汉航空公司Y7/B3479号飞机执行恩施—武汉（汉口）航班任务。13时37分飞机从恩施起飞。因遇雷雨天气，飞机在汉口机场第一次降落不成功，复飞拉升，于14时54分失去联系。16时左右接到报告，该机在武汉市汉阳区永丰乡四台村附近失事坠毁，机组4人、乘客38人全部遇难。综合分析各种气象资料，并参考物象情况，初步认为22日14时至15时30分在飞机空难现场曾出现微下击暴流，产生了强烈的低空风切变。

随着航空事业的发展，大型运输机不断增多，起飞着陆时发生的事故也有所增加。20世纪70年代以来，对一些大型运输机在起降时发生的严重事故进行分析后确认，低空风切变是引起这些飞机失事的主要原因。

（一）低空风切变的含义及分类

风切变是指近距离内空间两点间的平均风矢量的差值，即在同一高度或不同高度段距离内风向和（或）风速的变化。航空气象学中，低空风切变是指在高度600m以下的风切变。

1. 风切变类型

风切变按空间表现形式有三种分类：水平风的垂直切变、水平风的水平切变、垂直风的切变。

①风的垂直切变。指在垂直方向上，一定距离内两点之间的水平风速和（或）风向的改变。

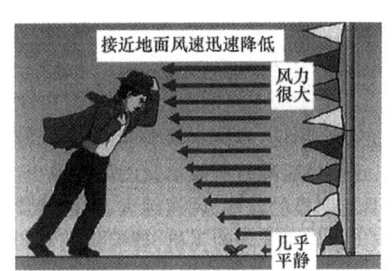

图3.6　风的垂直切变

②风的水平切变。指在水平方向上两点之间的水平风速和（或）风向的改变。

③垂直风的切变。指上升或下降气流（垂直风）在水平方向上两点之间的改变。

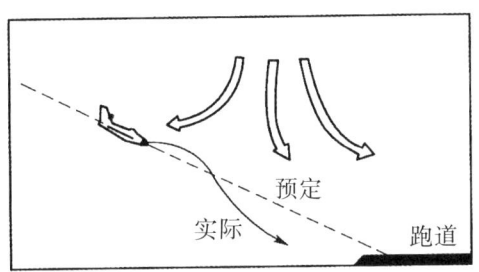

图 3.7 垂直风的切变

2. 按航迹方向分类

根据飞机的运动相对于风矢量之间的各种不同情况，把风切变分为顺风切变、逆风切变、侧风切变和垂直风的切变。

①顺风切变。沿航迹（顺飞机飞行方向）顺风增大或逆风减小，以及飞机从逆风进入无风或顺风区。

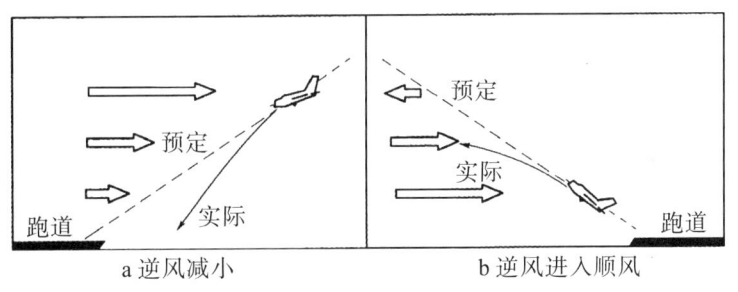

图 3.8 顺风切变

②逆风切变。沿航迹逆风增大或顺风减小，以及飞机从顺风进入无风或逆风区。

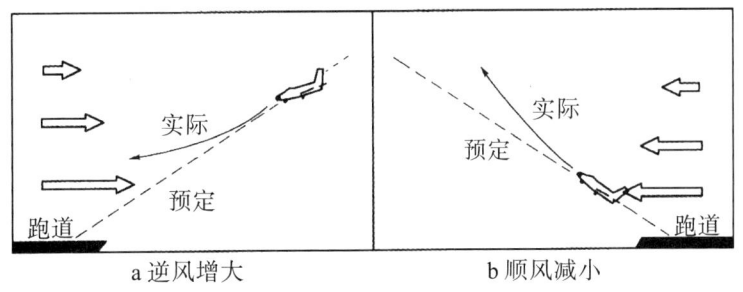

图 3.9 逆风切变

③侧风切变。飞机从一种侧风或无侧风状态进入另一种明显不同的侧风状态。

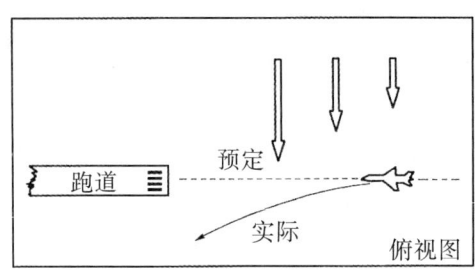

图 3.10　侧风切变

三、风对飞行安全的影响

1. 风对飞机起飞着陆的影响

飞机的起飞和着陆,理想的条件通常是在逆风条件下进行的。因为逆风能使离地速度和着陆速度减小,因而,也就能缩短飞机的起飞滑跑距离和着陆滑跑距离。

飞机起降时所能承受的最大风速,取决于机型和风与跑道的夹角。逆风起降时所能承受的风速最大,正侧风起降时所能承受的风速最小。这是因为近地面风由于受地表的影响,变化复杂,具有明显的阵性,风速越大,阵性越强,使飞机受到无规律的影响,难以操纵。特别是在侧风条件下起降的飞机,要保持正常的下滑道或滑跑非常困难,为克服侧风的影响而采取大坡度接地可能使飞机打地转或发生滚转,加上阵风的影响,就会使飞机更加难以操纵。表3.3列出了四种机型起降的最大风速允许值。

表3.3　四种机型起降的最大风速允许值

	Y-5	TB-20	Y-7	波音707-747SP
0°	15m/s	20 m/s	30 m/s	25 m/s
45°	8 m/s	17 m/s	17 m/s	18 m/s
90°	6 m/s	12 m/s	12 m/s	12 m/s

2. 风对飞机航行的影响

飞机在航线飞行时，也不可避免地要受到风的影响。如顺风飞行会增大地速、缩短飞行时间、减少燃油消耗、增加航程；逆风飞行会减小地速、增加飞行时间、缩短航程；侧风会产生偏流，需进行适当修正以保持正确航向。

第五节 雾与能见度

一、雾

雾是悬浮在近地表上空的大量水滴或冰晶。雾的厚度一般在几十米到几百米之间。雾滴悬浮在近地表上空，一方面影响空气的透明度，另一方面对灯光产生较强的反射。机场上空有浓雾时，将严重妨碍飞机的起降。

二、能见度

能见度是指具有正常视力的人，在当时的天气条件下，能够看清目标轮廓的最大距离。能见度的好坏直接影响飞行的起降。低云、降水、雾、风沙、吹雪、浮尘、烟、霾等天气对机场产生视程障碍现象。在日常飞行活动中的"机场关闭""机场开放"，能见度是其中气象条件之一。

三、雾对飞机起降的影响

雾是造成航班延误最主要的天气之一。在我国，雾的分布广泛，出现频繁，对起降影响很大，我国大部分重要空港城市都不同程度受其影响，详见表3.4。

表3.4 我国主要空港城市的年平均雾日

城市	雾日	城市	雾日
重庆	69.7	天津	17.4

续表

城市	雾日	城市	雾日
成都	54.5	乌鲁木齐	17.4
杭州	46.3	厦门	14.3
上海	43.1	哈尔滨	13.6
大连	41.9	沈阳	11.4
海口	40.7	广州	4.8
西安	33.0	昆明	3.6
武汉	32.0	桂林	2.6
南京	22.4	兰州	1.4
北京	19.3	拉萨	0

据形成条件不同，雾可分为辐射雾、平流雾等。

(1) 辐射雾。

由大气辐射冷却形成的雾称辐射雾。辐射雾多产于晴朗、微风、空气潮湿的夜间至清晨。此间，地表大气不断向外辐射热量，致使温度随之降低，有利于水汽的凝结和积存。同时，在微风的作用下，凝结和积存能在较大空间里充分进行，从而形成一定范围和厚度的雾层。日出后，随气温升高、乱流增强，一般在8—10时辐射雾逐渐消散。我国的四川盆地、西双版纳和部分沿海城市等雾日较多。

(2) 平流雾。

平流雾由于暖湿气流水平流动到冷地表上空形成。暖空气流到冷地表之后，形成逆温层，近地面的空气迅速冷却达到饱和，水汽凝结、积存，形成雾。平流雾主要受暖湿空气的控制，因此没有明显的日变化。如暖湿空气不断补充，冷却不断进行，即使在晴好的白天，雾也不会消失。平流雾的范围较大，雾层较厚，持续时间较长，对飞行的影响比辐射雾严重。

第六节　气流与飞行安全

一、高空急流及其对飞行安全的影响

高空急流指高空中风速超过 30 米/秒的强、窄气流。高空急流的分布比较有规律，某些急流随季节的变化而南北移动。我国青藏高原南北两侧有北支西风急流和南支西风急流，它们夏季北移，冬季南移。在我国南海地区上空还存在一条东风急流。在急流中，风的水平切变和垂直切变明显，容易使气流产生扰动，从而造成飞机颠簸。飞机逆高空急流飞行时，速度降低，燃料消耗大。横穿急流时，将产生很大的偏流，难以保持航向。如掌握了高空急流的分布及其特点，顺其飞行，则可节省燃油、缩短航行时间。

二、山地气流及其对飞行安全的影响

气流过山时，因受阻被迫绕山和抬升，造成气流升降。越山后，往往又在背风坡造成乱流。由于山区地形和气候的复杂变化，还会产生动力乱流和热力乱流。飞越山地时，在迎风坡，飞机受上升气流的抬举而自动升高，在背风坡则受下降气流影响自动下降。比较而言，背风坡对飞行更具有危害。在山区，飞机被迫下降时可能造成撞山事故，也可能被下降气流带入背风坡涡旋中，使飞机难以操纵。此外，山地乱流也会对飞行造成较大影响。因此，在山地飞行时应尽量保持在安全高度之上。

第七节 降水与飞机结冰

一、降水及其对飞行安全的影响

（一）降水的含义

降水是指云中降落至地面的水滴、冰晶、雪等的现象。降水常使能见度恶化，损失飞机的空气动力学性能，改变跑道状态，给飞行、起飞和着陆造成困难和危险。

（二）降水的分类

1. 按降水物形态和特征分类

降水按降水物形态和下降时的特征分类，主要有：

雨：滴状液态降水，下降时清晰可见，过冷却雨滴降落至温度低于0℃的地表面时，可在地面或地物上形成透明粗糙的冰层，称为雨凇。

毛毛雨：细小粒液体降水（直径小于0.5mm）纷密飘降，落速慢，常不可见，与人脸接触有潮湿感。

雪：片状、针状、辅枝状或柱状的结晶形固态降水，具有六角晶体结构，由水凝华而成，白色不透明。

霰：云中冰晶下落时俘获大量过冷却水滴，冻结成类球状或锥状的白色不透明固态降水物，也称为软雹，直径2～5mm，降雪前或与雪同降，具有阵性的不透明交替分层。

冰雹：坚硬的球状、锥状或形状不规则的固态降水，常由透明、不透明的雹块组成，直径大于5mm，降自积雨云中。

冰粒：透明的丸状或不规则固态降水，直径2～5mm，由雨滴在空中冻结而成，坚硬着地反跳，常降自高层云或雨层云，可作为冰雹的核心，亦称小雹、冰丸。

米雪：白色不透明的比较扁或长的小颗粒固态降水，直径一般小于1mm，着地不反跳，常降自含过冷水滴的层云或雾中。

2. 按特性分类

降水还可按其特性分为连续性降水、间歇性降水和阵性降水。

连续性降水持续时间长，降水强度变化不大，通常由层状云产生，水平范围较大。卷层云一般不降水，在纬度较高地区有时可降小雪。雨层云、高层云可产生连续性降水。

间歇性降水强度变化也不大，但时降时停，多由波状云产生。其中层云可降毛毛雨或米雪。层积云、高积云可降不大的雨或雪。

阵性降水强度变化很大，持续时间短，影响范围小，多由积状云产生。其中淡积云一般不产生降水；浓积云有时产生降水，低纬度地区可降大雨；积雨云可降暴雨，有时会产生冰雹和阵雪。

3. 按强度分类

降水还可按强度进行划分（见表3.5）。

表3.5 降水强度

等级	小雨	中雨	大雨	暴雨	大暴雨	特大暴雨
降水强度（mm/d）	<10	10～25	25～50	50～100	100～200	>200

（三）降水对飞行安全的影响

降水对飞行有多方面的影响，其影响程度，主要与降水强度和降水种类有关。

1. 降水使能见度减小

降水对能见度的影响程度，主要与降水强度、种类及飞机的飞行速度有关。降水强度越大，能见度越差；降雪比降雨对能见度的影响更大。由于毛毛雨雨滴小、密度大，雨中能见度也很差，一般与降雪时相当。有时小雨密度很大，也可能使能见度变得很差。

飞行员在降水中从空中观测的能见度，还受飞行速度的影响，飞行速度越大，能见度减小越多。原因是降水使座舱玻璃黏附水滴或雪花，折射光线使能见度变坏以及机场P标与背景亮度对比减小。如小雨或中雨时，地面能见度一般大于4km，在雨中飞行时，如速度不大，空中能见度将减小到2～4km；速度很大时，空中能见度会降到1～2km以下。在大雨中飞行时，空中能见度只有几十米。

2. 含有过冷水滴的降水会造成飞机积冰

在有过冷水滴的降水（如冻雨、雨夹雪）中飞行，雨滴打在飞机上会立即冻结。因为雨滴比云滴大得多，所以积冰强度也比较大。冬季在长江以南地区飞行最容易出现这种情况。

3. 在积雨云周围会出现雷暴

飞机误入积雨云中或在积雨云附近几十千米范围内飞行时，有被雹击的危险。曾有过飞机远离云体在晴空中遭雹击的事例。

4. 大雨和暴雨能使发动机熄火

在雨中飞行时，喷气式飞机的飞行速度会增大一些。因为在发动机转速不变的情况下，雨滴进入涡轮压缩机后，由于雨滴蒸发吸收热量降低燃烧室温度，使增压比变大，增加了发动机推力，相应使飞机速度有所增大。但如果雨量过大，发动机吸入雨水过多，点火不及时也有可能造成发动机熄火，特别是在飞机处于着陆低速阶段，更要提高警惕。

5. 大雨恶化飞机气动性能

大雨对飞机气动性能的影响主要来自于以下两方面：一是空气动力损失。雨滴打在飞机上使机体表面形成一层水膜，气流流过时，在水膜上引起波纹，同时雨滴打在水膜上，形成小水坑。这两种作用都使机体表面粗糙度增大，改变了机翼和机身周围气流的流型，使飞机阻力增大，升力减小。二是飞机动量消耗。雨滴撞击飞机时，将动量传给飞机引起飞机速度变化。雨滴的垂直分速度施予飞机向下的动量，使飞机下沉；雨滴对飞机的迎面撞击则使之减速。飞机在大雨中着陆时，其放下的起落架、襟翼和飞行姿态使得水平动量损失更为严重，可能使飞机失速。

6. 降水会影响跑道的使用

降水会引起跑道上积雪、结冰和积水，影响跑道的使用。

跑道有积雪时，一般应将积雪清除后再起飞、降落。不同的飞机对跑道积雪时起飞、着陆的限制条件有差异，如 TY-154 飞机手册限定跑道上雪泥厚度不超过 12mm，干雪厚度不超过 50mm，飞机才可以起降。

跑道积冰有的是由冻雨或冻毛毛雨降落在道面上冻结而形成，有的是由跑道上的雨水或融化的积雪再冻结而形成的。跑道上有积冰时，飞机轮胎与冰层摩擦力很小，滑跑的飞机不易保持方向，容易冲出跑道。

跑道积水是由于下大雨，雨水来不及排出道面，或由道面排水不良引起的。飞机在积水的跑道上滑行时，可能产生滑水现象，使飞机方向操纵和刹车作用减弱，容易冲出或偏离跑道。各类飞机都可产生滑水现象，但以喷气运输机发生最多。

此外，跑道被雨水淋湿变暗，还可能使着陆时目测偏高，影响飞机正常着陆。

二、飞机结冰及其对飞行安全的影响

1994年10月31日，当地时间约下午4点，西蒙斯航空公司4184航班，从印第安纳波利斯到芝加哥，飞机在有利于积冰的气象条件下待了30分钟，突然翻滚并从大约10000英尺的高度坠下，猛冲入ROSELAWN附近的豆子地里，机上68人全部死亡。

1986年12月15日，西安管理局An－24－3413号机执行LHW－XIY－CTU往返航班任务。9时03分从中川机场起飞，9时05分飞机高度2700m，入云，有轻度积冰，9时11分上升到3470m，速度300 km/h，9时15分速度减到195 km/h，9时29分机组要求返航。飞机保持2600m高度飞回中川机场，当时结冰相当严重。9时53分，飞机仍在云中飞行，据气象台报告，云高600m，10时25分飞机降落时，由于下滑高度不够而复飞，飞机保持10~20m的高度在跑道上平飞。飞出跑道后，发现前面有一排树，左座又拉了一杆，飞机便带着25°~30°的右坡度撞断了15棵树和1根电线杆，之后触地。机上旅客37人，死亡6人。

（一）飞机积冰的含义

积冰是最复杂的飞行气象现象之一。飞机积冰是指飞机机身表面某些部位聚集冰层的现象。它是由于云中过冷水滴或降水中的过冷雨滴碰到机体后冻结而形成的，也可由水汽直接在机体表面凝华而成。冬季，露天停放的飞机有时也能形成积冰。因此，积冰的必要条件有两个：一是在飞行高度上空中有过冷却水滴，二是飞机表面温度在零度以下。

飞机积冰会使飞机空气动力性能、稳定性、操纵性变差，飞行性能下降,发动机工作不正常,同时出现飞行仪表指示误差、风挡玻璃模糊不清等现象,从而给飞行带来一定的困难,危及飞行安全甚至导致飞行事故。例如,2001年1月4日、13日的两起运8飞机事故就是由于平尾结冰后,放大角度襟翼,导致平尾严重失速造成的。

随着航空技术的发展,飞机的飞行速度及飞行高度的提高,机上的防冰、除冰设备的日趋完善,积冰对飞行的危害在一定程度上减小。但是,高速飞机在低速的起飞着陆阶段,或穿越浓密云层飞行中同样可能产生严重积冰。所以了解产生积冰的气象条件、积冰对飞行的影响以及飞行中如何防止或减轻积冰,仍然是十分重要的。

(二)飞机积冰的种类

飞机表面上所积的冰是多种多样的:有的光滑透明,有的粗糙不平,有的坚硬牢固,有的松脆易脱。它们的差异主要是由云中过冷水滴的大小及其温度的高低决定的。根据它们的结构、形状以及对飞行的影响程度不同,可以分为明冰、雾凇、毛冰和霜四种。

1. 明冰

明冰是光滑透明、结构坚实的积冰。明冰通常是在温度为0℃~10℃的过冷雨中或由大水滴组成的云中形成的。在这样的云雨区,由于温度较高,水滴较大,冻结较慢,每个过冷水滴碰上机体后并不全在相碰处冻结,而是部分冻结,部分顺气流蔓延到较厚的位置上冻结,在机体上形成了透明光滑的冰层——明冰。在有降水的云中飞行时,明冰的聚积速度往往很快,冻结又比较牢固,虽用除冰设备也不易使它脱落,因而对飞行危害较大。而在没有降水的云中飞行时,这种冰的成长就慢得多,危害性也小一些。

2. 雾凇

与地面上所见的雾凇一样,是由许多粒状冰晶组成的,不透明,表面也比较粗糙。这种冰多形成在温度为零下20℃左右的云中。因为这样的云中过冷水滴通常很小,相应的过冷水滴的数量也较少。碰在飞机上冻结很快,几乎还能保持原来的形状,所以形成的冰层看起来就像"砂纸"一样粗糙。同时由于各小冰粒之间一般都存在着空隙,所以冰层是不透明的。雾凇的积聚速度较慢,多选在飞机的迎风部位,如机翼前沿。与明冰相比，雾凇是松脆的，很容易除掉，对飞行的危害要小得多。

3. 毛冰

这种冰的特征是表面粗糙不平，但冻结得比较坚固，色泽像白瓷一样，所以也有人叫它瓷冰。这样的云中往往是大小过冷水滴同时并存，所以形成的积冰也既具有大水滴冻结的特征，又具有小水滴冻结的特征。有时，在过冷水滴与冰晶混合组成的云中飞行，由于过冷水滴夹带着冰晶一起冻结，也能形成粗糙的不透明的毛冰。

4. 霜

霜是在晴空中飞行时出现的一种积冰，它是飞机从寒冷的高空迅速下降到温暖潮湿但无云的气层时形成的，或从较冷的机场起飞，穿过明显的逆温层时形成的。它不是由过低水滴冻结而成，而是当未饱和空气与温度低于 0℃ 的飞机接触时，如果机身温度低于露点，由水汽在寒冷的机体表面直接凝华而成，其形状与地面物体上形成的霜相似。霜的维持时间不长，机体增温后消失，只要飞机表面温度保持在 0℃ 以下，霜就一直不会融化。虽然霜很薄，但它对飞行依然有影响，高度下降时在挡风玻璃前结霜，会影响目视飞行。冬季停放在地面上的飞机也可能结霜，一般要求清除机体上的霜层后才能起飞。

（三）飞机积冰对飞行的影响

飞行中，比较容易出现积冰的部位主要有机翼、尾翼、风挡、发动机、桨叶、空速管天线等，无论什么部位积冰都会影响飞机性能，其影响主要可分为以下三个方面。

1. 破坏飞机的空气动力性能

飞机积冰，增加了飞机的重量，改变了重心和气动外形，从而破坏了原有的气动性能，影响飞机的稳定性。机翼和尾翼积冰，使升力系数下降，阻力系数增加，并可引起飞机抖动，使操纵发生困难。如果部分冰层脱落，表面也会变得凹凸不平，不仅造成气流紊乱，而且会使积冰进一步加剧。高速飞行时机翼积冰的机会虽然不多，但一旦积了槽状冰，其影响就更大，所以一定要注意。

2. 降低动力装置效率，甚至产生故障

螺旋桨飞机的桨叶积冰，会减少拉力，使飞机推力减小。同时，脱落的冰块还会打坏发动机和机身。

对长途飞行的喷气式飞机来说，燃油积冰是一个重要的问题。长途高空飞行，机翼油箱里燃油的温度可能降至与外界大气温度一致，约为 $-30℃$。油箱里的水在燃油系统里传输的过程中很可能变成冰粒，这样就会阻塞滤油器、油泵和油路控制部件，引起发动机内燃油系统的故障。

3. 影响仪表和通信，甚至使之失灵

空气压力受感部位积冰，可影响空速表、高度表等的正常工作，若进气口被冰堵塞，可使这些仪表失效。天线积冰，会影响无线电的接收与发射，甚至中断通信。另外，风挡积冰可影响目视，特别在进场着陆时，对飞行安全威胁很大。

第八节 雷暴与飞机颠簸

一、雷 暴

（一）定义

雷暴是一种强烈的对流性天气。雷暴出现时，多伴有雷电、暴雨、冰雹和大风。在雷暴中飞行时，云中强烈的乱流使飞机发生严重颠簸，甚至使飞机处于无法控制的状态；云中大量的过冷水滴会使飞机发生积冰；闪电能严重干扰无线电通讯，甚至烧坏仪器；冰雹可能击穿飞机蒙皮；等等。夏季雷暴多，在云中飞行，遇到天气复杂多变，不仅要根据机载雷达来判断情况，同时要请求地面气象雷达进行协助配合。

（二）雷暴及其对飞行安全的影响

雷暴是一种危及航空飞行安全的危险天气，所以在一般情况下，应避免在雷暴区中飞行。但在夏季是不容易做到的，特别是民航运输飞行，每

天固定的航班要飞行，还有临时增加的航班、专机任务等都要按时飞行，而飞行中就不免会遇到雷暴云，因此，必须采取预防措施，保证安全完成航空飞行任务。

在雷暴活动区飞行，除了云中飞行的一般困难外，还会遇到强烈的湍流、积冰、电击、阵雨和恶劣能见度，有时还会遇到冰雹、下击暴流、低空风切变和龙卷风。停放在地面的飞机也会遭到大风和冰雹的袭击。

二、飞机颠簸

飞机颠簸是飞机进入扰动空气层后发生的左右摇晃、前后冲击、上下抛掷及机身震颤等现象。飞机颠簸使飞机各部承受的载荷发生变化，可能造成部件损害。颠簸发生时，常使仪表示度失常，难以靠仪表飞行。同时，飞机的颠簸会增大飞行阻力，增加燃料消耗，影响航程，并使机组人员与旅客困乏疲惫。飞机颠簸为扰动气流所致，扰动气流在不同的高度层都有可能发生。

飞机产生颠簸，特别是产生强颠簸时，对于飞机结构、操纵飞机、仪表指示、旅客安全都有很大的影响。

1. 对飞机结构的影响

飞行中产生颠簸，飞机的各部分都经受着忽大忽小的负荷，颠簸越强，载荷变化就越大。飞机长时间受到强烈载荷变化的作用，或受到超过飞机所能承受的最大载荷，可以使飞机部件受到损害，酿成事故，飞机的某些部分（如机翼）就可能变形甚至折毁。

2. 对飞机操纵的影响

飞机发生颠簸时，飞行高度、速度以及飞行的姿态都会经常不断发生不规则的变化，从而失去稳定性。颠簸强烈时，飞机忽上忽下的高度变化通常可达几十米至几百米，使飞机操纵困难，甚至失去操纵，难以保持正确飞行状态。

由于飞行状态时时变动，飞行员往往不得不费更多的精力来及时保持飞机处于正常状态，因而体力消耗较大，易于疲劳。

3. 对仪表指示的影响

飞机颠簸时，仪表受到不规则震动，指示常会发生一些误差，特别是在颠簸幅度变动较大飞机忽上忽下变动频繁的时候，升降速度表、高度表、空速表和罗盘等飞行仪表就会产生较明显的误差，不能十分准确地反映出瞬间的飞行状态；如果完全据之以修正飞行状态，就会带来一些不良后果。此外，颠簸还使进入发动机的空气量显著减少而自动停机。这种情况高空飞行时最可能遇到。

颠簸还会使旅客感到不适，增加旅途疲劳甚至呕吐，强颠簸时，甚至可能造成旅客的身体伤害。如1982年中国台湾地区一架波音747在飞行中遇到强烈颠簸，使未系安全带的旅客19名受伤，2名死亡。

因此，飞机发生颠簸时，应尽快脱离颠簸区，采取的方法是改变高度或暂时偏离航线。

复习与思考

1. 最基本的气象要素是什么？
2. 航空上常用的几种气压是什么？飞行中常用的气压高度有几种？QNH和QNE两种高度表如何使用？
3. 什么是相对湿度和露点？
4. 基本气象要素变化对飞行的影响有哪些？
5. 对流层的主要特征是什么？为什么平流层利于高空飞行？为什么平流层没有被充分利用？
6. 简述我国飞行高度层的配备。
7. 什么是高云、中云和低云？它们各有几种云？
8. 能见度的定义是什么？
9. 什么是辐射雾？辐射雾的形成条件有哪些？辐射雾的特点是什么？
10. 什么是平流雾？平流雾的形成条件和平流雾的特点是什么？
11. 地面能见度分为哪几种？什么是跑道视程？
12. 风如何影响飞行？什么是低空风切变？风切变可以分为几类？
13. 低空风切变中的飞行事故有什么特征？

14. 顺风切变和逆风切变对着陆有什么影响？

15. 简述降水对飞行的影响。

16. 什么叫雷暴？雷暴对飞行有何影响？

17. 什么叫飞机积冰？积冰对飞行有什么影响？

18. 颠簸对飞行有什么影响？

19. 什么是高空急流和晴空乱流？分别对飞行有什么影响？

20. 【案例分析1】美国1993年有4架停在地面的飞机被大风吹翻，另有一架飞机在滑行中遇顺风把飞机尾部抬起，造成飞机实质性损坏。这5起飞机被吹翻事故的平均风速为30海里每小时，而侧风造成的飞行事故，平均风速不足13海里每小时。被大风吹翻的5架飞机中，有4架飞机是上单翼飞机。就这一情况，分析地面大风对飞行的影响。

21. 【案例分析2】2008年8月25日晨6时左右，上海地区突降百年未遇特大雷暴雨，强雷电、强降水预警信号在1.5小时之内迅速由黄色升级为橙色，较大面积道路受积水影响严重拥堵，虹桥、浦东两机场出发航班相应受到不同程度的影响。就这一情况，分析降水对飞行的影响。

22. 【案例分析3】某年12月15日，记者从兰州中川机场了解到，12月13日晚，由于冷空气相伴的降温大风天气，使得西宁曹家堡机场上空存在低空风切变，一架班机备降兰州中川机场。据了解，12月13日，西宁机场从下午5时以后出现东南风，风速达到11m/s，而西宁上空5000m处风速达到27m/s，地面与高空存在较大风速差异，下午5时12分，从成都起飞的川航8807次航班到达西宁上空，为了飞行安全，该航班于当晚6时52分备降兰州中川机场，直到12月14日上午8时41分才从中川机场起飞。就上述案例分析低空风切变对飞机起降的影响。

23. 【案例分析4】韩国韩亚航空公司894次国内航班客机，2006年6月9日下午在1000英尺空中遭遇雷电和冰雹的袭击，驾驶舱前窗被砸破，鼻头被击毁断落，喷气引擎保护盖被砸出一个大洞，幸亏驾驶员老练稳重，从容降落，却让两百多名乘客经历九霄惊魂的梦魇。又如12日晚上6时半左右，一场雷雨封住了首都机场的走廊口，飞机无法绕过雷雨区进近，使得几十个航班被迫去就近的机场备降，给航空公司带来巨大的损失,推迟了旅客回家的脚步。就以上情况,分析雷暴对飞行的影响。

24.【新闻背景】2011年12月6日清晨,中央气象台继续发布大雾黄色预警:华北、黄淮、江淮、江南、华南北部、西南地区东部和南部等地有轻雾,其中,京津地区、河北中部、山东中部、山西南部、河南东部、安徽东南部、浙江西部、福建北部、江西东部、湖南中部、云南东南部等地有能见度不足1000m的雾,部分地区能见度不足200m。据新华网消息,受大雾影响,北京、天津、河北、山西、辽宁、山东6省(市)局部路段通行受阻。航空方面,连日的大雾已严重影响航班的正常起降。截至12月5日15时,首都机场延误滞留1小时以上航班118架次,进出港合计取消219架次。大雾带来的低能见度天气,对高速公路行车安全的影响大家想必都很清楚,其实低能见度也是影响飞行安全的主要因素——从飞行事故的统计来看,接近一半的事故就发生在低能见度的天气情况下,而在起飞和降落这两个关键阶段,飞机对能见度的要求也有不同。

以北京为例。飞机起飞所需要的能见度是400m,而飞机落地所需要的能见度为800m或550m跑道视程要求(简称RVR),可见后者对能见度的要求更高,因此,飞机在某个机场可以起飞并不必然意味着这个时候飞机也能在这里落地。

看到这里可能有读者会问,现代化飞机不是都可以盲降了么,盲降不就是"盲着降落"吗?其实不然,这主要是受早期航空英语的翻译所误导。首先,这一术语的英语原文为Instrument Landing System,简称ILS,意为"仪表着陆系统",简单解释就是借助系统进行降落,并非闭着眼睛也能降落。

其次,使用仪表着陆系统必须首先具备一定的能见度或跑道视程。根据盲降的精密度,盲降给飞机提出不同的进近着陆标准,分为Ⅰ、Ⅱ、Ⅲ类标准。

Ⅰ类盲降的天气标准是前方目视能见度不低于800m或跑道视程不低于550m,着陆最低标准的决断高度不低于60m。也就是说,Ⅰ类盲降系统可引导飞机在下滑道上,自动驾驶降落至机轮距跑道标高高度60m的高度。如果飞行员在60m的高度看清跑道就可实施着陆,否则就得复飞。

Ⅱ类盲降标准是前方目视能见度不低于400m或跑道视程不小于

350m，着陆最低标准的决断高度不低于30m。

Ⅲ类盲降的天气标准指任何高度都不能有效地看到跑道，只能由飞行员自行做出着陆的决定，无决断高度。Ⅲ类盲降又可细分为ⅢA、ⅢB和ⅢC这三个子类：ⅢA的天气标准是前方能见度200m，决断高度低于30m或无决断高度，但应考虑有足够的中止着陆距离，跑道视程不小于200m；ⅢB类的天气标准是前方能见度50m，决断高度低于15m或无决断高度，跑道视程为50~200m，保证接地后有足够的滑行距离；ⅢC类没有决断高度和跑道视程的限制，也就是说，在"伸手不见五指"的情况下，凭借盲降引导自动安全着陆滑行。可见，只有ⅢC类盲降才是真正意义上的盲降。

现代大多数飞机的设备本身就具备Ⅲ类盲降的能力，但出于安全原因，国际民航组织（ICAO）至今没有批准任何一家航空公司的ⅢC类盲降运行。

除了对"盲降"一词的误读，很多读者常常还会有这样的疑问：同样是低能见度天气，为什么国外航空公司的部分飞机可以落地，而国内航空公司的飞机却不能？区别主要在于航空公司有没有做Ⅱ类盲降运行；与部分国外航空公司运行Ⅱ类盲降不同，据笔者所知，国内除翡翠货航等极少数公司运行Ⅱ类盲降外，其他航空公司均按Ⅰ类盲降运行。

或许有人会说，这是因为国内航空公司的飞行员技术差。真是这样吗？

这个问题可以这样分析：Ⅱ类盲降对于能见度的要求比Ⅰ类盲降更低，其安全风险也更大，而全力保证安全始终是民航业的重中之重，这就对航空公司和机场等单位提出了更高的要求。

单从技术方面看，申请Ⅱ类盲降运行，首先考验的是飞机本身。出于安全考虑，需要运行Ⅱ类盲降的飞机，其自身的维护项目、维护间隔和要求都有相对更严格的标准。其次是机场跑道，目前国内只有北上广等大城市机场的部分跑道具备Ⅱ类盲降的能力，而要具备Ⅱ类盲降能力，跑道的盲降信号、净空区、跑道防侵入能力等设施建设和维护的成本也会大大提高。第三项是飞行机组的训练成本，飞行员Ⅱ类盲降资格的培训，以及每年持续进行的复训，也会增加航空公司的成本。

在全力保证安全的前提下，国内航空公司也要做成本与收益的权衡，结合自身的运行特点（机场、天气等），估算其Ⅱ类盲降运行所要增加的成本，尤其是可控的安全成本，从而决定是否运行Ⅱ类盲降。事实上，在国外，也有不少大型航空公司因其运行机场的特点（如机场常年没有大雾）而没有申请Ⅱ类盲降运行资格。

从这个角度看，以航空公司是否具备Ⅱ类盲降的能力而去判断一家航空公司的优劣，失之偏颇。

思考题

（1）影响能见度的天气有哪些？

（2）根据盲降的精密度，盲降给飞机提出不同的进近着陆标准有几种？

第四章　民航运输布局与经济分析

第一节　航线与航线网络

一、航线的定义及其分类

（一）航线定义

航线是指航空器飞行路线。它确定了航空器飞行的具体方向、起讫与经停地点，规定了飞行高度和宽度，以维护空中交通秩序，保证飞行安全。民航从事运输飞行必须按照规定的线路进行。

航线是航空公司满足社会需要的形式，是实现企业自我发展的手段。对于航线的选择，以及在此基础上形成的航线网络，是关系航空公司长远发展的战略决策。

航线不同于航路，航路是民航主管当局批准建立的一条由导航系统划定的空域构成的空中通道，在这个通道上空中交通管理结构提供必要的空中交通管制和航行情报服务。民航的航线都是沿着航路飞行的。

（二）航线分类

依不同的标准，航线可做不同的划分，按照航线起讫点及经停点地理位置的不同，可将民航航线分为国际航线、国内航线和地区航线三大类。

1. 国内航线

指连接国内航空运输中心的航线。航线的起讫点、经停点均在一国国境之内。可分为干线、支线和地方航线。

①国内干线。航线的起讫点都是重要的交通中心城市,航线航班数量大、密度高、客流量大,如北京—上海航线、北京—广州航线等。

②国内支线。把各中小城市和干线上的交通中心连接起来的航线以及省内航线。支线的客流密度远小于干线,支线上的起讫点中有一方是较小的机场,因而支线上使用的飞机都是150座以下的中小型飞机。

③地方航线。把中小城市连接起来的航线。客流量很小,和支线界限很明确,也可称为省内航线或地方航线。

2. 地区航线

指在一国之内各地区与有特殊地位地区间的航线。如内地与香港、澳门,大陆与台湾地区的航线。

3. 国际航线

是指飞行的路线连接两个或两个以上国家的航线。在国际航线进行的运输是国际运输。一个航班如果在它的始发站、经停站、终点站有一点在一国国境之外的都叫作国际航线。

二、航线网络及其分类

航线在怎样结构的航线网上运行,是航空公司产品组合策略的重要前提。航线网络是指一定地域内若干条航线按某种方式连接而成的航线构成系统。航线网络由机场、航线和飞机等要素构成,其中机场与航线构成了航空运输的空间分布,决定了航空运输地面和空中保障能力。而飞机则通过航线由一个机场飞到另一个机场以实现旅客、货物、行李和邮件的空中位移。

航线网络布局是对空中交通线的起讫点、必经的导向地点以及线路的性质和等级的总体部署。国际航线布局是根据国家间的友好往来、协商而建立,主要承担国际旅客、邮件和货物的运送,为国家对外政治、经济、文化交流和旅游服务;国内航线布局主要为国家和地区的经济联系、旅游业及人员往来、文化交流和信息传播服务,并与其他运输方式合理分工,承担长途和边远地区的旅客与贵重物品的运输。在选择合理的航线时,应考虑自然因素(如天气等)的影响。支线航线布局一般为省或地区内政治、经济联系服务,主要连接省会与省内中心城市或大型工矿区,以及省会与交通不便的边缘地区。

航线网络布局关键在于机场布局。它在很大程度上决定了航空公司的服务水平和竞争力。合理的网络布局和航线的衔接对提高航空公司的旅客满意度和运行效率具有重要意义。

从目前航线网络的构成分析，大致可分为城市对式、城市串式、中枢辐射式（枢纽式）三种类型。

三、城市对式航线网络

城市对式航线是指从各城市之间的客流和货流的需求出发，建立城市与城市之间直接通航的航线结构。其特点是两地间都为直飞航线，旅客不必中转。适用于客货流量较大的机场之间。如图 4.1 所示。

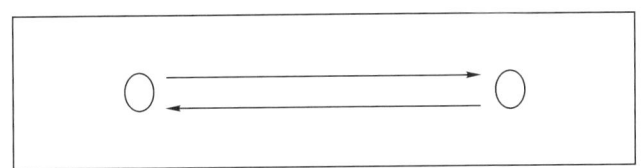

图 4.1　城市对式航线结构

1. 优点

旅客不必中转，可直接到达目的地；形式简单，便于进行运力调配。因此成为航线网络中最基本的单元结构，也是目前我国航线结构中采用的主要形式。

2. 缺点

由于这种航线结构只考虑两点间运输量而不考虑或无法顾及同城市航线间衔接问题，因而也就无法形成区域资源的有效配置。

①一个城市不可能直接通航任意多个城市。对于流量较小的机场之间，采用城市对式航线会使航班密度降低，从而使地面等待时间过长，航空运输的快速优势无法充分发挥。

②城市与城市之间的距离有远近，航线有长短，所用机型有大小。于是机场建设规模要扩大，机场跑道、设施必须满足大型飞机起降的要求，而利用率却不高。

③点对点的航线结构中,航空公司倾向于互相进攻对方的市场,容易形成重叠性航班,造成价格的恶性竞争。

四、城市串式航线网络

城市串式航线,也称线性模式,是在城市对式的基础上发展而来的,主要指飞机从始发地至目的地的途中经一次或多次停留,在中途机场进行客货补充,以弥补起止机场间的客货源不足,形成串珠状的航空网络,这种网络实际上是城市对式进一步衍生的产物,学术界称之为"甩辫子"航线。这种航线成熟后就形成了线性网络。

城市串式航线结构的特点是一条航线由若干航段组成,航班在途中经停获得补充的客货源,以弥补起止航站之间的运量不足。适用于城市间客货运量和运力不足的情况。目前我国部分国际航线和国内航线采取此种形式。如图4.2所示。

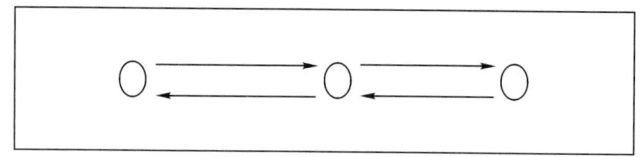

图 4.2 城市串式航线结构

1. 优点

航班在途中经停获得补充的客货源,提高飞机的利用率、载运率和客座率,节省运力。

2. 缺点

容易造成航班延误和影响正常的运力调配。由于经停站较多,一旦延误,会影响整个航程乃至整个网络中的运力调配。

五、中枢辐射式航线网络

枢纽航线结构又叫轴辐式、轮辐式航线结构或中转辐射式航线结构。

在整个交通运输中,轮辐式网络可以定义为:网络中的大部分节点通过和网络中的一个或少量几个枢纽节点相互作用,实现货物、人员及服务的传递的一种网络结构。在航空运输领域，习惯称为枢纽航线结构，是指由一个或者几个枢纽机场和许多支线机场组成，先将各个支线机场的客流汇集到枢纽机场，再通过枢纽间的中转连接而将客流输送到目的地的一种航线结构。

枢纽辐射式航线网络主要是通过规模经济性来降低客千米成本的，首先航空公司使用满足支线需求的小型飞机将支线机场的旅客输送到枢纽机场，然后航空公司安排客千米成本较低的大型飞机将聚集的大量旅客运到旅客的目的地或者下一个枢纽再进行中转。尽管支线机场至枢纽的成本较高，但它可以被枢纽间运输的低成本所弥补，而枢纽间的低成本就是规模经济的表现。

采用枢纽机场进行中转需要旅客在这些机场航班集中，促进多种航班的对接。通常世界各个主要的枢纽机场的客流量都呈波浪状分布，当航班高峰来的时候完成客流的集中运输，实现降低成本的目的。

客流量较小的支线机场间不通航，这可以用有限的航空资源实现较多城市对连接，这是与点对点航线结构的最大区别。

（一）枢纽航线网络的结构性质与分类

1. 网络的拓扑结构

网络不依赖于节点的具体位置和边的具体形态表现出来的结构叫作网络的拓扑结构。节点和连接构成网络，顶点之间的不同连接边组成不同拓扑结构的图。典型的网络拓扑结构包括网格结构、星形结构、线性结构和树形结构，如图4.3所示。

网络中节点之间的不同连接形成不同的网络结构，根据节点连接的集中度，还可以将网络分成集中式网络、分散式网络和分布式网络三种，如图4.4所示。

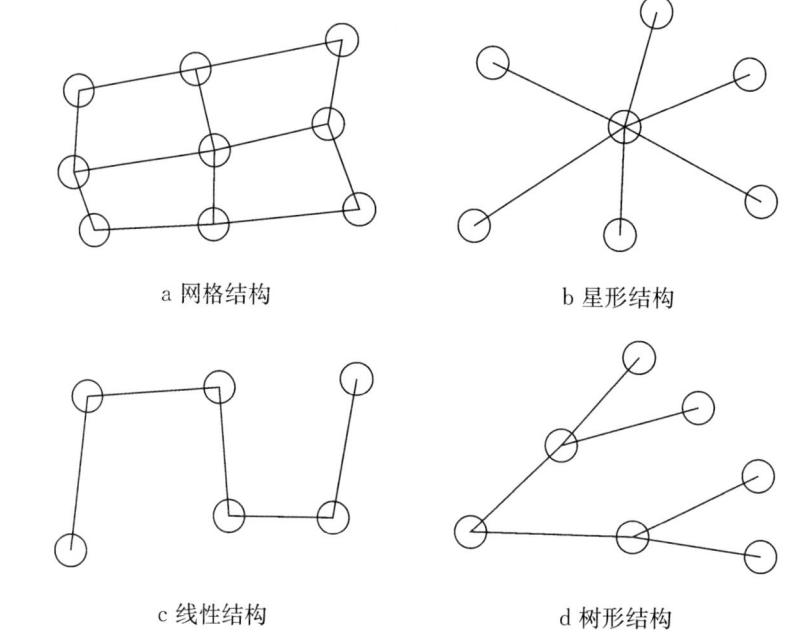

a 网格结构　　　　b 星形结构

c 线性结构　　　　d 树形结构

图 4.3　枢纽航线网络的结构

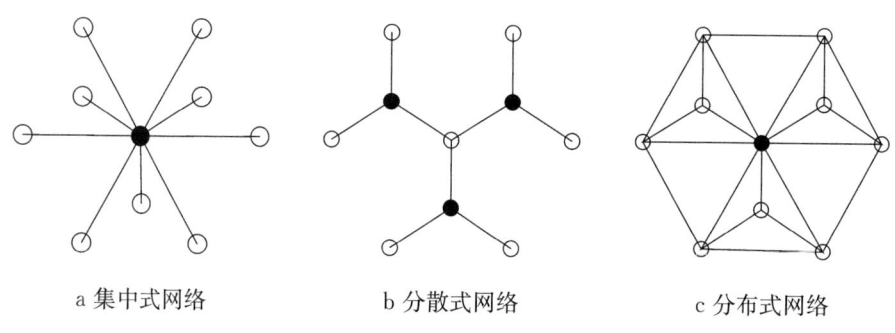

a 集中式网络　　　b 分散式网络　　　c 分布式网络

图 4.4　网络结构分类

枢纽航线网络是一类特殊结构的网络，是建立在星形拓扑结构基础上的集中式网络。它通过将网络服务在时间和空间上的集中来提高网络效率。

2. 枢纽航线网络的分类

根据非枢纽节点和枢纽节点之间的连接分类，枢纽航线网络可以分为纯枢纽航线网络和混合枢纽航线网络。

纯枢纽航线网络中每个非枢纽节点只能和枢纽节点直接连接，非枢纽节点之间不允许直接连接。而混合枢纽航线网络除了允许枢纽节点和非枢纽节点之间的连接以外，允许非枢纽节点之间的直接连接，但是这种连接占全部连接的数量较少，即网络的整体结构还是表现为枢纽航线网络特征。电信网络、银行 ATM 网络是典型的纯枢纽网络，航空服务网络是混合枢纽航线网络。

根据网络中枢纽节点的数量，枢纽航线网络可以分成单枢纽航线网络和多枢纽航线网络。

①单枢纽航线网络。单枢纽航线网络中只有一个枢纽，网络中所有其他节点都通过唯一的枢纽节点发生联系，单枢纽航线网络一般在网络规模不大、服务范围较小情况下采用。

②多枢纽航线网络。网络中枢纽节点数量超过一个的枢纽航线网络成为多枢纽航线网络。多枢纽航线网络可以较好地平衡服务集中与枢纽拥挤的矛盾，多见于网络服务范围广、网络节点规模大的服务网络。现实经济生活中的大部分网络都是多枢纽航线网络。目前，许多大型航空公司都采用多枢纽航线网络（表4.1）。

表 4.1 多枢纽网络的航空公司及各自的枢纽机场

序号	航空公司	枢纽数量	枢纽机场
1	美国航空公司	3	巴尔的摩 费城 匹兹堡
2	阿拉斯加航空公司	2	波特兰 西雅图
3	大陆航空公司	2	克利夫兰霍普金斯 纽约纽瓦克
4	德尔塔航空公司	2	亚特兰大 辛辛那提

续表

序号	航空公司	枢纽数量	枢纽机场
5	法国航空公司	2	巴黎戴高乐 巴黎ORLY
6	德国汉莎航空公司	2	法兰克福 慕尼黑
7	英国航空公司	2	伦敦希思罗 伦敦盖特威克

（二）枢纽航线结构的优缺点

枢纽航线结构是目前较为成熟的航线网络结构，也是目前空运发达国家的航线网络中所常见的形式。相对于城市对式或城市串式航线网络结构来说，枢纽航线结构具有如下特点。

1. 优点

①更好地适应市场需求。多数国家的空运需求集中分布于少数大型中枢机场，而大多数中小型机场的空运需求量较少，这是空运市场的显著特点。枢纽航线结构中的中枢机场正是考虑到这一特点而建立的。中枢机场之间的干线飞行一般采用大中型飞机，且可安排较高的航班密度，基本上能够满足空运主要市场的需求。辐射式航线的飞行，一般采用中小型飞机，一方面满足了运量不大的市场需求，另一方面可适当增大航班密度，显示航空方便快捷的优势。

②能刺激需求，促进航空运输量的增长。在枢纽航线结构中，干线与辐射式支线连通后，使所有网络内的航站之间均可通航，这就增加了通航点，使大中小城市之间的空中联络更为畅通，这无疑能为旅客提供更大的便利，并促使一些潜在的空运需求转化为现实的需求。进一步，由于在此种结构中，干线与支线功能明了并有机地连接在一起，大小机群与航线匹配，能使航空公司的运营效率提高、运营成本降低，从而可降低票价，进一步刺激市场需求。

③有利于航空公司提高飞机的利用率、客座率、载运率。运量较少的机场之间采用对飞的形式，一方面使自身航线经营难以维持，另一方面又对中枢机场起到不必要的分流作用，降低了中枢机场之间的航班客座率和

载运率。枢纽航线结构的建立，可将原来小型机场对飞航线上的空运量转移到干线上来，从而提高了干线上的客座率和载运率。原来吞吐量较少的机场改用小型飞机运营，通过支线与中枢机场连接进而与干线连通。这样就避免了在运量较少的机场之间采用大中型飞机对飞而造成的运力过剩，同时，也提高了小型飞机的客座率和载运率。由于可以在不增加运力的情况下大量增加航线数量和航班频率，又可以提高飞机的利用率。

④有利于机场提高经营效率，降低飞机的使用成本。枢纽航线结构的建立，使得中枢机场能发挥规模经济效应，飞机起降架次和客货吞吐量的大幅度增加，将使航空业务收入和非航空性收入随之增加，单位运营成本降低。同时，中小机场也能通过起降架次和客货吞吐量的增加而改善财政状况，增强自我生存和发展的能力。

2. 缺点

枢纽辐射式网络也有它的局限性。枢纽辐射式网络结构对枢纽机场的容量和服务提出了更高的要求。如果机场容量过小或者效率不高时，机场和航路容易发生拥挤堵塞从而造成航班的延误，并可能影响整个网络。因此提高机场旅客的中转效率和服务质量、扩大枢纽机场规模能在一定程度上缓解因拥挤造成的航班延误。

(三) 枢纽航线结构的产生及发展

随着世界航空运输业的发展，国外发达国家的航线结构也经历了从点对点结构到枢纽辐射式航线结构的发展历程。1978年以前，美国的航空运输业的发展受到政府管制，其航线结构主要是点对点结构。1978年，美国对航空业的放松管制引发了航空业的一系列根本变化，使航空公司有了根据自己的实际情况确定航线结构的自由。

随着枢纽辐射式航线网络在欧美地区以及亚洲部分地区30多年的迅速普及和发展，各大航空公司在各基地机场的垄断地位非常明显。例如，美国合众航空在夏洛特的比例最高，达到88%；美国联航在丹佛占到74%，在旧金山占到58%。在欧洲，英国航空公司在伦敦盖特威克机场达到67%。

目前，越来越多的航空公司都已经开始调整航线结构为复合型，即中枢辐射航线结构与点对点的航线结构并存。这主要根据旅客所需求的时间来分布：当城市间运输的需求量较少时，采用枢纽机场的中转模式；当需求量增大到一定程度，在支线城市开辟直达航班就比较经济。如果两城市间需求时间部分不均匀，则可以在密度高的城市之间进行点对点运输，而在需求密度低的时间内进行枢纽中转运输。图4.5显示的是点对点网络、典型枢纽辐射式网络结构和复合式网络结构。

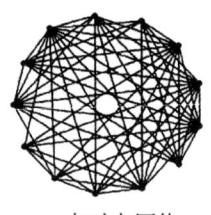
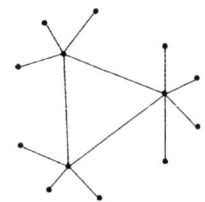
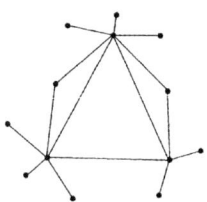

a 点对点网络　　　　b 枢纽辐射式网络　　　　c 复合式网络结构

图4.5　网络结构类型

枢纽辐射式网络结构是20世纪70年代出现在美国的一种新的航线布局模式，其特点是客流量较小的城市之间不直接通航，而是通过一个或者多个枢纽机场中转，最终实现多个城市之间的互联。

枢纽航线网络结构引起重视的主要原因是其在美国主要航空公司的广泛成功应用。1978年美国航空管制放松后，美国的主要航空公司均将自己的运营网络结构调整为枢纽航线网络结构，并取得了巨大成功。目前在美国总共有超过30个航空枢纽，在中西部就有8个，枢纽航线网络结构为乘客提供了更多的出行选择，如从圣弗兰西斯科出发到达佛罗里达坦帕，各航空公司为乘客提供多达50种的转机选择。除了竞争的考虑，市场需求是决定枢纽航线网络运营结构的主要因素，因为在可以提供航空服务的30000个城市对市场中，只有5%的城市有足够的交通需求来支持直达的、非停留的点对点航班。为控制成本，同时为其他95%的航空市场提供服务，运营商只能通过枢纽航线网络系统来支持。由于枢纽航线系统具有的收集、合并交通的优势，目前依托枢纽系统，纽约西拉库扎机场每天有43个航班到达11个枢纽城市，而如果使用点对点的航线系统，假设支持每个航班的最小乘客数为75人，那么西拉库扎机场的乘客数每天只能支持7个城市的一个航班。目前，美国主要航空公司均采用枢纽航线网络。

但是，随着美国经济总体增幅减缓，以及"9·11"事件后美国民众对航空服务安全性的考虑，美国航空需求增长缓慢，采用枢纽网络的美国主要航空运营商遇到一些问题，先后有联合航空、美国航空等大型航空公司提出破产的申请，而采用点对点网络的西南航空公司成为美国盈利能力最好的航空公司，这直接导致人们对枢纽网络结构产生怀疑。事实上，美国航空公司和联合航空公司陷入破产的局面，枢纽网络结构并不是问题的根本，问题出在运营商的运营策略、经营方针上。上述公司在政府放松航空管制，航空业取得巨大发展的过程中，过快提高人工成本及养老金标准，签订的机场、飞机租用合同价格过高，即整体经营成本过高，导致在市场不景气情况下，被迫走向破产。航空公司不必放弃枢纽网络结构，他们要做的只是提高运营效率，将劳动力成本、设施租赁成本和其他成本控制在一定范围内，枢纽网络系统就又会繁荣起来。另外，过多的枢纽在一定程度上也分散了乘客流，降低了枢纽网络的规模和范围经济效应。

通过关闭或合并枢纽，轴辐式网络航空公司和点对点航空公司之间的成本差距可以缩小10%～20%。欧洲一些主要航空公司，由于受地域和网络规模限制，传统上均采用点对点直飞网络，但随着各国航空管制的放松，以及欧盟统一市场的推进，法国航空公司、奥地利航空公司等一些主要航空公司也开始转向轴辐式航空网络。近几年来，我国的航空市场在高经济增长率的刺激下，需求迅速增加，各航空公司的运营规模、航线数量也在迅速增加，中国航空公司、南方航空公司、东方航空公司纷纷调整航线结构，增加枢纽机场的航班，建设枢纽运营网络。

第二节　影响民航运输布局的主要因素

影响民航运输布局的因素很多，大体可归为五大类：一是自然因素，二是经济因素，三是社会因素，四是科学技术因素，五是地理位置因素。不同的产业对这些条件有不同的要求，而这些条件本身在地区分布上也有很大差异。因此，在规划产业布局的过程中，要根据不同的产业充分重视

对地区条件的分析研究，否则，就有可能违反自然规律和社会经济规律，从而造成较大的经济损失。

航空运输业的布局也受到上述条件的影响和制约，但航空运输业以其速度快、机动灵活、基本建设周期短、载运量小、运价高等特点，使产业布局不同程度地受上述条件的影响。

一、自然因素

自然因素包括自然资源和自然环境。自然资源是自然条件中被人类利用的部分，按其生成条件可分为不可再生资源和可再生资源，如石油、煤炭、天然气等。自然环境是影响人类生产、生活的自然条件的各个要素，包括地质、地貌、气候、水源、土壤、生物等相互联系、相互制约形成的自然综合体。自然因素对航空、铁路、水运等交通运输业布局的影响，主要指自然环境对其的影响。由于航空运输本身的特性，使某些要素仅在一定范围内和一定程度上对其产生影响。

1. 地面自然要素

一般说来，铁路、公路、管道等交通运输方式的交通线路需要浩大的地面工程来完成，因而受地貌、地质、水文条件的制约较为显著。而航空运输的线路受地面要素的影响不大，只是在航路设置、确定飞行高度和地面起降时要考虑地貌条件的制约。但是，航空运输与其他运输方式一样，都离不开固定的地面点站，机场、管制中心、地面雷达站等都对地面自然条件提出一定的要求。

地形地貌是修建机场和确定航路的重要条件。修建机场是一项大型的工程，必须考虑工程地质条件，应选择在地质、地貌较稳定的地区。在容易发生地震、断裂、崩坍、滑坡、泥石流的地区，不宜建设机场。机场附近需要一定的净空地带，周围不应有高大突出的植被或其他障碍物，还要求四周地形起伏小，视野开阔，因此机场特别是大型机场总是建在平原、盆地或宽阔的谷地。此外，充足的水源也是建设一个航空港的必备条件。

2. 气象气候条件

飞机在大气中飞行，飞行活动明显受到天气条件的影响和制约。天气条件是决定飞行安全、正点的重要因素。天气现象虽千变万化，但总有一定规律可循。各种危险天气的产生具有一定的地域性和季节性。例如：台风、飓风、热带风暴多产生于赤道地区以外的热带海域；雷暴总在温带地区的夏季和初秋频繁出现；冷流经过的海岸、冰雪区的上空和盆地、山谷常常出现大雾天气。长期稳定的天气现象是造成某一气候区的重要因素。在不同的气候区，危险天气出现的可能性不同。因此，航线应尽量避开危险天气的易发地区，选择最安全的飞行路线。

在航站内，飞机的起降主要受地面风速、风向、低空风切变、地面与空中能见度、降水等因素的制约，气候条件的差异往往决定上述因素的好坏。特别是盛行风向、风速对机场的选址及跑道的走向都有较大影响。飞机起降的理想条件是逆风起降，这就使跑道的走向必须与当地的盛行风向一致。若当地的盛行风向为多个方向，为了避免侧风的威胁，应采用双向、三向或多向跑道。

由于飞机沿着盛行风向起降，当机场与城市的连线方向和盛行风向一致时，势必要穿越城市上空。为了尽量避免飞机噪声的影响，机场与城市之间要保持一定的距离，而且机场应选择在恰当的位置上，使飞机不穿过城市上空。同时，还要保证机场与城市之间有便利的交通。

总之，良好的自然环境为机场建设及航路设置提供必要的物质条件及适宜的活动空间。若忽视自然环境的影响，则会造成不必要的经济损失。因此，在新建机场、开辟航线时应充分考虑自然环境的影响和制约。

二、经济因素

经济因素是影响航空运输发展和布局的最重要的因素，它包括经济发展水平、经济开放度、产业结构、相关行业。

1. 经济发展水平

经济发展水平决定了整个社会的经济结构和物资流通量，决定了社会的收入和消费水准，相应地也就决定了空运需求。通常用工农业总产值、国民生产总值或社会总产值等指标衡量一个国家或地区的经济发展水平。各国和各地区的实证研究表明，经济增长，航空运输量也随之增长。经济发达国家或地区必定是空运需求旺盛、航空运输发达的国家和地区。从目前世界航空运输的生产布局来看，欧洲、北美、俄罗斯、日本等国家和地区的航空运输业要远远超过大多数发展中国家。我国长三角、珠三角等沿海经济发达地区,航空运输业也较为发达。

国民经济的发展促进航空运输的发展,航空运输又反过来促进国民经济的发展,二者存在较大程度的相关关系。根据专家计算,我国从20世纪50年代至90年代,国民经济增长速度为8%～9%,航空运输增长速度为20%～25%,航空运输的发展速度为经济发展速度的2～2.5倍。从世界上看,自1950年至1990年的40年间,世界经济增长速度约为5%,航空运输增长速度为12%,为经济发展速度的2.4倍。由此可见,航空运输的发展与经济发展水平有着紧密的联系,而世界经济发展水平的差异,必然造成当今航空运输布局的不平衡。

2. 经济开放度

航空运输的快速、省时等特点,使之成为国际长途运输的理想方式。因此,一国或地区的经济开放程度对航空运输布局具有较大影响。经济开放度高的国家或地区,其航空运输发展迅速,反之,经济封闭型国家或地区,其航空运输就较为落后。在全球经济一体化的今天,专业化分工日益精细,一件产品的生产,需要多个国家和地区跨国界的协作。专业化协作要求的是高频度的准时、精确的物流,而航空运输正是能满足这种要求的物流方式。中国致力于改革开放,加强对外经济联系,因而航空运输业发展迅速。尤其在经济开放度较高,对外贸易较发达的东部沿海地区,航空运输业也较为发达。

3. 产业结构

产业结构从经济学上可以划分为第一、二、三产业。第一产业是广义农业,第二产业是建筑业、采矿业、加工制造业等,其他的为第三产业,包括金融业、房地产业、保险业、餐饮业、教育业等。一般来讲,经济越发达的国家和地区,第二产业和第三产业所占的比例越高,其航空运输需求越旺盛。以农业生产为主的国家和地区,其经济对外开放度低,经济发展水平不高,因而航空运输需求较少。在工业生产中,资金密集型的电子、电器、精密仪器等高新技术产业往往聚集在大型国际枢纽机场周围,依托便利的航空运输条件,形成了"临空型"工业区,例如以首都机场为中心的空港经济区和以浦东机场为中心的空港经济区。我国目前正致力于产业结构的调整和升级，随着产业结构由低级向高级的演进，以及产业结构高加工度和高附加值化，航空运输需求必然越来越旺盛。

4. 相关行业

任何行业都不可能脱离其他行业而孤立存在，与其他行业都有或多或少的经济联系。尤其是专业化分工高度发达的今天，行业之间的联系更是异常紧密，航空运输业也不例外。影响航空布局的行业如旅游业、对外贸易行业、劳务输出行业等，对航空服务的依赖都很大，因此又被称为"航空密集型"行业。这些行业的发展状况对航空运输业的发展至关重要，反之，发达的航空运输服务对这些行业的竞争能力和景气状况也影响巨大，方便而快捷的航空运输服务也将吸引这些航空密集型行业在机场附近安家落户，在形成完整的产业供应链条的同时，繁荣机场经济圈。事实上，一些机场正在大力发展"商业园区"来吸引各种商业活动，如国外的汉堡、尼斯、赫尔辛基机场等。

三、社会因素

社会因素对航空运输布局的影响主要表现在两个方面：一是人口因素对航空运输布局的影响，二是政治因素对航空运输布局的影响。

1. 人口因素

人口既可以成为航空运输的对象，也可以作为航空运输所需的劳动力。作为运输对象的人口，其数量、密度、素质、收入、分布及迁移等都对航空运输布局产生重要影响。在一定的社会经济条件下，某地区人口总数越大、密度越高、收入越高，则航空运输需求越旺盛，反之则小。对某一国家来说，人口数量大、密度高的地区，往往经济较为发达，个人的经济收入相对较高，且其对内对外的经济联系紧密。因此，这些地区的航空运输就比较发达。而在人烟稀少的偏远地区，航空运输业也相对落后。了解世界人口迁移的动向、规模及现状对分析国际航空客运的现状及其发展有重要意义。

我国地域辽阔，地理条件非常复杂，20%以上的人口分布在东部，西部居民最稀。新中国成立以来，已有相当大量的人口从我国的东部向西北迁移，西北居民与东南地区有着千丝万缕的联系。在一定时期内，这种关系使新定居地域和原居住地域之间，保持密切的政治、经济、文化联系，从而形成大宗客流。

人口对航空货运也有一定影响。人口稠密的地区，经济相对发达，物资交换频繁，对各种产品的消费量大。人口稠密的集镇、城市往往成为各种物资的集散地。从目前空运货物的种类来看，大宗的服装、食品、活鲜主要运往人口稠密的消费区。

作为航空运输所需劳动力的人口，其技术水平、文化素质更为重要。航空运输是一个技术密集型的行业，要求从业人员具有较高的文化素质和专业技术水平。在文化教育、科技水平较高的地区发展航空运输，其劳动力的质量较高，有利于航空运输的发展。而在文化教育、科技水平较落后的地区发展航空运输业，其从业人员的素质就可能受到影响。

2. 政治因素

政治属于上层建筑的范畴，在某些特定的情况下，政治因素可以对整个国家或地区的经济发展和生产布局产生重要影响。航空运输是进行政治、外交活动的有力工具，政治因素对航空运输的影响是不容忽视的。政治因素除了表现为国家一系列的法律法令以及航空运输政策、方针等，还包括社会的政治形势和安定状况。

社会的政治形势和安定状况对航空运输业的发展也有非常大的影响。政治稳定、社会安定、经济发展，人民安居乐业，航空运输就发展；反之，空运市场就衰退，乃至企业倒闭。例如海湾战争直接导致美国泛美航空公司的破产；苏联解体使苏联民航的大部分飞机停飞。2001年的"9·11"恐怖事件使美国航空公司陷入困境，整个美国航空业2001年损失高达77亿美元。

四、科学技术因素

科学技术是影响生产布局最积极、最活跃的因素。自然、经济等因素往往对生产布局起一定的制约作用，使生产的分布适应自然环境和经济发展的需要。而科学技术的发展，经常主动地影响生产布局，重大的科教成果往往使生产布局突破某些自然和经济条件的制约，使生产布局发生变化。科学技术对航空运输有深刻的影响。自20世纪初航空运输问世以来，随着科学技术的发展，飞机的性能、地面设备及线路状况不断得到改善，促使航空运输的活动能力不断增强，活动范围不断扩大。

五、地理位置因素

一个国家、一个地区或一个城市的航空运输发展水平与其所处的地理位置往往有一定的内在联系。以新加坡为例，从自然地理位置看，它处于东南亚的马来半岛南端，在亚洲与大洋洲、太平洋与印度洋之间的"十字路口"上。从经济地理位置分析，它处于世界上海运繁忙的马六甲海峡的咽喉处；它是东南亚最大的贸易中心和物资集散地。新加坡依仗其优越的地理位置，大力发展航空运输业，使这个仅有280万人、600多平方千米的弹丸之地变成亚洲的空运大国。夏威夷群岛上的火奴鲁鲁，位于太平洋中部，远离北美及欧亚大陆，独特的地理位置使之成为北太平洋航空线上重要的中继站。世界上许多城市，如曼谷、德里、马尼拉、卡拉奇、沙迦、开罗、阿尔及尔、安克雷奇、巴拿马城、加拉加斯、里约热内卢、毛里求斯、楠迪、悉尼以及我国的上海、广州等都是凭借其有利的地理位置而发展为重要的航空枢纽的。

第三节 影响民航运输布局的主要行业

如第二节所述，经济因素是影响航空运输布局的重要因素。它可以通过各种行业对航空运输布局产生影响，其中尤以旅游业最为显著。

一、旅游业

旅游，即外出旅行、游览。近代的旅游概念可分为狭义和广义两种。狭义的旅游概念认为，旅游就是一种消遣，人们在紧张的劳动之后，通过旅游使紧张的身心得到松弛；或认为旅游是人与人、人与自然的一种交往；也有人提出，旅游是人们在地理方面的一种感受。广义的解释为，旅游是一个广泛的概念，它除了消遣和享受之外，还能锻炼身体、陶冶情操、增长知识、促进交往。因此，登山、滑雪、垂钓、狩猎、朝圣、疗养、日光浴、探亲访友、野外考察等活动都是旅游活动。

旅游活动虽然千差万别，但它们具有共同的特征。首先，必须离家外出；其次，外出目的是游览、娱乐、求知而不是为了赚钱；第三，外出不是永久性的。综合上述三个特征，汉泽克尔和克拉普夫（瑞士）1942年提出了一个较为完整的旅游概念："旅游是非定居者的旅游和暂时居留而引起的现象和关系的总和，这些人不会导致居留，并且不从事赚钱活动。"

旅游业是旅游活动发展到一定阶段的产物。它是以旅游资源、设施为条件，向旅游者提供交通、食宿、游览、购物等服务，并取得报酬的一种高文化、高效益、高度综合的服务业。旅游业的构成是多方面的，它涉及交通、旅馆、园林、建筑、食品、商业等很多部门和行业。但是，其主要业务部门只有三个，即旅行社、旅游饭店和旅游交通部门。现代旅游交通的主要形式就是航空运输。航空运输使旅游的范围从国内、地区内扩大到世界范围。人们可以在有限时间内进行长距离的旅游活动。当今，便利的交通已成为一个旅游点的必备条件，许多旅游点的形成都离不开航空运输。世界上几乎所有的重要航空港都是旅游中心城市和旅游者集散地。特别是旅游资源丰富的地区，只要有了便利的航空运输，便迅速成为旅游热点。如与世隔绝的百慕大群岛，由于航空运输的发展而成为世界上著名的旅游区。即使在旅游资源缺乏的地区，只要有发达的航空运输和现代化游乐设施，也可能成为旅游热点。如弹丸之地新加坡，依仗其优越的地理位置和发达的航空运输，大力发展旅游业，竟然成为亚洲的旅游大国。

现代旅游业是20世纪50年代以来迅速发展起来的一种服务行业。一方面，第二次世界大战以后，随着西方经济的复苏，个人的经济收入逐渐增加，自由支配的时间不断增多，同时，交通工具不断完善；另一方面，在现代大工业发展的同时，都市化现象愈加明显，人们在城市中的活动空间逐渐缩小，城市环境日趋恶化。在紧张工作之余，人们迫切希望回到大自然中去，进行各种活动以调节生活。因此，旅游已经成为人们生活中不可缺少的部分。于是，现代旅游业迅猛发展起来，并一跃而成为仅次于钢铁和石油的第三大产业。现代旅游正向着世界性、大众性的方向发展。

1978年以后，随着我国改革开放政策的实施，我国的旅游业也飞速发展起来。旅游业的重要性已被越来越多的人所认识。旅游业在国内生产总值中的比重逐年上升，2005年达到6%，到2015年将达到8%，2003年创汇204亿美元，到2020年，年创汇将达到580亿美元。旅游业的发展对中国经济的持续、快速、健康增长起到了积极促进作用。

旅游业除了获得直接的经济效益之外，还有较大的社会经济效益。由于旅游业是一项高度综合的经济事业，它的发展必然要带动相关行业的发展。而民航运输是关联最密切、受影响最大的行业之一。旅游业对航空运输布局的影响表现在：

（1）旅游业为航空运输提供了大量的客运需求。

随着旅游业的发展，航空旅客中旅游者所占的比重逐渐增大。近50多年来，国际航空旅客的构成起了明显变化。1945年国际航空旅客中，旅游者仅占20%，到20世纪70年代末，旅游者上升到60%以上，目前，旅游者已成为国际航空客运的主流。在中国民航的国际航线上，大部分国际航线的主要客源也是旅游者。1978年以来，国内航线上的旅客结构也在发生变化，旅游者的比重逐年递增。特别是一些旅游热线，所占比例更高。1978年桂林机场的年旅客吞吐量只有10多万人次，到1993年为158万人次，2004年突破290万人次。近几年来，在所有的旅游热线上，客运量都呈明显增长之势。这些变化必然会对航空运输布局带来较大的影响。

（2）旅游业影响空运企业的运力投放。

旅游活动形成游客流。所谓游客流，就是旅游客源市场与旅游消费市场之间的有规律的运动。游客流是航空客流的重要组成部分，其分布和流向必然影响空运市场的形成及其大小，从而影响空运企业运力的投放和布局。旅游客源市场多位于经济发达的国家和地区。目前，世界上主要的客源市场为欧洲、北美、日本、澳大利亚等地区和国家。旅游消费市场一般应具有适宜的自然环境、著名的文化古迹、现代化的游乐设施以及便利的交通和优质服务。世界五大旅游消费市场为欧洲、北美、亚太、非洲和中东。其中欧洲和北美就占了旅游消费市场的90%以上。受客源市场、旅游地、距离、季节等因素的影响，当前世界上主要的旅游流分布如下：

①欧洲及北美在各自范围内的流动。其中在欧洲各国之间流动的旅游

者占国际旅游者总数的一半左右。

②从欧洲流向北美、亚太、非洲，有少量流向中东和南美。

③从北美流向欧洲、亚太及加勒比地区。

④从日本、澳大利亚和新西兰等国流向亚太地区的其他国家。

从世界游客流的分布规律可以看出，游客流量较大的欧洲和北美也是国际航线最繁忙的地区。游客流基本决定了世界空运市场运力的分布和投放。

在我国，游客流的影响也是显著的。我国的旅游客源市场具有明显的多元化结构。国际旅游的主要客源市场为日本、北美、欧洲、澳大利亚、东盟各国。在国内，旅游客流对航线和航空港的布局也有显著影响。我国的旅游热点大多集中于哈尔滨—北京—西安—成都—昆明以东的各条航线上。其中，尤以北京、上海、广州、西安、桂林、昆明、南京、杭州之间的航线需求较大。具有丰富旅游资源的敦煌、承德、山海关、庐山、黄山、张家界等城市也都有旺盛的空运需求。

二、对外贸易

对外贸易是指一个国家或地区同其他国家或地区的商品交换关系。对外贸易使商品在世界范围内流动，由此造成国际货物运输。对外贸易使有关的商人、公务人员、技术人员频繁往来于贸易国之间，使之成为国际客运的重要组成部分。

世界贸易运输涉及各种运输方式。当今世界的贸易运输量很大，从运输物资的构成分析，运量最大的物资是原料、燃料、粮食和初级产品。这些物资在世界范围内形成巨大的货流，成为贸易运输的主体。此外还有相当数量的工业制成品、轻纺产品和各种生活消费品。这使世界贸易运输大体形成了以海洋运输为主，以铁路、管道、航空为辅，与公路、内河航运密切协调的综合运输结构。

航空运输在对外贸易中，承担业务、技术人员和劳务人员的旅客运输；承担紧俏商品、鲜活易腐、高新技术产品和贵重物品的货物运输。航空运输在贸易运输中的周转量占世界贸易运输总周转量的比重不大。但是，它在对外贸易中的重要作用是不容忽视的。特别在世界贸易规模不断扩大，贸易资金周转不断加快的今天，它的作用更加显著。其作用表现在：

（1）航空运输是对外贸易顺利进行的必要保障。

对外贸易在国际上进行，贸易国之间有一定的距离。要使贸易活动能正常进行，必须有便利的交通联系，而且必须从时间上予以保障。任何国家、任何企业要想在国家市场的激烈竞争中开展贸易活动，必然要及时派出业务、技术人员进行市场调查、贸易谈判、决策和签约并按协定将贸易付诸实施。

（2）贸易货运中，一些有时间限制的商品必须由航空运输来保障。

一些价格随时间波动较大的紧俏商品，如时装、季节性用品、节日用品等必须按时交送。一些保存时间短、易腐烂变质的活鲜商品，如鱼苗、活禽、鱼、虾、蟹、鲜肉以及保鲜的蔬菜、水果、花卉等也不能进行长时间运输。这些商品必须要从时间上来保障，任何延误都可能导致经济上的巨大损失甚至导致整个贸易活动的失败。而航空运输则是提供时间保障的最佳运输方式。

一般来说，对外贸易发达的国家或地区，其航空运输业务必然发达。那些世界著名的贸易大国，如北美、西欧诸国、日本等，都是空运强国。世界贸易运输在一定程度上反映了世界航空运输的分布特点。

三、劳务输出

劳务输出，即劳务出口，是指一国的劳务人员在一定的时期内到别的国家谋职就业，通过劳动赚取合法的收入。劳务输出是一种特殊的对外经济活动。它通过劳动力在国际范围内的流通、调配，促进世界各地区的经济发展，为国家和地区之间的经济合作、技术交流提供了有利的途径。

国际劳务合作使劳动者国际流动成为国际客流的一个分支，而这个国际客流通常会成为国际航空客运的组成部分。航空运输为世界不同地区的劳务合作提供了极为便利的条件，可使大批劳工能迅速及时到达或返回输入国及输出国，并为劳工的探亲、旅游活动提供方便。大批劳工的客流也为航空运输带来相当可观的收入。因此，劳务合作国家及有关航空公司对劳务客源市场十分重视。所在国政府往往对劳务运输采取保护政策，通过开辟劳务航线、制定乘机规定等方法争取劳务旅客。一些航空公司,为了能够招揽劳务旅客,采取优惠票价、送礼物、免费旅游等手段和措施。

自20世纪50年代以来,世界范围内的劳务市场已逐渐形成。劳务市场一般指劳务输入的国家和地区。目前,主要的劳务市场如下。

(1) 北美、西欧等发达国家的劳务市场。

北美主要指美国和加拿大。这两个国家的外籍劳工主要来自墨西哥与中南美国家及菲律宾等一些亚洲国家。在北美、西欧的外籍劳工,大多从事建筑、筑路、城市卫生、环境保护及各种服务性行业。

(2) 中东、北非等产油国的劳务市场。

中东、北非等产油国是20世纪60年代到20世纪70年代崛起的一个潜力巨大的劳务市场,主要包括沙特、科威特、阿联酋、伊拉克、阿曼、卡塔尔、巴林、阿尔及利亚、利比亚等国。外籍劳工主要来自中国、印度、巴基斯坦、菲律宾以及邻近的阿拉伯非产油国。

(3) 发展中国家的劳务市场。

这些发展中国家是指20世纪60年代以来,经济发展迅速,增长速度超过世界平均水平,为所在地区的经济开发做出一定贡献的国家。如:亚洲的新加坡、马来西亚、泰国、印尼;非洲的加蓬、喀麦隆;拉美的墨西哥、哥伦比亚、厄瓜多尔等国。这些国家由于发展较快,需要一定数量的劳务输入。但所需数量不大,一些国家还有相当数量的劳务输出。

中国的国际劳务合作起步晚、基点低。从20世纪80年代初开始,中国的劳务输出挤入中东、北非市场,当时该区的劳务市场对外籍劳工的需要趋于饱和。1980年由于两伊战争的爆发,许多外国承包商和劳务人员纷纷撤离,才为中国劳务输出的打入提供了契机。当年,中国建筑工程公司、中国公路桥梁工程公司等率先在伊拉克、约旦中标。到1982年,大批中国劳工又进入科威特,1984年又进入埃及。至此,中国在中东、北非的劳务市场已基本形成。

综上,世界的劳务输出市场已基本形成。主要输出国分布于南亚、东亚、南欧、北非以及拉美。其中,北美、欧洲的外籍劳工主要来自墨西哥、巴西等拉美国家以及南欧的部分国家;中东、北非的外籍劳工主要来自埃及、巴基斯坦、土耳其、印度、南斯拉夫等国;多数发展中国家的外籍劳工尚未形成稳定的输出输入结构,有较大的竞争余地。劳务人员的流动具有明显的国际性、时间性、单向性和团体性的特征。它在国际空运市场中具有较大的吸引力,劳务的输入、输出市场对国际空运布局产生一定影响。

四、物流业

1981 年日本综合研究所编著的《物流手册》,对物流的表述是:"物资资料从供给者向需要者的物理性移动,是创造时间性、场所性价值的经济活动。从物流的范畴来看,包括包装、装卸、保管、库存管理、流通加工、运输、配送等诸种活动。"物流业是随着产业分工的细化,从商流中独立出来的产业,起着衔接商品流通的作用。

作为一门产业,物流是以"第三方物流"的形式出现的。所谓"第三方物流"就是指商流中的物流环节,不再是由商品的生产或流通企业自给自足来完成,而是独立出来,由从事物流活动为主的企业来完成。具体地说,就是商品的生产和流通企业,把商流中的物流活动,以合同方式委托给专业物流服务企业,同时通过信息系统与物流服务企业保持密切联系,以达到对物流全程的管理和控制。在物流产业形成和发展的过程中,第三方物流是物流专业化和产业化的基本形式。

第三方物流是 20 世纪八九十年代在西方发达国家发展起来的新兴产业形态,虽然它处在成长时期,但在国民经济中已显示其重要的作用。据统计,1997—2000 年间,世界 500 强企业对第三方物流的需求由 40% 增加到 56%。在日本,近 20 年来,物流业每增长 2.6 个百分点,经济总量就增加 1%,而在美国,物流产业的规模已达到 9000 亿美元,几乎是高技术产业的两倍。

执行第三方物流的企业利用本公司或其他公司的物流资源,提供物流服务。其服务范围包括仓储、运输、物料管理、自拨、库存管理、货物组配、及时制交货、国际多式联运等。由此可见,交通运输是第三方物流中的一个重要环节。航空运输作为一种重要的交通运输方式,与第三方物流的发展关系密切。许多发达国家的航空港附近都建有大型的物流仓储配送基地。日本政府非常重视物流业的发展,1997 年就提出了"综合物流对策"，目标是在亚洲建立最先进的物流体系。其中重要的一条对策是在大城市的港口、机场、主要公路枢纽建设物流配送中心，同时对主要的物流设施包括铁路、公路、机场、港口等提供强大的资金支持。由此可见，物流业的发展对航空运输布局也将产生深远的影响。

五、民航运输与其他交通运输方式的关系

航空运输作为交通运输五大部门之一，既要融合到综合交通运输布局中，即综合利用各种运输方式，加速综合运输网的形成，又要与其他交通运输方式形成竞争环境。因此航空运输与其他交通运输方式的关系表现在以下两点，即多式联运（综合运输）关系和竞争关系。

（1）多式联运（综合运输）关系。

在综合运输关系下，各种运输方式互相促进，相互发展。现代交通运输工具是由铁路、公路、水运、航空和管道等组成的。它们在基本建设投资、基础需要量、货物送达速度、运输成本、能源消耗以及劳动生产率等方面具有不同的技术经济特点，适应着不同的自然条件和各种运输要求。在综合运输网中各种运输方式都占有一定的地位和作用。此外，旅客从始发地到目的地，货物从产地到消费地，往往要由几种运输工具共同完成。因此，建成综合运输网既是交通运输生产的客观要求，又是客货运输的实际需要。

（2）竞争关系。

从竞争角度来讲，一般来说，在旅客运输方面，与航空运输构成竞争的其他交通运输方式主要是铁路运输和公路运输；而在货物运输方面，与航空运输方式构成竞争的其他交通运输方式则是铁路运输和水路运输。

第五章 中国民航运输资源地理分布

第一节 中国民航运输外部资源

一、中国民航运输地理概述

中国国土陆地面积960万平方千米，是亚洲领土陆地面积最大的国家。西起亚欧大陆中部的帕米尔高原，东至浩瀚的太平洋，从东五区到东九区，跨越5个时区；北起西伯利亚高原，南达南海诸岛，从亚寒带到热带基本跨越了整个北半球。独特的地理位置使中国成为一个相对独立的地理单元。在一定的历史阶段，这一地理位置对中国内部经济发展有一定的保护作用。但是，在经济发展到一定水平时，它又制约了对外的经济联系。中国与欧洲、北美、大洋洲等发达地区的经济联系，要以长距离的运输作为保障。

中国地势西高东低，山脉多呈东西和东北—西南走向，主要有阿尔泰山、天山、昆仑山、喀喇昆仑山、喜马拉雅山、阴山、秦岭、南岭、大兴安岭、长白山、太行山、武夷山、台湾山脉和横断山脉等山脉。从南到北有珠江、长江、淮河、黄河、海河、辽河、松花江、黑龙江等水系河流。

受印度板块与欧亚板块的撞击，青藏高原的喜马拉雅山主峰不断隆起，青藏高原平均海拔4000米以上，号称"世界屋脊"，构成了中国地形的第一阶梯。第二阶梯由内蒙古高原、黄土高原、云贵高原和塔里木盆地、准噶尔盆地、四川盆地组成，平均海拔1000～2000米。跨过第三阶梯东缘的大兴安岭、太行山、巫山和雪峰山，向东直达太平洋沿岸是第三阶梯，此阶梯地势降到500米至1000米，自北向南分布着东北平原、华北平原、长江中下游平原，平原的边缘镶嵌着低山和丘陵。再向东为中国大陆架浅海区，也就是第四级阶梯，水深大都不足200米，蕴藏着丰富的海底资源。

受这种阶梯形地势影响，中国地形复杂多样，以山地为主，各类地形俱全。山地约占全国面积的33%，平原约占26%，盆地约占19%，丘陵约占10%，高原约占12%。复杂多样的地形对航线、航站的分布，对航路和机场的设置提出较高要求，特别是西部的高海拔地势对飞机的性能提出了特殊要求。

我国纬度南北跨越大，地形多样，使得我国气候类型复杂多样，亚寒带气候、温热带气候、亚热带气候、山地气候、高原气候都能在我国找到极为典型的区域。这种复杂多样的气候特征使不同地区的飞行条件具有很大差异，对机场选址、机型选择提出了不同的要求。同时，不同的气候类型造就了众多风景独特的自然旅游资源，这对航空运输发展也很有利。

经过60多年的建设，我国基本形成了以北京、天津为中心的"京津冀工业区"，以上海、南京、杭州为中心的"长江三角洲工业区"，以广州、深圳为中心的"珠江三角洲工业区"；沿海、沿江两大经济带也颇具规模。与此相对应，首都机场、浦东机场和白云机场成为我国的三大国际枢纽，上海虹桥、深圳宝安、杭州萧山、大连周水子、厦门高崎、南京禄口、青岛流亭等机场也成为重要的区域性枢纽机场。

由于我国东部沿海地区经济优势明显，航线分布、航空运力、航线网络建设等航空运输资源集中投放在东部经济发达地区，我国航空运输资源的分布明显出现东西不平衡的局面。2015年我国东部地区完成旅客吞吐量5.02亿人次，东北地区完成旅客吞吐量0.55亿人次，中部地区完成旅客吞吐量0.90亿人次，西部地区完成旅客吞吐量2.90亿人次。2015年机场旅客吞吐量按地区分布示意图见图5.1。

随着我国西部大开发、振兴东北老工业基地等经济战略政策的出台，加之原有产业结构的大调整和相关企业的战略性向西部迁移，我国的航空运输网络也正在逐步向西、向东北等区域扩张，东部的大中城市通往西安、武汉、成都、沈阳、乌鲁木齐等地的国内航线都成为国内各大航空公司增加运力投放、抢占市场份额的重点。

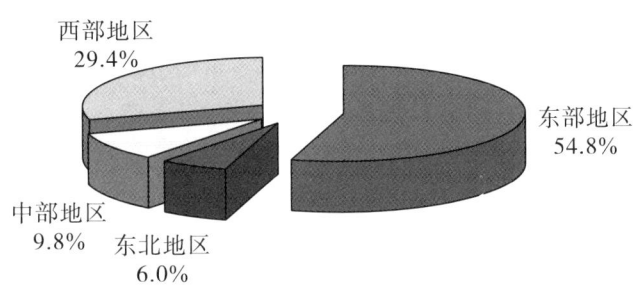

图 5.1　2015 年机场旅客吞吐量按地区分布

改革开放以来，我国与国际贸易伙伴的贸易往来不断加深，贸易规模持续扩大。1978—2009 年，我国进出口货物贸易总额由 206.4 亿美元扩大至 22 072.7 亿美元，共计增长了 105.9 倍，其中，进口由 108.9 亿美元增至 7 916.1 亿美元；出口由 97.5 亿美元增至 9 690.7 亿美元，分别增长了 71.69 及 98.9 倍。2009 年，我国占世界贸易比重达到 9%，成为世界第二大贸易国，其中，出口超过德国，成为世界第一大出口国，进口则仅次于美国、德国，为世界第三大进口国。

1990 年以来，我国旅游市场发展迅速，入境旅游者和旅游外汇收入分别以年均 9.63% 和 17.73% 的速度增长，旅游业日渐成为国民经济新的增长点。据世界旅游组织预计，至 2020 年，中国将成为全球最大的旅游目的地和第四大出境旅游客源国。

中国是世界四大文明古国之一，有近五千年的悠久历史文化，也造就了为世人所骄傲和称奇的历史遗址和古迹。万里长城、秦始皇兵马俑、敦煌莫高窟、北京故宫等都是中华民族智慧和精湛工艺的结晶，是全人类的文化瑰宝。中国丰富的自然、人文旅游资源吸引了无数国内外游客纷至沓来，航空运输是旅行者们的最佳选择。在我国现有的国际国内航班上，旅行者占据着相当大的比例，旅游因素直接影响着航空公司新航线的开辟和运力投放的增加，这一点在我国中西部航空运输资源的分布上表现得更为显著。

二、中国的航空区划

中国国内航空运输具有广阔的活动空间。为了因地制宜地安排运力,合理建设机场,协调国内及国际航空的发展,以获得最佳的经济和社会效益,有必要对全国航空运输区域进行划分。在20世纪60年代中期,我国设置北京、沈阳、上海、广州、成都、兰州六大民航管理局,其管辖的六大航空区域与我国经济区划一致。1982年,兰州管理局搬迁至西安。1985年成立民航乌鲁木齐管理局。自此基本形成我国七大航空区域。

七大地区分别为华北区、华东区、中南区、西北区、西南区、东北区、新疆。对应七大地区管理局分别是华北管理局、华东管理局、中南管理局、西北管理局、西南管理局、东北管理局、新疆管理局。

华北管理局管辖北京市、天津市、河北省、山西省、内蒙古自治区。

华东管理局管辖上海市、江苏省、浙江省、山东省、安徽省、江西省、福建省。

中南管理局管辖广东省、广西壮族自治区、湖北省、湖南省、河南省、海南省。

西北管理局管辖陕西省、甘肃省、青海省、宁夏回族自治区。

西南管理局管辖重庆市、四川省、贵州省、云南省、西藏自治区。

东北管理局管辖辽宁省、吉林省、黑龙江省。

新疆管理局管辖新疆维吾尔自治区。

香港、澳门则由特区政府管理当地的航空运输发展事宜。

台湾由台湾当局管理当地的航空运输发展事宜。

第二节　中国民航运输内部资源

一、中国国际航线

（一）我国国际航线的发展历程

1936年，我国开辟了第一条国际航线：广州—河内。"七七事变"后，我国所有航线停航。1939年开辟了重庆—莫斯科航线；1942年相继开辟了重庆—昆明—加尔各答和昆明—萨地亚—汀江航线，7月又开辟了通往印度的第三条航线。至1949年，我国国内外航线共有52条，航线里程8万千米。

1950年，中苏民用航空股份公司成立，并开辟北京至赤塔、阿拉木图和伊尔库茨克的3条航线，这是新中国国际航线的开始。1956年后，我国又开辟了北京至莫斯科、仰光、乌兰巴托、万象、平壤，广州至河内等航线；其间不断调整，到1962年航线仅为4条。1963年之后，我国推行"飞出去"的战略，与部分国家签订通航协议。1965年开辟通往西亚和东南亚的航线；1974年开辟了通往苏联、日本、法国、伊朗、罗马尼亚、阿尔巴尼亚的航线，并参加了国际民航组织和部分航空公约。到1978年，我国国际航线达12条，通往13个国家，通航里程55342千米。此阶段我国国际航线总体较少，通航国家和城市也较少。

1980年，我国先后开辟了至联邦德国、菲律宾、泰国、阿联酋、伊拉克、英国、美国及澳大利亚的航线；到1984年，我国与46个国家签订了通航协定，与19个国家通航，航线24条，航程10.8万千米。1990—1996年，我国国际航空网络开始逐步形成。1996年，我国已有北京、上海、广州等18个城市架起了通往31个国家的"空中桥梁"，通航城市为56个，航线增加到98条。2002年，我国对外通航城市又新增了沈阳、南宁、青岛、成都、西安、长春、海拉尔、长春和深圳，我国航空运输的国际网络进一步扩大。至2016年底，国内航空公司的国际定期航班通航国家56个，通航城市214个，国际航线739条，与其他国家或地区签订双边航空运输协定145个。

（二）我国国际航线的分布特征

①我国国际航线的主流呈东西走向，向东连接日本、韩国、北美，向西连接中东、欧洲，是北半球航空圈带的重要组成部分，其中以中日、中韩、中美航线最为密集。

②我国与东南亚、澳大利亚等地的国际航线密度也比较大，是亚太地区航空运输网的重要组成部分。

③北京首都国际机场、上海浦东国际机场、广州新白云国际机场是我国三大国际门户枢纽机场，集中了我国大多数国际航线。

④大连、青岛、厦门、深圳等沿海城市，成都、西安、沈阳、杭州、南京、武汉、长沙等内地重要城市的国际航线也初具规模，其通航点主要集中在日韩、东南亚等地区，哈尔滨、乌鲁木齐、昆明等沿边城市的国际航线也比较多，分别向其邻近国家辐射。

（三）中国主要的国际航线

我国的国际航线基本可分为东线、西线和南线。

1. 东线

东线主要由中日、中韩、中美航线组成。

①中日航线。日本为我国第一大空运市场。中日航线是目前通航城市最多、航班密度最大、运营航空公司最多的重要国际航线。中日双方都有多家航空公司在经营来往两国的航班。其中，日本的通航城市有东京、大阪、福冈、广岛、静冈、鹿儿岛、名古屋、新潟、千岁、札幌等，中国的通航城市有北京、上海、广州、深圳、厦门、杭州、南京、青岛、大连等。中日主要航线示意图见图5.2。

②中韩航线。韩国为我国主要的国际航空运输市场之一，目前双方经营客货定期航班达到每周近800班。中韩航线示意图见图5.3。

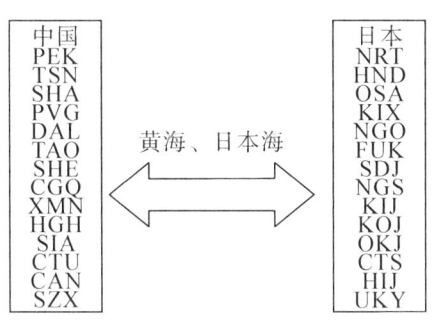
图 5.2 中日主要航线示意图

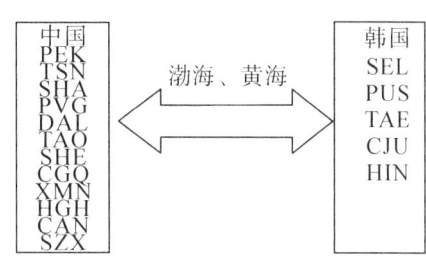
图 5.3 中韩航线示意图

③北美航线。北美航线是我国最主要的远程航线之一,也是竞争最激烈的航线之一。中国—北美航线示意图见图 5.4。

2. 西线

西线主要是从我国东部城市向西飞越欧亚大陆,经中东到英、法、德、意、荷兰以及欧盟各国的航线。大致可分为中国—欧洲航线、中国—中东航线。

①中国—欧洲航线。2006 年我国开始积极与欧盟商谈签署"中国—欧盟"平行协议。平行协议是指欧盟作为一个整体,相当于一个国家,每一成员国将不能单独以一个国家与其他国家谈判。中国—欧洲航线示意图见图 5.5。

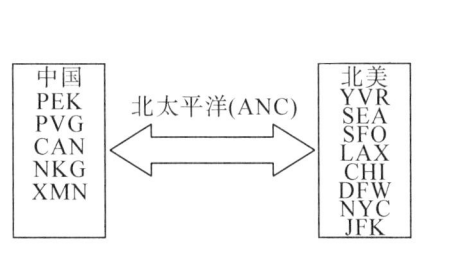

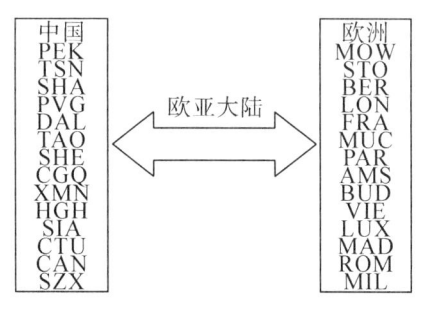

图 5.4 中国—北美航线示意图　　图 5.5 中国—欧洲航线示意图

②中国—中东航线。这里的中东航线泛指从我国东部城市到南亚、西亚、中亚、海湾地区等国家的中程国际航线。中国—中东航线示意图见图 5.6。

3. 南线

南线主要包括我国东部城市到地理上的东南亚各国、大洋洲及太平洋岛屿的航线，它是我国重要的中近程国际航线。中国—东南亚及大洋洲航线示意图见图5.7。

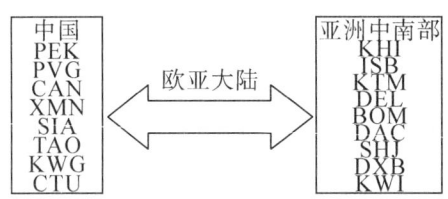

图5.6　中国—中东航线示意图

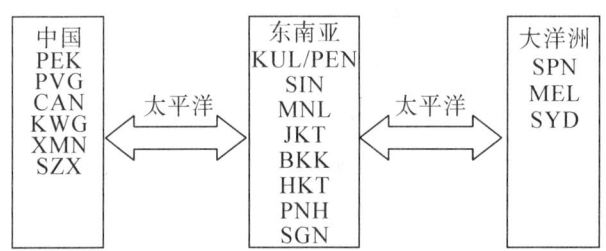

图5.7　中国—东南亚以及大洋洲航线示意图

除以上主要航线外，还有 KMG—RGN、VTE、NNG—HAN、CAN—SGN、BJS—FNJ、HRB—KHV、CGQ—VV0、URC—ALA、TAS 等沿边地区的短程国际航线。

二、中国国内航线

（一）国内航线分布特征

①我国国内航线集中分布于哈尔滨—北京—西安—成都—昆明一线以东的地区。其中又以北京、上海、广州的三角地带最为密集。从整体上看，航线密度由东向西逐渐减小。

②航线多以大、中城市为中心向外辐射，由若干个放射状的系统相互联通，共同形成全国的航空网络。

③国内主要航线多呈南北向分布。在此基础上，又有部分航线从沿海向内陆延伸，呈东西向分布。

④航线结构以城市对式为主,并开始向轮辐式航线结构优化。航线客货运量以干线为主,支线网络尚未形成,运量较低。

(二)国内主要航线

目前,我国国内航线达 3055 条,它们形成一个复杂的航线网络。根据国内航线的分布特征,可将其分成若干个放射性系统。每一个系统均以某一个机场为中心。根据放射系统的数字特征,同时考虑中心机场与联结机场的客货吞吐量大小,可确定几个最重要的放射系统。它们的辐射航线共同构成国内航线的骨架。

1. 以北京为中心的辐射航线

该系统通过 120 多条辐射航线与全国重要的旅游城市、行政中心、贸易中心、交通枢纽相连,系统中的主要航线用机场三字代码表示如下:

重要直飞航线:PEK—CAN、SHA、PVG、SHE、SIA、NKG、CTU、KMG、XMN、HGH、SZX、KWL、HRB、DLC、CGQ、HET、HFE、URC、CKG、HAK、TSN、HKG。

2. 以上海为中心的辐射航线

该系统有辐射航线 100 多条。该系统的航线从东部沿海向北、南、西三面辐射,与全国各大城市直接相连。

重要直飞航线:SHA/PVG—PEK、CAN、CTU、KWL、HGH、NKG、SIA、SHE、DLC、CGQ、HRB、WUH、FOC、XMN、CKG、KMG、URC、HAK、SZX、IXA、HKG。

3. 以广州为中心的辐射航线

该系统有辐射航线 90 多条。该系统的航线从南部沿海向内地及沿海地区辐射,与全国各主要机场直接相连,并在南部沿海形成地区性的航线网。

重要直飞航线:CAN—PEK、SHA、PVG、CTU、KWL、HGH、KMG、KHN、NKG、NNG、WNZ、SHE、DLC、CGQ、WUH、XMN、SIA、SWA、HAK、CKG、URC。

以上三个系统的辐射航线,基本构成了中国国内航线的骨架,再加上以西安、成都、昆明、重庆、沈阳、大连、武汉、乌鲁木齐等重要机场为中心形成的若干放射系统,共同组成了国内的主要航线网。

4. 以香港为中心的地区航线

地区航线特指香港、澳门等地区与内地的航线。港、澳地区的航线是国内航线的组成部分,又是联系国际航线的重要桥梁。航线以香港为中心向内地几十个大城市辐射。它对我国的改革开放政策的实施,对香港的稳定与繁荣,对国内人民与海外侨胞之间的政治、经济、文化联系起着特殊的重要作用。近几年来,香港与内地的联系更加紧密,贸易额迅速上升,旅游者不断增多,各种往来频繁,预计该系统在中国航空运输中的作用将进一步加强。

香港航线目前由内地、香港双方的航空垄断,一般不让外航进入。

主要直飞航线:HKG—PEK、DLC、TSN、SHE、SHA、PVG、NGB、TAO、HGH、FOC、KMG、CKG、SIA、CTU、XMN、SWA。

5. 以昆明、成都、西安等大中型机场为中心的辐射航线

国内其他大中型机场有成都、昆明、重庆、西安、乌鲁木齐、深圳、杭州、武汉、沈阳、大连、青岛等,这些机场的辐射航线主要由通往三大机场的航线以及这些机场之间的航线组成。

三、中国机场概述

(一) 机场布局现状

机场作为航空运输和城市的重要基础设施,是综合交通运输体系的重要组成部分。至2006年年底我国共有民航运输机场147个(不含港澳台地区),其中军民合用机场45个。按飞行区等级划分,4E级机场25个、4D级机场35个、4C级机场58个、3C级机场29个。按经济地理分布,东部地区41个、中部地区25个、西部地区69个、东北地区12个。按地区划分东北、华北、华东、中南、西南、西北6个地区的机场数量分别为12个、18个、37个、25个、31个和24个。各地区以每10万平方千米计密度分别为1.51个、1.16个、4.67个、2.57个、1.53个和0.81个。全国民航机场平均密度为每10万平方千米1.53个。

目前我国民航机场总体布局基本合理,绝大多数机场建设和发展以航空运输市场需求为基础,初步形成了与国情国力相适应的机场体系,为促进和引导国民经济社会发展、加强国防建设和保障国家安全发挥着重要

作用。

（二）我国机场布局总体评价

①机场总体布局基本合理。

绝大多数机场的建设和发展是以航空运输市场需求为基础，初步形成了与我国国情国力相适应的机场体系，为促进和引导国民经济社会发展、加强国防建设和保障国家安全发挥着重要作用。若以地面交通100千米或1.5小时车程为机场服务半径指标，既有机场可为52%的县级行政单元提供航空服务，服务区域的人口数量占全国人口的61%，GDP占全国总量的82%。

②机场区域布局与经济地理格局基本适应。

机场区域分布的数量规模和密度与我国区域经济社会发展水平和经济地理格局基本适应，民用机场呈区域化发展趋势，初步形成了以北京为主的北方（华北、东北）机场群、以上海为主的华东机场群、以广州为主的中南机场群三大区域机场群体。以成都、重庆和昆明为主的西南机场群和以西安、乌鲁木齐为主的西北机场群两大区域机场群体雏形正在形成。机场集群效应得以逐步体现，对带动地区经济社会发展、扩大对外开放、提高城市发展潜力和影响力发挥了重要作用。

③机场体系的功能层次日趋清晰。

我国民航运输基于机场空间布局的中枢轮辐式与城市对相结合的航线网络逐步形成，机场体系的功能层次日趋清晰、结构日趋合理、国际竞争力逐步增强。一批主要机场的综合功能逐步完善、业务能力不断提高，北京、上海、广州三大枢纽机场的中心地位日益突出，昆明、成都、西安、乌鲁木齐、沈阳、武汉、重庆、大连、哈尔滨、杭州、深圳等省会或重要城市机场的骨干作用进一步增强，尤其是昆明、成都、重庆、西安、乌鲁木齐等机场分别在西南、西北区域内的中心作用逐步显现，诸多中小城市机场发挥着重要的网络拓展作用。

④航空运输在综合交通运输体系中的地位不断提高。

以机场布局规模不断扩大和航空网络逐步拓展完善为基础，航空运输以其快捷、方便、舒适和安全的比较优势，在我国中长途旅客运输、国际间客货运输、城际间快速运输及特定区域运输方面逐步占据主导地位，对促进国际人员交往、对外贸易和出入境旅游发展发挥了重要作用。

（三）我国机场布局存在的问题

我国在机场建设取得巨大成就的同时也存在着一些问题，具体表现如下。

①机场数量较少，地域服务范围不广，难以满足未来经济社会发展的要求，尤其是"东密西疏"的格局与带动中西部地区经济社会发展，维护社会稳定与增进民族团结，开发旅游资源等的矛盾比较突出。

②民航机场体系内部未能充分协调，区域内各机场间缺乏合理定位和明确分工，机场对干、支航空运输协调发展的合理引导作用薄弱，参与全球竞争的国际枢纽尚未形成，难以有效配置资源和充分发挥民用航空资源整体优势和作用。

③部分机场建设和发展与其所在城市规划、军航规划及其他运输方式规划缺乏有效衔接，尤其是军民航空域使用矛盾日益尖锐，在较大程度上制约了民航发展，与国防交通的需要也有较大差距。

④大部分中型以上机场容量已饱和或接近饱和，综合功能不健全，与提高航空安全保障能力和运输服务质量水平的客观要求存在较大差距。

（四）我国未来机场规划

据预测，到2020年，我国年旅客吞吐量超过3000万人次的机场将达到13个（目前只有2个），旅客吞吐量2000~3000万人次的机场将达到6个（目前只有3个），1000~2000万人次的机场将达到10个（目前只有5个）。

根据目前我国机场布局，结合区域经济社会发展实际和民航区域管理体制现状，按照"加强资源整合、完善功能定位、扩大服务范围、优化体系结构"的布局思路，重点培育国际枢纽、区域中心和门户机场，完善干线机场功能，适度增加支线机场布点，构筑规模适当、结构合理、功能完善的五大区域机场群。通过新增布点机场的分期建设和既有机场的改扩建，以及各区域内航空资源的有效整合，机场群整体功能实现枢纽、干线和支线有机衔接，客、货航空运输全面协调，大、中、小规模合理的发展格局，并与铁路、公路、水运以及相关城市交通相衔接，搞好集疏运，共同构成现代综合交通运输体系。

根据规划，到 2020 年，我国民航运输机场总数将达到 244 个，新增机场 97 个（以 2006 年为基数），形成五大区域机场群。

北方机场群。由北京、天津、河北、山西、内蒙古、辽宁、吉林、黑龙江 8 个省（自治区、直辖市）内各机场构成。布局规划机场总数 54 个，在既有 30 个机场的基础上，新增北京第二机场等 24 个机场。

华东机场群。由上海、江苏、浙江、安徽、福建、江西、山东 7 个省（直辖市）内各机场构成。布局规划机场总数 49 个，在既有 37 个机场基础上新增 12 个机场。

中南机场群。由广东、广西、海南、河南、湖北、湖南 6 省（自治区）内各机场构成。布局规划机场总数 39 个，在既有 25 个机场基础上新增 14 个机场。

西南机场群。由重庆、四川、云南、贵州、西藏 5 省（自治区、直辖市）内各机场构成。布局规划机场总数 52 个，在既有 31 个机场的基础上新增 21 个机场。

西北机场群。由陕西、甘肃、青海、宁夏和新疆 5 省（自治区）内各机场构成。布局规划机场总数 50 个，在既有 24 个机场的基础上新增 26 个机场。

四、中国航空公司概述

（一）中国航空公司的形成与发展

1949 年以后，在计划体制的大背景下，中国民航长期沿用行政管理体制。20 世纪 80 年代中后期，民航首次进行管理体制改革，打破了大一统的行政管理体制。在原有北京、上海、广州、沈阳、成都、西安、乌鲁木齐七大地区管理局的基础上"一分为三"，分别成立航空公司、机场及作为一级政府的地区管理局，首次进行了政企分离。自此，航空公司开始市场化运营，形成了国航、东航、南航、西北航、西南航、北方航、云南航、新疆航及长城航、通用航等 10 家民航直属的骨干航空公司。

在此后十多年的市场竞争中，国航、南航、东航的实力不断加强，在 2002—2003 年民航管理体制的再次改革中，以三大公司为核心进行了航空公司重组，形成了三大航空集团。其他地方性航空公司也相应进行了股份制改革。此间，海南航空公司相继兼并了新华、长安、山西、扬子江货运等航空公司，形成了海航集团。此外，还有上航等少数航空公司游离于四大集团之外。

2009年7月13日，东航和上航同时发布公告称，双方整合方案已经确定，东航将以换股方式吸收合并上海航空。至此，基本形成了以四大集团为基础的格局。

（二）现有航空公司发展概述

目前，我国已经形成以中航、南航、东航三大航空集团为主导，以海航集团、厦门航、深圳航、四川航、山东航等地方航空公司为补充，春秋、奥凯、鹰联、东星、华夏、吉祥、祥鹏等民营航空公司积极参与的航空运输市场格局。

近年来，我国主要航空公司在世界运输业中的地位不断提高。目前我国航空公司的核心优势主要体现在国内旅客运输方面。2009年，全球航空公司旅客运输量排名中，南航、东航分别名列第3位和第9位。国航的综合实力已经进入世界航空业的前15名，在"最具全球竞争力中国公司"评选中，入选2007年度世界品牌500强。国航品牌在2010年度"中国品牌500强"排行榜中排名第36位，品牌价值已达287.33亿元。我国主要航空公司2009年第一季度航班正常统计汇总如表5.1所示。

表5.1 我国主要航空公司2009年第一季度航班正常统计汇总

序号	名称	航班班次			航班正常率（%）
		计划	正常	不正常	
1	山东航空股份有限公司	15 692	13 328	2 364	84.93
2	中国东方航空股份有限公司	84 989	72 077	12 912	84.81
3	上海航空股份有限公司	19 158	16031	3 127	83.68
4	中国南方航空股份有限公司	108 317	90 203	18 114	83.28
5	深圳航空有限责任公司	29 120	23 978	5 142	82.34
6	海南航空股份有限公司	31 222	25 671	5 551	82.22
7	厦门航空有限公司	21 665	17 710	3 955	81.74
8	中国国际航空股份有限公司	69 944	56 881	13 063	81.32
9	四川航空股份有限公司	17 316	13 924	3 392	80.41
	合计	397 423	329 803	67 620	82.99

五、中国民航运输保障企业

随着中国民航体制改革的进一步深入,一些服务保障性职能从航空公司的业务中剥离,民航体制改革时先后组建了中航信、中航油、中航材三个全国性的总公司。

(一) 中国民航信息集团公司 (China Travel Sky Holding Company)

航信集团面向航空运输企业、机场、销售代理人、旅游企业及民航相关机构和国际组织,全方位提供航空客运业务处理、航空旅游电子分销、机场旅客处理、航空货运数据处理、互联网旅游平台、国际国内客货运收入管理系统应用和代理结算清算等服务。经过二十多年的发展,在国内航空旅游分销技术服务领域占有绝对的主导地位。遍布全国的36个分支机构构筑了完善的市场业务网络、客户关系网络和技术支持网络,具有独特的地位和很强的发展实力。二十多年来,航信集团一直担负着中国民航信息化的重任,以中性化、网络化的信息技术服务和结算清算服务,支持中国航空旅游业的高速发展,确保整个民航行业的信息安全和资金结算安全,成为民航业健康发展的关键力量,是"信息化带动工业化"的先行者。

(二) 中国航空油料集团公司 (China National Aviation Fuel)

中国航空油料集团公司是以原中国航空油料总公司为基础组建的国有大型航空运输服务保障企业,是国内最大的集航空油品采购、运输、存储、检测、销售、加注于一体的航油供应商,是国务院国资委管理的中央企业,是国务院授权投资机构和国家控股公司试点企业。中国航油已正式加入了国际航空运输协会、国际航油联合检查集团、美国试验和材料协会等多个影响显著的国际组织,具有参与国际航油市场标准制定的发言权。集团成立以来,持续保持安全生产"零事故、零伤害、零污染"的良好态势。

(三) 中国航空器材集团公司 (China Aviation Supplies Holding)

中国航空器材集团公司是在中国航空器材进出口总公司基础上组建的,以航空器材保障为主业的综合性服务保障企业。经营范围包括飞机、发动机、航空器材、各种设备,特种车辆的进出口、租赁、维修、寄售,以及与民用航空有关的各种工业产品和原材料的进出口业务。公司从事与此相关的招投标、国内外投融资、技术咨询、培训、展览、航空表演业务,开展合资经营、合作生产、加工装配及多种形式的对外贸易。

近年来公司将目光投向更广阔的航空服务保障领域,建立了集贸易分销与物流、航空维修与制造、航空租赁、地面设备工程为一体的新型业务体系,成功实现业务转型并取得长足发展,向"成为航空业界值得信赖的、以航空器材保障为主业的综合性服务提供商"的愿景目标大步迈进。

第三节 中国民航运输业的发展现状

2015年,全行业深入贯彻党的十八大、十八届五中全会和中央经济工作会议精神,认真落实中央领导对民航发展做出的重要指示,深入推进实施民航强国战略,努力践行"发展为了人民"的理念,坚持"飞行安全,廉政安全,真情服务"三个底线,稳中求进,深化改革,各项工作取得较大成绩,民航业在经济社会发展中战略作用更加显现。在世界经济增速放缓,国内经济下行压力较大的情况下,2015年民航主要运输指标继续保持平稳较快增长。

一、运输总周转量

2015年,全行业完成运输总周转量851.65亿吨公里,比上年增长13.8%,完成旅客周转量7282.55亿人公里,比上年增长15.0%;完成货邮周转量208.07亿吨公里,比上年增长10.8%。

2015年,国内航线完成运输总周转量559.04亿吨公里,比上年增长10.0%,其中港澳台航线完成16.22亿吨公里,比上年增长0.3%;国际航线完成运输总周转量292.61亿吨公里,比上年增长21.9%。

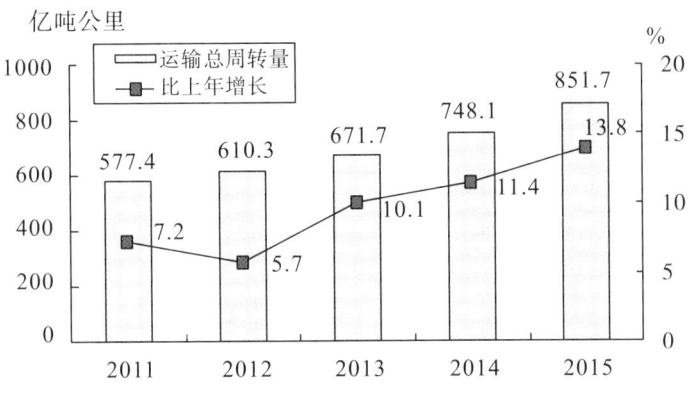

图 5.8　2011—2015 年民航运输总周转量

二、旅客运输量

2015 年，全行业完成旅客运输量 43618 万人次，比上年增长 11.3%。国内航线完成旅客运输量 39411 万人次，比上年增长 9.4%，其中港澳台航线完成 1020 万人次，比上年增长 1.4%；国际航线完成旅客运输量 4207 万人次，比上年增长 33.3%。

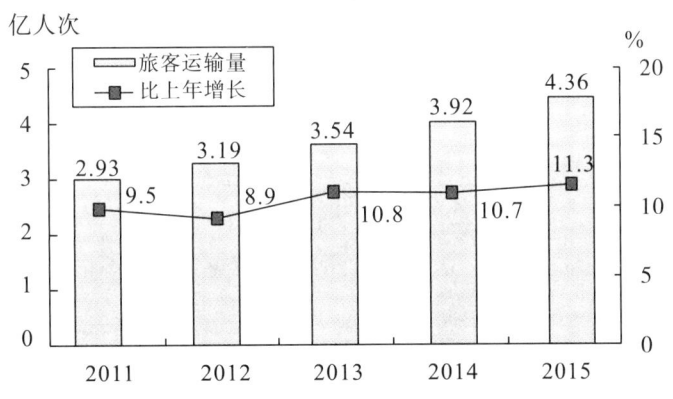

图 5.9　2011—2015 年民航旅客运输量

三、货邮运输量

2015 年，全行业完成货邮运输量 629.3 万吨，比上年增长 5.9%。国内航线完成货邮运输量 442.4 万吨，比上年增长 3.9%，其中港澳台航线完成 22.1 万吨，比上年减少 1.0%；国际航线完成货邮运输量 186.8 万吨，比上年增长 10.9%。"十一五"期间我国货邮运输量年平均增速 12.9%。

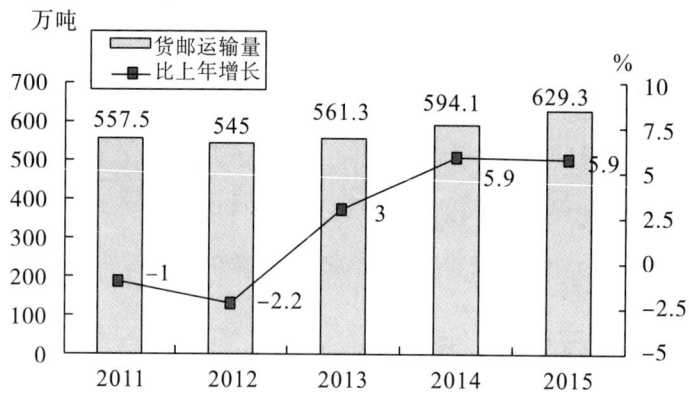

图 5.10　2011—2015 年民航货邮运输量

四、机场业务量

2015 年，全国民航运输机场完成旅客吞吐量 9.15 亿人次，比上年增长 10.0%。

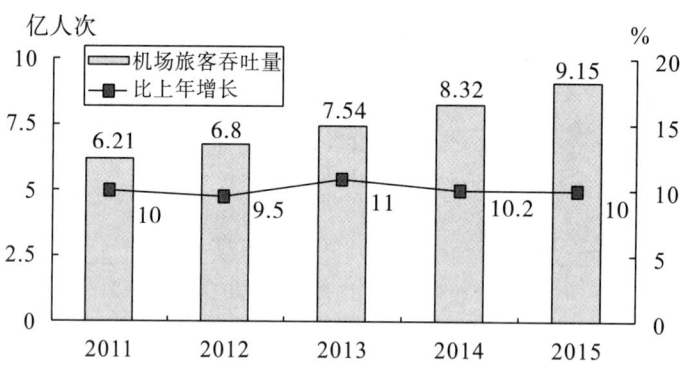

图 5.11　2011—2015 年民航运输机场旅客吞吐量

其中，2015 年东部地区完成旅客吞吐量 5.02 亿人次，东北地区完成旅客吞吐量 0.55 亿人次，中部地区完成旅客吞吐量 0.90 亿人次，西部地区完成旅客吞吐量 2.69 亿人次。

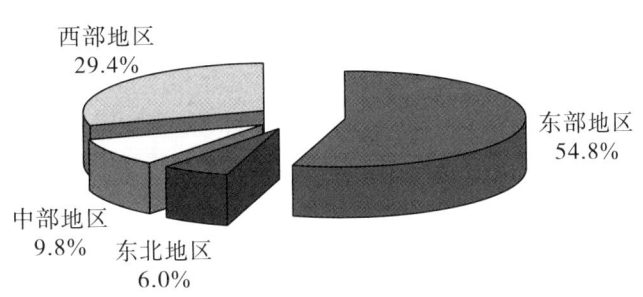

图 5.12 2015 年民航运输机场旅客吞吐量按地区分布

2015 年全国民航运输机场完成货邮吞吐量 1409.40 万吨,比上年增长 3.9%。

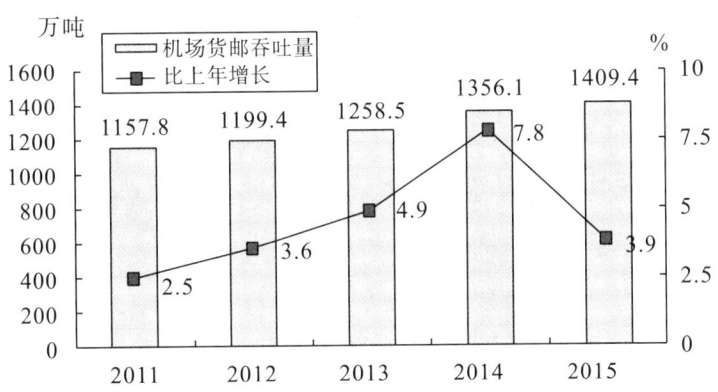

图 5.13 2011—2015 年民航运输机场货邮吞吐量

其中,2015 年东部地区完成货邮吞吐量 1062.88 万吨,东北地区完成货邮吞吐量 48.87 万吨,中部地区完成货邮吞吐量 85.89 万吨,西部地区完成货邮吞吐量 211.76 万吨。

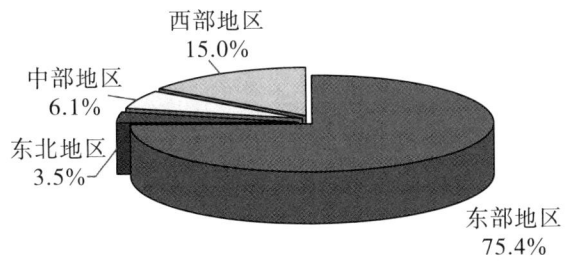

图 5.14 2015 年民航运输机场货邮吞吐量按地区分布

2015年，全国民航运输机场完成起降架次856.55万架次，比上年增长8.0%。

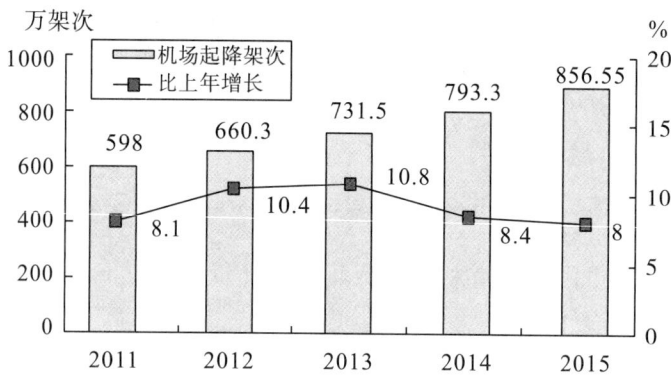

图5.15　2011—2015年民航运输机场起降架次

2015年，年旅客吞吐量100万人次以上的运输机场70个，其中北京、上海和广州三大城市机场旅客吞吐量占全部机场旅客吞吐量的27.3%。

表5.2　2015年旅客吞吐量100万人次以上的机场数量　　单位：个

年旅客吞吐量	机场数量	比上年增加	吞吐量占全国比例
1000万人次以上	26	2	77.9%
100万~1000万人次	44	4	17.6%

2015年，年货邮吞吐量1万吨以上的运输机场51个，其中北京、上海和广州三大城市机场货邮吞吐量占全部机场货邮吞吐量的50.9%。

表5.3　2015年货邮吞吐量万吨以上的机场数量　　单位：个

年货邮吞吐量	机场数量	比上年增加	吞吐量占全国比例
10000吨以上	51	1	98.4%

2015年，北京首都机场完成旅客吞吐量0.90亿人次，连续六年位居世界第二；上海浦东机场完成货邮吞吐量327.5万吨，连续八年位居世界第三。

五、运输机队

截至 2015 年底,民航全行业运输飞机期末在册架数 2650 架,比上年增加 280 架。

六、机场数量

截至 2015 年底,我国共有颁证运输机场 210 个,比上年增加 8 个。

2015 年新增机场分别为山东日照三字河机场、广东惠州平潭机场、云南宁蒗泸沽湖机场、青海海西花土沟机场、新疆富蕴可可托海机场、新疆石河子花园机场、辽宁营口兰旗机场、山西忻州五台山机场。另外,完成了山东烟台机场、辽宁锦州机场迁建。陕西安康机场、新疆且末机场年内停航。

表 5.4　2015 年各地区颁证运输机场数量　　　　单位:个

地区	颁证运输机场数量	占全国比例%
全国	210	100%
东北地区	23	11.0%
东部地区	50	23.8%
西部地区	106	50.5%
中部地区	31	14.8%

七、航线网络

截至 2015 年底,我国共有定期航班航线 3326 条,按重复距离计算的航线里程为 786.6 万公里,按不重复距离计算的航线里程为 531.7 万公里。

表 5.5　2015 年我国定期航班条数及里程　　单位:条、万公里

指标	数量	按重复距离计算的航线里程	按不重复距离计算的航线里程
航线条数	3326	786.6	531.7
国内航线	2666	496.4	292.3

续表

指标	数量	按重复距离计算的航线里程	按不重复距离计算的航线里程
国内港澳台地区航线	109	17.8	17.2
国际航线	660	290.2	239.4

截至 2015 年底，定期航班国内通航城市 204 个（不含香港、澳门、台湾）。我国航空公司国际定期航班通航 55 个国家的 137 个城市，国内航空公司定期航班从 38 个内地城市通航香港，从 12 个内地城市通航澳门，大陆航空公司从 43 个大陆城市通航台湾地区。

八、对外关系

截至 2015 年底，我国与其他国家或地区签订双边航空运输协定 118 个，比 2014 年底增加 2 个。其中，亚洲有 43 个（含东盟），非洲有 24 个，欧洲有 36 个，美洲有 9 个，大洋洲有 5 个。

九、运输航空（集团）公司

截至 2015 年底，我国共有运输航空公司 55 家，比上年底净增 4 家。按不同所有制类别划分，有国有控股公司 41 家，民营和民营控股公司 14 家。全部运输航空公司中，全货运航空公司有 7 家，中外合资航空公司有 12 家，上市公司有 7 家。

中航集团完成飞行小时 211.6 万小时，完成运输总周转量 235.0 亿吨公里，比上年增加 12.8%，完成旅客运输量 1.04 亿人次，比上年增加 9.5%，完成货邮运输量 178.2 万吨，比上年增加 7.0%。

东航集团完成飞行小时 181.7 万小时，完成运输总周转量 178.3 亿吨公里，比上年增加 10.7%，完成旅客运输量 0.94 亿人次，比上年增加 11.9%，完成货邮运输量 139.9 万吨，比上年增加 2.6%。

南航集团完成飞行小时 223.8 万小时，完成运输总周转量 223.9 亿吨公里，比上年增加 13.3%，完成旅客运输量 1.09 亿人次，比上年增加 7.9%，完成货邮运输量 151.2 万吨，比上年增加 5.6%。

海航集团完成飞行小时 116.5 万小时，完成运输总周转量 115.6 亿吨公里，比上年增加 15.7%，完成旅客运输量 0.68 亿人次，比上年增加 13.3%，完成货邮运输量 77.7 万吨，比上年增加 6.9%。

其他航空公司共完成飞行小时 118.0 万小时，完成运输总周转量 98.8 亿吨公里，比上年增加 21.8%，完成旅客运输量 0.62 亿人次，比上年增加 19.2%，完成货邮运输量 82.3 万吨，比上年增加 9.3%。

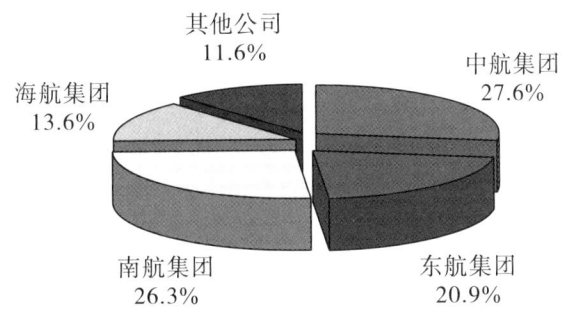

图 5.16　2015 年各航空（集团）公司运输总周转量比重

思考练习

1. 简述我国民航运输外部资源概况。
2. 简述我国航空公司概况。
3. 简述我国机场概况。
4. 简述我国民航运输业的现状。

第六章　中国民航旅游地理概述

第一节　北京市民航运输旅游地理

一、北京市航空运输地理环境

北京市是中华人民共和国的首都，全国的政治、经济、文化和国际交流中心。截至2015年底，北京市共辖14个市辖区、2个县，全市面积16410.54平方千米。2016年，北京市常住人口2170.9万人，常住人口密度为1320人/平方千米，非常密集。北京与天津相邻，并与天津一起被河北省环绕。

北京位于华北平原西北边缘，平均海拔43.5米，其西、北和东北方向群山环绕，东南是缓缓向渤海倾斜的北京平原。北京的地势是西北高、东南低。北京的气候为典型的暖温带半湿润大陆性季风气候，夏季高温多雨，冬季寒冷干燥，春、秋短促。降水季节分配很不均匀，全年降水的80%集中在夏季6、7、8三个月，其中7、8月有大雨。在北京，影响航空运输的天气主要有春季的沙尘暴、夏季的暴雨、秋冬季的大雾和冬季的大雪等。

北京是中国的政治中心，具有独一无二的政治地位。中国所有的部委都设立在北京，中国的最高权力机构——全国人民代表大会、中国的最高行政机关——国务院等均设立在北京。北京是中国对外交流的政治中心，现有外国驻华大使馆137个，外国新闻机构190个。在北京设立的国外驻京代表机构已超过7 000家,全球最大500家跨国公司已有185家来京投资。在北京的外国留学生有17 000多人。北京优越的政治条件为北京成为世界顶级航空枢纽城市发挥了重要的作用。

北京是综合性产业城市,高新产业和商业服务非常发达,综合经济实力保持在全国前列,第三产业规模居中国内地第一。北京是中国重要的金融中心和商业中心,国家金融宏观调控部门中国人民银行、中国银行业监督管理委员会、中国证券监督管理委员会、中国保险监督管理委员会均在北京。包括四大国有商业银行——中国工商银行、中国建设银行、中国银行、中国农业银行在内的中国主要商业银行及国家开发银行、中国农业发展银行等政策性银行及金融业巨头——中国国际金融有限公司、中国国际信托投资公司、中国投资有限责任公司也设在北京。中国人寿、中国人民财产保险股份有限公司、泰康人寿等全国性保险公司总部均设在北京。北京同时还聚集了大部分国有大型企业总部,其中包括中石化、中石油、国家电网、中国电信、中国移动通信、中国联通等企业。

2015年"世界500强"企业中,共有21家企业总部设在北京市。从北京的产业发展来看,北京的产业结构对航空运输的需求是非常旺盛的,北京发展航空运输的经济基础非常雄厚。

北京是全国最大的科学技术研究基地和全国教育最发达的地区。北京市拥有中国科学院、中国工程院等科学研究机构和号称中国硅谷的中关村国家自主创新示范区。截至2010年8月,北京市共有普通高等院校82所,其中包括北京大学、清华大学等全国最为著名的学府,本专科在校生达到57.7万人。全市共有52所高等学校和117个科研机构培养研究生,在校研究生达到20.9万人。丰富、优质的人力资源为北京航空运输产业的发展提供了可靠的保证。

北京的旅游资源丰富,拥有6处世界文化遗产,对外开放的旅游景点达200多处,有世界上最大的皇宫紫禁城、祭天神庙天坛、皇家花园北海、皇家园林颐和园和圆明园,还有八达岭长城、慕田峪长城及世界上最大的四合院恭王府等名胜古迹。全市共有文物古迹7 309项,99处全国重点文物保护单位、326处市级文物保护单位、5处国家地质公园、15处国家森林公园。北京每年吸引了大量的海外游客,为航空运输提供了丰富的旅游客源。

优越的地理位置、独一无二的政治地位、发达的经济基础和科技条件、丰富的旅游资源等诸多因素，构筑了北京发展航空运输产业的综合优势。北京首都国际机场是国内最大的枢纽机场，其国际航线也四通八达，在三大门户枢纽机场中北京通往欧洲和北美的航班最多。北京首都国际机场的客运量和货运量增长迅速，在2010年成为仅次于亚特兰大机场的全球第二大客运机场，以首都机场为主要基地的中国国际航空公司也逐渐成为世界级的航空公司。

二、北京市航空运输发展布局分析

1. 北京机场数量和机场布局

北京现有民用机场两个，分别为北京首都国际机场和北京南苑机场，其中北京首都国际机场是中国最大的门户复合枢纽机场、亚洲第一大国际机场和世界第二大机场，如表6.1所示。目前国家已开始考虑建设首都第二机场。2008年，首都机场完成扩建工程，新增了第三跑道和T3航站楼，机场年设计吞吐量提升至8 200万人次。按照目前的增长速度，首都机场的旅客吞吐量在2020年很有可能突破一亿人次大关，已十分接近首都机场的饱和容量。首都第二机场定位为综合性大型国际枢纽机场，与首都机场同等重要，相对独立运行，配合各自的基地航空公司构筑中枢航线网络，以服务北京为主，同时考虑京津冀经济走廊和城市密集带的发展，与首都机场分工协作，形成对细分市场的全面覆盖，构建功能互补、协调联动的双枢纽模式的北京多机场系统。

表6.1 北京市民用机场表（2015年）

机场名称	跑道数目	机场等级	三字代码	四字代码	旅客吞吐量和国内排名
北京首都国际机场	3	4F	PEK	ZBAA	90000000（1）
北京南苑机场	1	4C	NAY	ZBNY	5265000（42）

（1）北京首都国际机场。

北京首都国际机场位于北京市顺义区，距北京市中心20千米。北京首都国际机场是"中国第一国门"，是中国最重要、规模最大、设备最先进、运输生产最繁忙的大型国际航空港,是中国的空中门户和对外交流的重要窗口。北京首都国际机场建成于 1958 年,运营 50 多年来,尤其是改革开放以来,随着中国经济的快速发展,并得益于北京得天独厚的政治、经济、文化和地理位置优势,北京首都国际机场的年旅客吞吐量从 1978 年的 103 万人次增长到 2010 年的 7 395 万人次,目前排名全球第二位。

图 6.1　北京首都国际机场三号航站楼

为满足旅客不断增长的需求,北京首都国际机场从 1965 年开始先后进行了 7 次大规模的改扩建。1980 年 1 月 1 日,面积达 61 580 平方米的 1 号航站楼正式启用。1999 年 11 月 1 日,航站楼面积达 33.6 万平方米的 2 号航站楼全面投入运营。自 2004 年 3 月 28 日开工,历经 3 年 9 个月的奋战,北京首都国际机场以又好又快的"中国速度"完成了目前世界上最大单体航站楼——首都机场 3 号航站楼的建设工程。随后,在试运行不足两个月的时间里,北京首都国际机场全力组织了六次近万人的大规模演练,最终实现了 3 号航站楼的成功接收和顺畅运营,赢得了世界同行的高度评价,为保障北京奥运会顺利举行做出了重要的贡献。北京首都国际机场的硬件资源得以有效扩充,成为亚太地区首个,也是唯一拥有三个航站楼、三条跑道、双塔台同时运行的机场,跨入世界超大型机场行列。

作为欧洲、亚洲及北美洲的核心节点，北京首都国际机场有着得天独厚的地理位置、方便快捷的中转流程、紧密高效的协同合作，使其成为连接亚、欧、美三大航空市场最为便捷的航空枢纽。国航、东航、南航、海航等国内主要航空公司均已在北京首都国际机场设立运营基地。星空联盟、天合联盟和寰宇一家——世界三大航空联盟也都视北京首都国际机场为重要的中转枢纽。随着日益完善的国际航线网络的形成，北京首都国际机场成为世界最繁忙的机场之一，每天有超过90家航空公司的1 400个航班将北京与世界220个城市紧密连接。

北京首都国际机场目前拥有三座航站楼。1号航站楼为海南航空集团国内航班专用，包括海南航空公司（国内航班）、大新华航空、大新华快运、首都航空、天津航空、翔鹏航空、春秋航空等；2号航站楼为中国东方航空、中国南方航空、厦门航空、深圳航空、重庆航空、海南航空（国际航班）、吉祥航空，以及天合联盟的外航和非联盟的外航服务；3号航站楼为中国国际航空、深圳航空、山东航空、四川航空，以及星空联盟的外航、寰宇一家的外航和非联盟的外航服务。旅客乘机前需要确认不同的航站楼，为了方便旅客在不同航站楼之间换乘航班，机场新建连接T1、T2、T3三个航站楼之间的路侧摆渡车。

（2）北京南苑机场。

北京南苑机场也是对公众开放的军民合用机场，位于北京市丰台区南苑，在天安门广场正南15公里，是中国历史上第一座机场。北京南苑机场是中国联合航空公司的基地机场。经过扩建后的南苑机场目前主要为繁忙的首都国际机场分流旅客，承担为首都机场减负的重担。

2. 北京主要的航空公司和航线

北京首都国际机场主要基地航空公司为中国国际航空股份有限公司、海南航空公司、南方航空公司、东方航空公司、中国国际货运航空有限公司等。北京南苑机场主要基地航空公司是中国联合航空有限公司和东方航空公司。

（1）中国国际航空股份有限公司。

中国国际航空股份有限公司简称"国航"，英文名称为"Air China Limited"，简称"Air China"，其前身中国国际航空公司成立于1988年。

根据国务院批准通过的《民航体制改革方案》，2002年10月，中国国际航空公司联合中国航空总公司和中国西南航空公司，成立了中国航空集团公司，并以联合三方的航空运输资源为基础，组建新的中国国际航空公司。2004年9月30日，经国务院国有资产监督管理委员会批准，作为中国航空集团控股的航空运输主业公司，国航在北京正式成立。2004年12月15日，中国国际航空股份有限公司在香港和伦敦

图 6.2　中国国际航空公司

成功上市。国航的企业标识由一只艺术化的凤凰和中国改革开放的总设计师邓小平同志书写的"中国国际航空公司"以及英文"AIR CHINA"构成。

图 6.3　中国国际航空公司飞机

国航是中国唯一载国旗飞行的民用航空公司，是世界最大的航空联盟——星空联盟成员以及2008年北京奥运会航空客运的合作伙伴，具有国内航空公司第一的品牌价值（世界品牌实验室2013年评测为765.68亿元），在航空客运、货运及相关服务诸方面，均处于国内领先地位。

国航承担着中国国家领导人出国访问的专机任务，也承担许多外国元

首和政府首脑在国内的专包机任务，这是国航独有的国家载旗航行的尊贵地位。国航总部设在北京，辖有西南、浙江、重庆、内蒙古、天津、上海、湖北、贵州、西藏等分公司和上海、华南基地，以及工程技术分公司、公务分公司等。国航继续经略北京枢纽的同时，又着力强化以成都为中心的西南、以上海为中心的华东、以广州为中心的华南等区域枢纽。国航主要控股子公司有中国国际货运航空有限公司、澳门航空有限公司、深圳航空有限责任公司等，合营公司主要有北京飞机维修工程有限公司（Ameco）。另外，国航还参股国泰航空、山东航空等公司，是山东航空集团有限公司的最大股东。

截至2010年12月31日，国航（含控股公司）共拥有以波音、空中客车为主的各型飞机393架，定期航班通航全球29个国家和地区，其中包括47个国际城市、91个国内城市和3个地区。通过与星空联盟成员等航空公司的合作，将服务进一步拓展到181个国家的1 160个目的地。

截至2015年2月，国航（不含控股公司）拥有33架A319、38架A320、49架A321、30架A330－200、19架A330－300、2架B737－300、21架B737－700、100架B737－800、9架B757－200、3架B767－200、1架B767－300、10架B777－200、4架B747－400和20架B777－300ER，共计339架。

国航的飞机拥有专业化、规范化的技术保障。国航下设工程技术分公司，总部设在北京，下辖成都、重庆、杭州、天津、呼和浩特、上海、贵阳、武汉、广州9个维修基地和4家关联企业，拥有88个国内维修站点和73个国际维修站点，形成了辐射国内外的维修网络。其中，我国民航合资最早、规模最大的航空器维修企业——北京飞机维修工程有限公司（Ameco）1989年5月2日成立，为维修能力的提升注入了活力。国航机务系统持有中国民航局（CAAC）、美国联邦航空局（FAA）、欧洲航空安全局（EASA）及其他18个国家颁发的维修许可证，拥有7座大型机库和先进的设施设备，具备强大的维修能力。

2007—2015年国航连续9年入选世界品牌500强，成为中国民航唯一进入"世界品牌500强"的企业。2010年6月，国航被世界品牌实验室评为中国500最具价值品牌第24名，位列国内航空服务业第一名；

2004—2008年国航连续5年在"旅客话民航"活动中分别获得"用户满意优质奖""用户满意优质服务金奖"等;国航品牌曾被英国《金融时报》和美国麦肯锡管理咨询公司联合评定为"中国十大世界级品牌";在品牌中国总评榜系列评选活动中,荣膺"品牌中国华谱奖——中国年度25大典范品牌"称号;2010年国航同时获得世界品牌实验室评选的"中国品牌年度大奖No.1(航空服务业)"和"中国文化品牌大奖"两项殊荣;在各类社会评选中多次获得"最佳中国航空公司""年度最佳航空公司奖""极度开拓奖""最佳企业公众形象奖"和"中国经济十大领军企业"等称号。

(2)中国国际货运航空有限公司。

中国国际货运航空有限公司(简称"国货航")成立于2003年,其前身是中国国际航空公司货运分公司,由中国国际航空公司、中信泰富有限公司、首都机场集团公司共同投资组建。中国国际航空公司以飞机、发动机、库房及地面设备等资产出资,占注册资本的51%;中信泰富有限公司占25%,首都机场集团公司占24%,均以现金出资。2006年6月30日获得中国民用航空总局颁发的《公共航空运输承运人运行合格证》。2008年,中国国际航空股份有限公司全资子公司中航兴业有限公司收购中信泰富持有的25%国货航的股份,中国国际航空所持有的国航股份增至76%。2011年5月6日,中国国际航空股份有限公司与国泰航空有限公司货运合资项目正式完成,股权重组后的中国国际货运航空有限公司在北京举行开业庆典。合资后,中国国航持有中国国际货运航空51%的股权,国泰航空持有25%的股权及24%的经济权益。中国国际货运航空董事会有7位董事,其中4位(包括董事长)由中国国航委任,3位(包括副董事长)由国泰航空委任。

中国国际货运航空有限公司货运计算机系统已覆盖北京、上海、广州、大连营业部,天津分公司,以及纽约、东京、新加坡、法兰克福、罗马等办事处,拥有由北京、上海出发至洛杉矶、旧金山、纽约、芝加哥、波特兰、法兰克福、巴黎、伦敦以及中日、中韩航线等国际货运航线的经营权,并独家享有国航所有客机腹舱的载货使用权。截至2010年,国货航的货邮运输总收入位列中国第一,是中国国内最大的专业货运航空公司。中国国际货运航空拥有 9 架 B747-400F 全货机、5 架 B747-400 全货机和国航所有客机腹舱。

(3) 中国联合航空有限公司。

中国联合航空有限公司前身是中国联合航空公司，成立于 1986 年 12 月 25 日，是一家以北京南苑机场为主运营基地的航空公司。2004 年，经中国民用航空总局正式批准，上海航空股份有限公司与中国航空器材进出口集团公司共同出资一亿元，重新组建成立了"中国联合航空有限公司"。自此中联航成为一家从事公共运输的商业航空公司。2010 年 10 月，中国联合航空有限公司被中国东方航空正式划为旗下。

作为中联航主营基地的北京南苑机场临近北京四环路，交通十分便利。2007 年 9 月，南苑机场新候机楼经改扩建后投入试运营。由于北京首都国际机场的空中交通日益繁忙，经常被空中管制部门实施流量控制，而北京南苑机场起降的飞机架次较少，中联航的班机一般非常准时，这对北京的航线网络起到重要的补充作用，从而缓解北京首都机场的压力，并给来往于北京的乘客出行增加新的选择。

中联航已陆续开通了北京南苑至无锡、广州、西安、上海虹桥、呼和浩特、大连、海拉尔、成都、重庆、三亚、哈尔滨、赣州、景德镇、衢州、佳木斯、临沂、齐齐哈尔、锦州、鄂尔多斯、绵阳、青岛、福州、南宁、榆林、常州、阜阳、佛山、南阳、西安、延安、舟山、昆明、厦门等航线，其中北京至衢州、阜阳、佛山、南阳、舟山为独家经营航线。中联航机队以 B737-800 飞机为主力机型（700 型 2 架、800 型 10 架）。2015 年年底，中联航已成为拥有 50 余架飞机的中型航空公司。

(4) 北京市的主要航线。

北京首都国际机场是我国通航点最多的大型机场，目前已与国内绝大多数大中城市、经济发达城市、旅游热点城市等有航线连接，与亚洲、美洲、欧洲、大洋洲和非洲也有航线连接，其中通往北美、欧洲、亚太等方向的航班密度比较大，如表 6.2 所示。

表6.2 北京首都国际机场和南苑机场的主要航线（2010年）

机场名称	国内通航点	国际通航点
北京首都国际机场	安庆、鞍山、包头、北海、长春、常德、长沙、长治、常州、朝阳、成都、赤峰、重庆、大连、丹东、大庆、大同、达州、东营、敦煌、鄂尔多斯、恩施、福州、赣州、广元、广州、桂林、贵阳、海口、海拉尔、杭州、哈尔滨、合肥、黑河、呼和浩特、怀化、黄山、黄岩、佳木斯、嘉峪关、济南、景德镇、井冈山、济宁、九江、九寨、昆明、兰州、拉萨、连云港、丽江、临沂、柳州、洛阳、泸州、满洲里、绵阳、漠河、牡丹江、南昌、南充、南京、南宁、南通、南阳、宁波、青岛、齐齐哈尔、泉州、三亚、上海、汕头、沈阳、深圳、太原、腾冲、通辽、乌兰浩特、乌鲁木齐、万州、潍坊、威海、温州、乌海、武汉、无锡、武夷山、厦门、西安、襄樊、西昌、锡林浩特、西宁、徐州、延安、盐城、延吉、烟台、宜宾、宜昌、伊春、银川、义乌、永州、榆林、运城、张家界、湛江、郑州、中甸、中卫、珠海、淮安、二连浩特、香港、澳门和台北	亚洲：乌兰巴托、阿布扎比、阿拉木图、阿什哈巴德、比什凯克、塔什干、喀布尔、德黑兰、卡拉奇、伊斯兰堡、伊斯坦布尔、特拉维夫、多哈、迪拜、吉达、东京、福冈、广岛、名古屋、冈山、大阪、札幌、仙台、首尔、仁川、济州、清州、釜山、大邱、务安、平壤、德里、达卡、科伦坡、新加坡、曼谷、普吉、河内、胡志明市、金边、仰光、雅加达、吉隆坡、马尼拉 美洲：华盛顿、安克雷奇、亚特兰大、波士顿、芝加哥、洛杉矶、纽约、费城、塞班、旧金山、西雅图、温哥华、多伦多、圣保罗 欧洲：阿姆斯特丹、法兰克福、柏林、慕尼黑、布鲁塞尔、伦敦、巴黎、哥本哈根、斯德哥尔摩、赫尔辛基、维也纳、布达佩斯、雅典、罗马、马德里、莫斯科、圣彼得堡、伊尔库茨克、哈巴罗夫斯克、克拉斯诺尔斯克、新西伯利亚、符拉迪沃斯托克、叶卡捷琳堡、南萨哈林斯克、基辅 非洲：亚的斯亚贝巴、阿尔及尔、开罗、喀土穆、拉各斯、罗安达 大洋洲：奥克兰、墨尔本、悉尼
北京南苑机场	包头、长沙、长治、常州、成都、重庆、鄂尔多斯、佛山、阜阳、福州、广州、海拉尔、杭州、哈尔滨、呼和浩特、连云港、临沂、满洲里、南宁、衢州、三亚、上海、乌鲁木齐、无锡、榆林	

第二节　天津市民航运输旅游地理

一、天津市航空运输地理环境

天津是中华人民共和国的直辖市、国家中心城市、中国北方经济中心、环渤海地区经济中心、中国北方国际航运中心、中国北方国际物流中心、国际港口城市和生态城市。天津市总面积约 1.13 万平方千米，在全国各省级行政区中面积排名第 31 位。2010 年第六次全国人口普查本市常住人口 1 293.8 万人。与天津市相邻的省（市）有河北省和北京市。

天津市地处华北平原东北部，东临渤海，北枕燕山，位于海河下游，地跨海河两岸。北与首都北京毗邻，距北京 120 千米，是拱卫京畿的要地和门户。天津地处北温带，位于中纬度亚欧大陆东岸，主要受季风环流的影响，是东亚季风盛行的地区，属温带季风性气候。虽临近渤海湾，但半封闭的内海海湾对天津的气候影响不大。主要气候特征：四季分明，春季多风，干旱少雨；夏季炎热，雨水集中；秋季气爽，冷暖适中；冬季寒冷，干燥少雪。春季的风沙、夏季的雷雨和秋冬季节的大雾是影响天津航空运输的主要天气。

天津作为中国的四大直辖市之一，是中国北方最大的沿海开放城市。2010 年，天津 GDP 为 9 108.85 亿，城镇居民人均可支配收入达到 24 293 元，农村居民人均纯收入为 11 801 元。2005 年，天津滨海新区纳入国家"十一五"规划和国家发展战略，并批准滨海新区为国家综合配套改革试验区，天津的经济重新展现出活力。中国—法国合作的空客 A320 系列飞机总装线、中国—新加坡合作的天津生态城、中国—沙特合作的百万吨乙烯、中国—俄罗斯合作的千万吨炼油等国际合作项目相继落户天津滨海新区。同时，新一代运载火箭等重大工业项目亦落户于此。天津港的货物吞吐量已由 2003 年不到 1 亿吨跃升至 4 亿吨，成为中国北方最大的港口，被誉为中国经济第三增长极。2006 年 3 月 22 日国务院常务会议将天津定位为"国际港口城市、北方经济中心、生态城市"。

2006年6月8日，国家发改委宣布，在天津滨海新区建立空客A320系列飞机总装线，这也是空中客车继法国、德国之外的第三条总装线。天津成为全国唯一兼有航空与航天两大产业的城市。2009年，总装线上第一架飞机从这里起飞。国家民航总局将中国唯一的国家级民航科技产业化基地落户在这里，包括中国航天运载火箭大型发动机等一批大型飞机配套项目也在此逐步落户。2007年8月9日，天津同中航油合作共同建设环渤海航油储运基地，建成后将成为北方最大的航油集散基地，为这些地区的民航运输业提供了良好的航油保障。天津海陆空交通便捷，铁路、公路四通八达。天津是近代中国铁路的发祥地，处于京沪铁路、津山铁路两大传统铁路干线的交汇处，是北京通往东北和上海方向的重要铁路枢纽。

作为洋务运动重镇和中国高等教育的发祥地，天津的教育在近代中国历史上有着举足轻重的地位。1904年10月17日，著名教育家严修和张伯苓创办南开中学，是南开系列学校的发源地，培养出周恩来等知名人士。1919年，私立南开大学正式成立，张伯苓担任校长，次年开始招收女学生，为中国最早招收女学生的大学。中国民航系统著名的高等学府——中国民航大学也设在天津。

天津在中央政府的大力支持和政策保护下建立的经济开发区和保税区，在近几年迅速地发展起来。政治上的有利政策促成了经济的迅速崛起，促进了当地民航客、货运输的发展。天津的旅游开发力度的逐渐加大，也为其带去了大量的客流。2008年，京津城铁的运营为天津航空业发展带来了新的机遇和挑战，目前，天津滨海机场计划引入城际铁路线并已经开展空铁联运业务，以分担首都机场的客流。

二、天津市航空运输发展布局分析

1. 天津机场数量和机场布局

天津市现有民用机场1个，即天津滨海国际机场，如表6.3所示。

表6.3　天津市民用机场表（2010年）

机场名称	跑道数目	机场等级	三字代码	四字代码	旅客吞吐量（国内排名）
天津滨海国际机场	2	4E	TSN	ZBTJ	7 277 106（22）

天津滨海国际机场位于天津东丽区，距天津市中心13千米，距天津港30千米，距北京134千米，南至津北公路，西至东外环路东500米，北至津汉公路及京津高速公路，东至京津塘高速公路，是国内干线机场、国际定期航班机场、国家一类航空口岸，中国主要的航空货运中心之一。天津机场第五次改扩建工程总投资近30亿元，2008年5月正式投入使用，新建11.6万平方米航站楼和4万平方米货库，与空中客车A320中国总装线项目配套的第二条跑道也同期建成。天津滨海国际机场地理位置优越，具有较强的铁路、高速公路、轨道等综合交通优势，基础设施完善，市政能源配套齐全。

目前，滨海机场已经初步建立了以国内航线为主体、以东北亚航线为龙头、以欧美航线为两翼的航线网络，为天津及周边地区旅客出行和货物运输提供了极大的便利条件。为进一步推进滨海新区开发开放，实现经济又好又快发展，天津市政府设立了新开航线航班培育专项资金，充分调动航空公司在津扩大经营的积极性，鼓励航空公司在津开辟新的定期航班和固定航班，进一步提升滨海机场竞争力。对新开辟的定期航线和固定航班，现已开通暂时亏损且具有发展潜力的重点航线航班，将通过政府补助和机场对航空企业收费减免相结合的方式进行培育，原则上政府补助70%，机场负担30%。

2011年，滨海机场开始二期扩建工程。滨海机场二期扩建工程总投资59.2亿元，预计建设工期为3年，建设用地66.64公顷，按2020年机场旅客吞吐量2500万人次、货邮吞吐量170万吨、飞机起降量22.5万架次设计。包括新建建筑面积24.8万平方米的T2航站楼，空侧建设32.2万平方米的站坪，增加客机位42个，路侧建设航站区道路9.2万平方米、航站楼高架桥3万平方米等。T2航站楼建成后，将主要用于国内客运进出港航班，能够满足年国内旅客吞吐量1 700万人次、高峰小时旅客6 120人次的使用要求。滨海机场的"十二五"规划显示，到2015年滨海机场将实现旅客吞吐量1 500~2 000万人次，全国机场排名进入前20位；货邮吞吐量50万吨~60万吨，全国机场排名进入前10位。

2. 天津主要的航空公司和航线

天津滨海国际机场的主要基地航空公司有天津航空有限责任公司、中国国际航空公司天津分公司、银河国际货运航空有限公司、奥凯航空有限公司等。

（1）天津航空有限责任公司。

天津航空有限责任公司是总部位于中国天津的一家民用支线航空公司，由海航集团有限公司、天津保税区投资有限公司以及海南航空股份有限公司共同出资组建，于 2009 年 6 月 8 日成立。2010 年 6 月 1 日，天津航空获批扩大经营范围，将经营国内干线航空及国际航空市场。截至 2011 年 11 月，天津航空拥有 95 架各型喷气式飞机，现阶段共开通国内外航线 260 余条，通航城市 67 个，拥有天津、北京、乌鲁木齐、呼和浩特、西安等 8 个过夜基地。天津航空现有 40 架巴西航空工业公司的 E190、25 架巴西航空工业公司的 E145、29 架德国仙童道尼尔 D328－300 和 1 架 A320。

（2）奥凯航空有限公司。

奥凯航空有限公司是经中国民用航空局批准、中国内地第一家开飞的民营航空企业。奥凯航空总部设在北京，以天津滨海国际机场为主运营基地，奥凯航空以经营航空货运、快递业务为主，兼营旅客包机业务。截至 2011 年 11 月底，奥凯航空拥有 14 架飞机（9 架 B737 系列客机、1 架 B737 系列货机和 4 架新舟 60 飞机）。在通用航空市场，奥凯航空提供在中国海域及中国陆地范围内的科学考察服务，并将开展医疗救护、航测、高压巡线等航空服务。

（3）银河国际货运航空有限公司。

银河国际货运航空有限公司于 2007 年经中国民用航空局批准筹建。是由中外运空运发展股份有限公司（51%）、大韩航空有限公司（25%）、新韩投资有限公司（13%）及韩亚投资有限公司（11%）共同投资成立的合资货运航空公司，总部位于天津港保税区，基地机场为天津滨海国际机场。公司已于 2008 年开始正式运营直飞欧洲的全货运航班，已拥有 B747－400F 全货机，增设通往韩国、美国及其他国家的航线。

天津滨海国际机场的主要航线如表 6.4 所示。

表 6.4　天津滨海国际机场的主要航线（2010 年）

机场名称	国内通航点	国际通航点
天津滨海国际机场	长春、长沙、成都、赤峰、重庆、大连、鄂尔多斯、福州、广州、桂林、贵阳、海口、海拉尔、杭州、哈尔滨、合肥、呼和浩特、昆明、兰州、南昌、南宁、南京、南通、宁波、青岛、泉州、三亚、上海、沈阳、深圳、太原、乌鲁木齐、温州、武汉、厦门、西安、延吉、烟台、银川、运城、张家界、郑州、珠海、香港、台北	吉隆坡、名古屋、首尔、仁川、新加坡、叶卡捷琳堡

第三节　上海市民航运输旅游地理

一、上海市航空运输地理环境

上海是中华人民共和国直辖市，国家中心城市，中国经济、金融、贸易、会展和航运中心。

上海位于太平洋西岸，亚洲大陆东沿，中国南北海岸中心点，长江和黄浦江入海汇合处，与日本九州岛隔海相望。上海南濒杭州湾，西部与中国经济高度发达的江苏、浙江两省相接，拥有中国最大的外贸港、最大的工业基地。上海背靠经济发达的长江三角洲，面向广阔的太平洋，便于通往世界各地，具备成为世界级航空枢纽的优越地理条件。

目前上海共有 16 个区：黄浦、徐汇、长宁、静安、普陀、闸北、虹口、杨浦、闵行、宝山、嘉定、浦东新区、金山、松江、青浦、奉贤。上海是长江三角洲冲积平原的一部分，平均海拔 4 米左右，为平原地区。上海全市土地面积为 6 340.5 平方千米（2006 年），南北长约 120 千米，东西宽约 100 千米，海岸线长约 172 千米。上海地区河湖众多，水网密布，境内水域面积 697 平方千米，相当于全市总面积的 11%。夏季影响航空运输的天气主要为台风，秋冬季则为大雾，偶尔也会出现大雪。

上海是全国最大的经济中心城市。2010年，上海经济保持平稳较快发展，全年实现GDP 17 165.98亿元，2010年常住人口为23 019 148人，人均GDP 7.33万元，进出口总额3 688.69亿美元，城市居民家庭人均可支配收入31 838元，农村居民家庭人均可支配收入13 746元，各项经济指标在全国处于领先位置。

上海是国际金融贸易中心，是全球第二大期货交易中心（仅次于芝加哥）、全球最大黄金现货交易中心、全球第二大钻石现货交易中心和全球三大有色金属定价中心之一。上海的市属金融企业有交通银行、中国银联、中国太保、浦发银行、上海银行等。中国四大银行均在上海建立总部。上海有国泰君安、海通证券、光大证券、申银万国、东方证券等全国前十大证券投资商。上海拥有全国50%的基金总部，管理的基金资产规模雄踞全国第一。上海同时是中国的会展之都，展会数量居全国首位，会展年收入占全国近50%。上海也是世界体育之都，亚洲最高级别的单项常驻赛事几乎都落在了上海：F1、国际田联钻石联赛、ATP1000网球大师赛、斯诺克大师赛、汇丰高尔夫世界锦标赛等常年在上海开战，如此规模密集的国际赛事，傲视亚洲。雄厚的经济基础和发达的外向型经济给上海的航空运输带来了无穷的活力，是上海发展成为世界级航空枢纽的最基本和重要的促进因素。

上海是全国的文化艺术中心和教育中心，拥有一大批全国一流的高校。上海拥有以飞机装配、航空零部件转包生产、飞机修理等民用航空产品为主业，以特种车辆、气垫船和轨道交通工具等非航空产品于一体的上海飞机制造厂。该厂作为中国商飞公司的总装制造中心，承担着支线飞机和干线飞机的总装制造任务，肩负着中国民机发展的重要使命，并将努力发展成为世界民机领域一流总装制造企业，是最具效率、最值得信赖的航空总装制造商。

上海具备世界级航空枢纽城市的所有条件，无论是自然条件、地理位置，还是经济基础、科技和人口条件等。国家和上海市政府在大力推进上海建设世界级航运中心的国家战略，实施辐射全球的国际海空枢纽港战略，构筑资源高度集聚、服务功能健全、市场环境优良、物流服务高效，具有全球航运资源配置能力的海、空国际枢纽中心。到2015年，上海航空枢纽预计将承担旅客吞吐量8 000万人次左右，货邮吞吐量400万吨左右，中转旅客比例达到20％，将基本确立亚太航空枢纽地位。

二、上海市航空运输发展布局分析

1. 上海机场数量和机场布局

上海是中国大陆地区唯一同时拥有两个大型民用机场的城市，即虹桥国际机场和浦东国际机场。他们分别位于城市的东西两侧。为了适应"一市两场"的上海空港运行新格局，1998年5月28日，经上海市人民政府批准，组建了上海机场（集团）有限公司，统一经营管理上海浦东和虹桥两大机场。

上海机场体系的功能层次清晰、结构合理。目前虹桥机场以国内航班为主，同时也有少量的国际及我国港澳台地区包机航班（目的地主要为首尔金浦机场、东京羽田机场、台北松山机场等）；浦东机场则包括了从上海出发的绝大多数国际航班和部分国内航班。2010年，上海两场的旅客吞吐总量已经超过7 000万，货运吞吐量超过370万吨，从两场的合并数据来看，上海市客运吞吐总量已位居全球第五，货运吞吐量已位居全球第三。

2010年，上海空港世界级枢纽机场规模基本形成。随着2010年3月16日虹桥机场2号航站楼和第二跑道顺利启用，上海航空枢纽硬件设施基本建成。经过长达16年的大规模建设，上海浦东和虹桥两大机场目前已拥有4座航站楼、5条跑道，年客货保障能力达到1亿人次和520万吨，上海空港整体规模已跨入国际超大型空港之列。上海民用机场概况如表6.5所示。

表6.5 上海民用机场表（2010年）

机场名称	跑道数目	跑道等级	三字代码	四字代码	旅客吞吐量和国内排名
上海浦东国际机场	3	4F	PVG	ZSPD	40 578 621（3）
上海虹桥国际机场	2	4E	SHA	ZSSS	31 298 812（4）

（1）浦东国际机场。

上海浦东国际机场是中国三大国际门户枢纽机场之一，位于上海市浦东新区的江镇、施湾、祝桥滨海地带，面积为40平方千米，距市中心约

30千米，距虹桥机场约52千米。浦东机场拥有一条4E级和两条4F级的平行跑道；建有两座大型的航站楼，1号航站楼27.8万平方米，2号航站楼48.55万平方米。2009年，浦东机场日均起降航班达800架次左右，航班量已占到整个上海机场的六成左右。通航浦东机场的中外航空公司已达60家，航线覆盖90余个国际（地区）城市、60多个国内城市。在我国的三大国际门户枢纽机场中，浦东机场的中日、中韩、港澳台地区等方向的航线最为密集，尤其是中日、中韩航线已成为我国国际航线中航班密度最大、旅客量最多的国际航线。

（2）虹桥国际机场。

上海虹桥国际机场位于上海市长宁区，是我国大型国内枢纽机场，距市中心仅13千米。虹桥机场拥有两条平行跑道（一条4E级，一条4F级）和两座航站楼。2010年3月16日，虹桥机场完成T2航站楼和第二跑道的扩建工程，并投入运营。目前，除春秋航空公司及往返日本、韩国的国际包机航班仍在1号航站楼运营外，其余航空公司的国内航班全部迁至2号航站楼运营。

2. 上海主要的航空公司和航线

上海最主要的基地航空公司是东方航空，同时南航和国航也分别在上海设有运行基地。其他重要的基地航空公司有春秋航空公司、上海吉祥航空公司、中国货运航空有限公司、上海国际货运航空有限公司（现已并入中国货运航空有限公司）、扬子江快运航空有限公司等。

（1）中国东方航空股份有限公司。

中国东方航空股份有限公司是一家总部设在中国上海的国有控股航空公司，于2002年在原中国东方航空集团公司的基础上，兼并中国西北航空公司，联合云南航空公司重组而成。东方航空是中国民航第一家在香港、纽约和上海三地上市的航空公司，是中国三大国有大型骨干航空企业之一。东航以上海为复合枢纽，西安、昆明为区域枢纽，构建起一个通往世界各地的航空网络。

东航属于天合联盟成员，其运营总基地在上海，其他重要的基地机场包括上海虹桥国际机场、上海浦东国际机场、太原武宿国际机场、昆明巫家坝国际机场、西安咸阳国际机场、合肥骆岗国际机场、成都双流国际机场、石家庄正定国际机场、苏南硕放国际机场。

东航主要从事国内和国际航空的客、货、邮、行李运输、通用航空等业务及延伸服务；辖山东、安徽、江西、山西、河北、甘肃、西北、云南、浙江、北京分公司；控股中国货运航空有限公司和东航江苏有限公司、东航四川有限公司、上海航空股份有限公司；参股东航武汉有限责任公司；全资控股东方通用航空股份有限公司。

截至 2011 年 4 月，东航的机队包括 A320－200（108 架）、A319－100（15 架）、A321－200（22 架）、A330－200（5 架）、A330－300（15 架）、A340－300（5 架）、A340－600（5 架）A300－600R（7 架）、B737－300（16 架）、B737－700（44 架）、B737－800（19 架）、CRJ－200（5 架）、ERJ－145（10 架）、公务机（托管 4 架），共计 280 架（此数据不包括中货航的现役 19 架飞机，上海航空的现役 64 架飞机，东方通用航空 21 架通用飞机和直升机，以及正在引进的飞机）。

从 2009 年 6 月 8 日起，东方航空股份有限公司和上海航空股份有限公司同时停牌，中国民航史上首度涉及两家上市公司的联合重组工作正式全面启动。到 2010 年 1 月 28 日，东航换股吸收合并上航完成。东航上航联合重组完成后，新东航的运行资产超过 1 500 亿元人民币，拥有大中型飞机 331 架，通航点达到 151 个，通航纽约、洛杉矶、巴黎、法兰克福等全球主要城市，总体规模步入世界较大航空公司之列。

（2）春秋航空有限公司。

春秋航空股份有限公司是中国首批民营航空公司之一，是中国唯一的低成本航空公司。公司基地在上海。经过民航局对公司严格的运行合格审定，2005 年 7 月 18 日首航虹桥至烟台。春秋航空目标要做以年轻旅客为主的低成本航空公司。春秋航空公司是国内唯一不参加中国民航联网销售系统（CRS）的航空公司。它以上海虹桥国际机场为主要起降机场，目前承运的航线绝大多数为国内航线。以上海虹桥国际机场、上海浦东国际机场为主基地，经营上海飞广州、珠海、厦门、昆明、海口、三亚、桂林、温州、青岛、福州、长春等多条航线。A320 飞机是春秋航空使用的唯一机型。春秋航空把开辟的第一条国际航线确定在上海与日本东京之间，在日本东京东北部的茨城县与中国旅游客源最充足的长江三角洲之间架起经济、旅游交往的空中走廊。2011年7月15日，春秋航空又正式开通上海至日本香川县高松定期航线，方便大阪、神户、京都等近畿地区的游客往返日本和中国。截至2011年6月，春秋航空拥有的机队为A320-200（24架）。

春秋航空是中国第一家真正意义上的低成本航空公司，它奉行"让更多普通大众坐得起飞机"的经营理念，向旅客提供"安全、低价、准点、便捷、温馨"的空中旅行服务。提供的低票价目标是让"旅游和对票价比较敏感的商务旅客"有机会感受"安全、低价、准点、便捷和温馨"的服务。春秋航空奉行"低成本、高质量服务"的观念，不提供机上免费餐食。

（3）上海吉祥航空有限公司。

上海吉祥航空有限公司是由均瑶集团所属的上海均瑶（集团）有限公司和上海均瑶航空投资有限公司共同投资筹建的民营资本航空公司。吉祥航空的主机型为A320。吉祥航空规划形成以上海为中心、国内和周边地区航线为枢纽网络的航线网络布局；以上海虹桥国际机场和上海浦东国际机场为主的国内外枢纽城市航线网络，2010年逐步形成以上海周围城市中转联程并辐射全国的航线网络系统，分阶段开通上海出发的国际航线。吉祥航空的目标定位中高端公务、商务和商务休闲航空市场。截至2011年9月，吉祥航空拥有的机队为A319（2架）和A320（20架）。

（4）中国货运航空有限公司。

中国货运航空有限公司成立于1998年7月30日，是中国民航局批准成立的首家专营航空货邮的专业货运航空公司，由中国东方航空公司和中国远洋运输总公司共同投资成立，中国东方航空占有其70％股份，中国远洋运输总公司占30％股份。中国货运航空有限公司拥有并经营多条自身的专线货运航班，同时还经营着上海始发的部分航线的中国东方航空客机货舱的国际、国内货运业务，拥有东航航线网络的优势。提供货物运输、处理、中转等服务。通过上海中心枢纽形成国内转国内、国内转国际、国际转国际、国际转国内的货运中转体系。在美国、欧洲、日本等地均设有多个办事处。与亚洲、美洲及欧洲多家航空公司建立了互换舱位、代码共享、签订联运协议等合作关系。中国货运航空经营上海至纽约、芝加哥、洛杉矶、西雅图、旧金山、巴黎、卢森堡、东京、大阪、新加坡、曼谷、香港、青岛、厦门等十几条国际、国内和港澳台地区航班。

2010年12月20日，东航旗下中国货运航空有限公司、上海国际货运航空有限公司、长城航空有限公司三家货运航空公司的四方股东东航股份、中远集团、长荣航空和新加坡货航正式签署成立新中货航增资协议。根据四方股东议定股比，各方对新中货航增资总额为20.5亿元人民币，增资完成后新中货航注册资本30亿元人民币，东航股份占51%、中远集团占17%、长荣航空占16%、新加坡货航占16%。新中货航机队规模将达20架，成为中国国内最大的航空货运公司。

截至2011年11月，该公司拥有2架B747-400ERF、3架B747-400F（原长城航空）、6架B777-200LRF、3架MD-11F（原上货航）、2架B757F（原上货航）和3架A300-600F（租赁）等。

(5) 扬子江快运航空有限公司。

2002年，海南航空集团创立扬子江快运航空有限公司，其中海南航空集团持有85%的股权，海南航空公司持有5%，上海机场集团持有10%，是中国民用航空总局批准成立的第二家专业货运航空公司。扬子江快运航空有限公司主营国际、国内航空货运、综合物流。2004年正式取得国际航线运营权，相继开通亚洲地区及部分欧美地区航线。其主营基地为上海浦东国际机场。

扬子江快运航空除自身拥有的全货机执飞货运航线经营专线货运航班外，其资源还包括海南航空旗下客机货舱。扬子江快运航空已经建成了由中国大陆、东南亚、美国、欧洲构成的航线网络。现已开通的国内航线覆盖全国二十多个主要大中城市，国际货运航线包括新加坡、韩国首尔、菲律宾马尼拉、克拉克、孟加拉国达卡、泰国曼谷、美国波士顿、纽约、洛杉矶、欧洲法兰克福、卢森堡等。

截至2011年4月，该公司拥有10架B737-300、4架B747-400F飞机。

(6) 上海市的主要航线。

上海是我国国内航线最为密集的地区之一，重要的国内通航点有：PEK、CAN、CTU、KWL、HGH、NKG、SIA、SHE、DLC、CGQ、

HRB、WUH、FOC、XMN、CKG、KMG、URC、HAK、SZX、LXA。

上海是我国三大国际门户之一，和北京、广州共同组成了我国的主要国际航线网络，其航线主要向东、西、南邻近国家辐射。其中，上海至日本、韩国的航班密度是当前我国国际航线中最高的，重要国际通航点有：NRT、HND、OSA、KIX、NGO、FUK、SDJ、NGS、KU、KOJ、CTS、HIJ、UKY、SEL、PUS、TAE、CJU、HIN、YVR、SEA、SFO、LAX、CHI、ORD、DAL、DFW、NYC、JFK、MOW、STO、LON、BER、FRA、MUC、PAR、AMS、BUD、VIE、LUX、MAD、ROM、MIL、KHI、ISB、KTM、DEL、BOM、DAC、SHJ、DXB、KWL、KUL、PEN、SIN、MNL、JKT、BKK、HKT、PNH、SGN、SPN、MEL、SYD。上海浦东国际机场和虹桥国际机场的主要航线如表6.6所示。

表6.6 上海浦东国际机场和虹桥国际机场的主要航线（2010年）

机场名称	国内通航点	国际通航点
上海浦东国际机场	哈尔滨、西安、沈阳、长春、青岛、大连、深圳、东营、拉萨、石家庄、锦州、成都、银川、广州、秦皇岛、盐城、贵阳、重庆、嘉峪关、郑州、北京、温州、武汉、宜宾、福州、乌鲁木齐、赤峰、兰州、珠海、海口、九寨沟、牡丹江、延安、丹东、包头、济南、昆明、桂林、北海、湛江、宜昌、东胜、三亚、海拉尔、厦门、张家界、襄阳、柳州、潍坊、威海、南宁、榆林、绵阳、西宁、大庆、烟台、南昌、合肥、南京、天津、长沙、太原、舟山、香港、澳门、台北	亚洲：高雄、新加坡、马尼拉、多哈、迪拜、济州、曼谷、首尔、仁川、釜山、大邱、东京成田、名古屋、小松、松山、大阪、静冈、长崎、鹿儿岛、雅加达、吉隆坡、福冈、伊斯坦布尔、科伦坡、胡志明市、斯里巴加湾、河内、广岛、冈山、暹粒、普济岛、金边、长滩、岘港、德里 欧洲：布鲁塞尔、莫斯科、法兰克福、苏黎世、赫尔辛基、巴黎、伦敦、阿姆斯特丹、慕尼黑、米兰、罗马 北美洲：底特律、旧金山、纽约、丹佛、洛杉矶、温哥华、亚特兰大、芝加哥、多伦多 大洋洲：墨尔本、悉尼

续表

机场名称	国内通航点	国际通航点
上海虹桥国际机场	三亚、厦门、安庆、汕头、天津、广州、青岛、长沙、昆明、珠海、喀什、石家庄、舟山、重庆、呼和浩特、丽江、兰州、西安、台州、洛阳、桂林、郑州、深圳、北京、成都、武汉、威海、运城、包头、太原、连云港、徐州、乌鲁木齐、临沂、柳州、南昌、济南、延吉、南宁、福州、贵阳、佳木斯、烟台、汕头、温州、东胜、齐齐哈尔、宜昌、泉州、银川、沈阳、济宁、赣州、大同、合肥、长治、九江、邯郸、南阳、武夷山、徐州、襄阳、牡丹江、香港、澳门、台北	首尔、仁川、东京

第四节 重庆市民航运输旅游地理

一、重庆市航空运输地理环境

重庆直辖市位于中国内陆西南部、长江上游，四川盆地东部边缘，地跨东经 105°7′~110°11′、北纬 28°10′~32°13′之间的青藏高原与长江中下游平原的过渡地带，总面积约 8.24 万平方千米，在全国各省级行政区中面积排名第 26 位。至 2016 年 12 月，重庆市辖 26 个区、8 个县、4 个自治县。2016 年末，常住人口 3048.43 万人。与重庆市相邻的省份有四川省、贵州省、云南省、陕西省、湖北省和湖南省。

重庆地形复杂，其北部、东部及南部分别有大巴山、巫山、武陵山、大娄山环绕。地貌以丘陵、山地为主，坡地面积较大，有"山城"之称。流经重庆的主要河流有长江、嘉陵江、乌江等，长江干流自西向东横贯全境，横穿巫山三个背斜，形成著名的瞿塘峡、巫峡、西陵峡，即举世闻名的长江三峡。

重庆气候温和，属亚热带季风性湿润气候，雨量充沛、常年降雨量1 000~1 450毫米，春夏之交夜雨尤甚，因此有"巴山夜雨"之说。重庆雾多，是由于重庆地理环境造成的，年平均雾日是104天。大雾是对重庆开展航空运输影响最大的天气因素。

重庆是中国四大直辖市之一，是中国重要的中心城市、中国国家历史文化名城、中国长江上游地区的经济中心、中国国家重要的现代制造业基地、中国西南地区综合交通枢纽、城乡统筹的特大型城市。重庆市2010年的GDP为7 894.24亿元，人均GDP为27 271.39元，全国排名第17位。城镇居民人均可支配收入为24 007元。重庆是中国重要的离岸金融中心和国际金融结算中心，金融业占GDP比重达到6.1%，居全国各城市第四位。拥有银行、证券、保险和各类金融中介服务等功能互补的金融组织体系，金融机构数量为西部各地之首。

重庆旅游资源丰富，既拥有集山、水、林、泉、瀑、峡、洞等于一体的壮丽自然景色，又拥有融巴渝文化、民族文化、移民文化、三峡文化、陪都文化、都市文化于一炉的浓郁文化景观。全市共有自然、人文景点300余处，其中有世界文化遗产1个，世界自然遗产1个，全国重点文物保护单位13个，国家重点风景名胜区6个，国家森林公园24个，国家地质公园6个，国家级自然保护区4个，全国重点文物保护单位20个。丰富的旅游资源在重庆建设航空枢纽战略中发挥了重要作用。

作为中国最年轻的直辖市和内陆中心城市，重庆市近几年发展速度不断加快，利用外资增速也在全国领先，经济社会发展对民航构成了强有力的支撑。2010年，重庆市的航空旅客吞吐量、货邮吞吐量、飞行架次分别达到1 604万人次、19.8万吨和14.9万架次，上述三项指标在"十一五"期间的年均增速分别为19%、14.9%和15%。

2011年5月5日，中国南方航空股份有限公司在重庆召开旅游推介会，宣布全力打造重庆高原枢纽，继续增加在重庆市场的运力投放，提高重庆辐射至全国各地航线网络的广度和密度，将重庆枢纽打造成为国内外旅客进入西部高原、泛西部旅客走向世界的空中桥梁。南航借与重庆政府战略合作的良好契机，进一步加大重庆市场运力投放，全面辐射云南的昆明、丽江、西双版纳、迪庆、大理、腾冲，四川的九寨沟，西藏的拉萨、林芝等著名高原旅游目的地。在国内其他市场，南航增加重庆至广州、深圳、乌鲁木齐等航线班次，新开（或重开）哈尔滨、西安、珠海等航线。在国际航线上，重庆与南航广州、北京枢纽连接，将可以顺利到达欧、美、澳、非洲及东南亚等城市，如美国洛杉矶，加拿大温哥华，荷兰阿姆斯特丹，法国巴黎，阿联酋迪拜，澳大利亚的墨尔本、悉尼、布里斯班，新西兰奥克兰，非洲的拉各斯，以及日本、韩国各大城市。重庆与乌鲁木齐枢纽连接，可以到达俄罗斯、中亚的莫斯科、阿拉木图、塔什干、比什凯克、新西伯利亚、巴库、德黑兰、奥什、伊斯兰堡、杜尚别、阿什哈巴德、胡占德（苦盏）等城市。

二、重庆市航空运输发展布局分析

1. 重庆机场数量和机场布局

重庆市现有民用机场三个，包括重庆江北国际机场、万州五桥机场和黔江舟白机场，如表6.7所示。重庆江北国际机场是西南地区的重要枢纽机场之一，在2007年客流量突破1000万人次。至2010年，重庆市扩建江北机场、新建黔江机场，形成了"一大二小"的机场格局。重庆市将以江北国际机场为中心，整合、协作五桥机场、舟白机场和渝东北支线机场，发展支线航空和旅游航空，形成功能互补、航线整合的区域航空枢纽。通过机场集疏通道的建设，提高机场的服务能力和辐射能力。

表6.7 重庆市民用机场表（2010年）

机场名称	跑道数目	机场等级	三字代码	四字代码	旅客吞吐量和国内排名
重庆江北国际机场	2	4E	CKG	ZUCK	15 802 334（10）
万州五桥机场	1	4C	WXN	ZUWX	2 411 015（92）
黔江舟白机场	1	4C	JIQ		1 258（173）

（1）重庆江北国际机场。

重庆江北国际机场简称江北机场，位于重庆市郊东北方向21千米渝北区两路镇，是中国西南地区三大航空枢纽之一，于1990年1月22日建成投入使用。江北机场占地近万亩，飞行区等级为4E级，可满足年旅客吞吐量1 500万人次、货邮吞吐量30万吨的生产需要。目前，与重庆通航的国内外城市达 80 多个，航线 130 余条，覆盖全国各大区域，各省会城市均已通航。

2006 年，旅客吞吐量突破 800 万人次，步入全国十大机场行列。2007 年，旅客吞吐量突破 1000 万人次，跻身国家大型枢纽机场行列。2009 年，旅客吞吐量突破 1 400 万人次，稳居中国十大机场行列，成为世界 100 强机场之一。为满足重庆江北国际机场生产量的迅猛发展，于 2007 年底全面启动建设机场三期扩建工程（第二跑道、Ⅱ类仪表着陆系统及其配套设施），2010 年底，江北国际机场第二跑道及配套设施扩建工程完成后，实现双跑道运行，航站楼面积达到 18 万平方米，满足机场年飞机起降量 26 万架次、年旅客吞吐量 3 000 万人次和年货邮吞吐量 45 万吨的需要。

重庆江北国际机场发展目标是成为世界一流、亚洲领先的大型商业门户枢纽。按照"着眼长远、分步实施"的原则，确定了 2015 年近期目标：将江北机场建设成为周内同层级领先机场；2020 年中期目标：将江北机场建设成为全国一流的大型航空枢纽；2040 年远期目标：将江北机场建设成为亚洲领先、世界一流的大型商业门户枢纽机场。

（2）万州五桥机场和黔江舟白机场。

重庆万州五桥机场位于长江南岸，距万州主城区约 15 千米，海拔高 567 米，占地 1900 亩。机场按 4D 规划、4C 建设，是三峡库区重要的支线机场。重庆黔江舟白机场为 4C 级支线民用机场，位于重庆市黔江区舟白镇，跑道长 2 400 米、宽 45 米，占地 2 037 亩，总投资 6.318 亿元，距黔江城区 4 千米，主要定位为旅游支线机场。

2. 重庆主要的航空公司和航线

重庆江北国际机场的基地航空公司主要有重庆航空有限公司、西部航空有限责任航空公司、四川航空、中国南方航空、中国国际航空等。

（1）重庆航空有限公司。

重庆航空有限公司是由中国南方航空股份有限公司与重庆市开发投资公司共同出资组建的航空运输企业，是重庆市与中国南方航空合作的地方航空公司，其主基地在重庆江北国际机场。2007 年 6 月 16 日，重庆航空有限责任公司正式挂牌成立，注册资本 12 亿元人民币，成立时是国内注

册资本最大的地方航空公司。重庆航空有限公司主要从事国内客货运输业务。重庆航空开航时拥有的空中客车 A320 机队及飞行员全部来自中国南方航空。重庆航空目前已开通直达北京、上海、广州、深圳、桂林、武汉、南京、杭州、厦门、三亚等主干航线的往返航班，同时也拥有九寨、丽江、腾冲、香格里拉、西双版纳等高原中转直达航班。重庆航空现有 4 架 A320 和 3 架 A319。

2011 年 5 月 5 日，南航集团与重庆市人民政府在重庆签订了重庆航空枢纽建设战略合作协议，南航与重庆市政府将以南航旗下的子公司——重庆航空为支柱，全面发力重庆航空枢纽建设。南航将以这次战略合作为契机，进一步加快重庆市场开发步伐。到 2015 年，南航在重庆的运力投放将达到 70 架，市场份额达到 40%，其中重航运力 26 架，市场份额达到 15%，在夏秋季，经重庆中转的高原航班增量每天将达到 60 班，同时还将开辟重庆至欧美日韩东南亚大洋洲等地的国际航线，尽快开通经停重庆的国际货运航线，努力为重庆复合型航空枢纽建设贡献更多力量。

（2）西部航空有限责任公司。

西部航空有限责任公司是经中国民航局批准成立的中国西部地区第二家民营航空公司，是海南航空集团旗下的航空公司，由云南祥鹏航空有限责任公司等五家共同投资组建，2007 年 6 月 14 日开航运营，注册资本 2.4 亿元，基地位于重庆江北国际机场，经营范围包括国内航空客货运输、航空公司间代理、航空器维修、航空器材进出口、航空配餐服务等。至 2011 年 11 月，西部航空有 4 架 A319、1 架 B737 和 5 架 A320。

（3）重庆市的主要航线。

目前，与重庆通航的国内外城市近 80 个，航线 130 余条，覆盖全国各大区域（含香港、澳门），各省会城市均已通航，开辟了通往韩国首尔仁川、日本东京成田、泰国曼谷、德国慕尼黑、杜塞尔多夫、新加坡、孟加拉国达卡等地的国际航线。最近几年，重庆机场与多个西部高原机场签约，开通了到腾冲、百色、芒市等地的航线，并增加到九寨黄龙、拉萨等机场的航线，如表 6.8 所示。

表 6.8　重庆江北国际机场的主要航线（2010 年）

机场名称	国内通航点	国际通航点
重庆江北国际机场	北海、北京、长春、长沙、大理、大连、德宏、东营、恩施、福州、赣州、广州、桂林、贵阳、海口、邯郸、杭州、哈尔滨、合肥、呼和浩特、黄山、济南、九寨、昆明、兰州、拉萨、丽江、林芝、洛阳、南昌、南京、南宁、宁波、青岛、泉州、三亚、上海、汕头、沈阳、深圳、石家庄、太原、腾冲、天津、乌鲁木齐、温州、武汉、无锡、梧州、厦门、西安、西昌、西宁、西双版纳、徐州、宜昌、银川、运城、张家界、湛江、郑州、中甸、珠海、淮安、黔江、香港、台北	曼谷、仁川、新加坡、东京、名古屋、普吉、马累、多哈

第五节　四川省民航运输旅游地理

一、四川省航空运输地理环境

四川省简称"川"或"蜀"，省会成都市，位于我国西南地区，全省总面积 48.5 万多平方千米，在全国各省级行政区中面积排名第 5。至 2010 年底，四川省共有 21 个地级行政区划单位（18 个地级市、3 个自治州，其中成都市为副省级城市）。2010 年，四川省常住人口 8 041.82 万人。与四川省相邻的省（区）有西藏自治区、云南省、青海省、贵州省、陕西省、甘肃省和重庆市。

四川省西有青藏高原相扼，东有三峡险峰重叠，北有巴山秦岭屏障，南有云贵高原拱卫，形成了闻名于世的四川盆地。四川盆地（巴蜀盆地）面积 26 万平方千米，占四川省面积的 46%。气候总的特点是：区域表现差异显著，东部冬暖、春早、夏热、秋雨、多云雾、少日照、生长季长，西部则寒冷、冬长、基本无夏、日照充足、降水集中、干雨季分明；气候垂直变化大，气候类型多，有利于农、林、牧综合发展；气象灾害种类多，发生频率高，范围大，主要是干旱、暴雨、洪涝和低温等也经常发生。四川盆地还经常出现连续多天的大雾天气，对交通影响较大。

在经济方面，四川是中国重要的工业基地之一，是我国内地综合性工业基地，其中冶金、采矿、化工、机械、宇航、电子工业等在全国占有重要地位。经国家统计局审定，2010 年，全省实现地区生产总值 16 898.6 亿元，名列中国第八，累计完成固定资产投资 13 582 亿元，是中国西部省区经济实力最强的省份，还是一个农业大省、工业大省。其省会成都的经济总量名列西部第一。

2013 年末，四川总人口达到 8 815.2 万，2 791.5 万户；农业人口 6 675.2 万，非农业人口 2140 万。近年，四川有超过 1 300 万城乡剩余劳动力常年外出务工，是全国最大的劳务输出省份。作为劳务输出大省，巨大的民工流动，尤其是在春节期间的返乡流对于交通运输业产生巨大的压力，形成了每年一次的春运。

四川省旅游资源丰富，有特色。四川自然风光雄奇秀美，巴蜀文化积淀深厚，民族风情多姿多彩。旅游资源具有数量多、类型全、分布广、品位高等特点。现有九寨沟、黄龙、峨眉山—乐山大佛、青城山—都江堰 4 处世界自然和文化遗产，14 处国家 4A 级旅游区，15 处国家级风景名胜区，15 处国家级自然保护区，25 处国家级森林公园，8 处国家级地质公园，62 处全国重点文物保护单位，7 座中国历史文化名城，9 座中国优秀旅游城市。其单体旅游资源优势明显，整体开发的前景广阔。丰富的旅游资源也极大地拉动了当地航空运输业的发展，如九寨沟黄龙机场，依托九寨沟—黄龙的杰出旅游资源，年旅客吞吐量在 2010 年达到 1 740 728 人次，稳居四川省第 2 名、全国第 46 名的位置。

四川自古有"蜀道难，难于上青天"之说，经过 60 年的建设，四川省目前已初步形成了一个铁路、公路、水路、航空和管道综合发展的现代化立体交通体系，成都市则成了我国西部地区最大的交通枢纽。在航空方面，四川周边多高山，使得四川与外界陆路交通和水陆交通均非常不便。航空运输作为快速便捷的运输方式，为四川与外界交流起到重要作用。成都双流国际机场是连接四川省内与省外的重要纽带，又由于与青藏高原的毗邻、高原机场航线需要的机型特殊、远距离直飞造成的减载等原因，使成都双流国际机场成为西南地区主要的中转高原航线的枢纽机场,已成为我国西部地区最大的航空运输枢纽。

四川面积辽阔,民航在陆路交通短时间内难以改善的地区显得格外重要。凭借四川的区位优势和旅游资源优势,在国家西部大开发和成渝经济区发展战略的推动下,四川的航空运输有着极为广阔的发展空间和美好前景。

二、四川省航空运输发展布局分析

1. 四川机场数量和机场布局

四川省拥有的机场数目在全国处于前列,现有民用机场 10 座,包括枢纽机场成都双流国际机场和达州河市机场、泸州蓝田机场、绵阳南郊机场、九寨黄龙机场、宜宾菜坝机场、南充高坪机场、西昌青山机场、攀枝花保安营机场和广元盘龙机场等支线机场,如表 6.9 所示。

表 6.9 四川省民用机场表(2013 年)

机场名称	跑道数目	机场等级	三字代码	四字代码	旅客吞吐量(国内排名)
成都双流国际机场	2	4F	CTU	ZUUU	25 805 815(6)
九寨黄龙机场	1	4D	JZH	ZUJZ	1 740 728(46)
绵阳南郊机场	1	4D	MIG	ZUMY	577 236(66)
西昌青山机场	1	4D	XIC	ZUXC	445 329(71)
宜宾菜坝机场	1	4C	YBP	ZUYB	289 541(83)
泸州蓝田机场	1	4C	LZO	ZULZ	246 357(91)
达州河市机场	1	4C	DAX	ZUDX	164 435(107)
攀枝花保安营机场	1	4C	PZI	ZUZH	162 796(108)
南充高坪机场	1	4C	NAO	ZUNC	124 570(119)
广元盘龙机场	1	4C	GYS	ZUGU	48 540(144)

根据《四川省民用机场布局及建设规划》,成都航空枢纽将被打造为西部地区最大,继北京、上海、广州之后中国第四大航空枢纽;形成布局合理、规模适度、干支结合、分工明确的全省机场布局体系;至 2012 年,全省民用运营机场总数达到 14 个,新建乐山、稻城亚丁、阿坝红原 3 个机场,扩建南充、西昌、九黄 3 个机场,建成双流机场二跑道和新航站

楼；至2020年，全省民用运营机场总数达到17个，新建成都第二机场等，全省机场直接通航城市121个，其中直达国际（含地区）城市36个，航线185条，航班量每周上万次，全省机场年旅客吞吐量9 051万人次，成都枢纽机场容量达到年旅客吞吐量8 000万人次，为全国第四大航空枢纽，全省机场直接通航城市121个，其中直达国际（含地区）城市36个。

（1）成都双流国际机场。

成都双流国际机场位于四川省成都市双流县北部，距成都市中心约16千米，有高速公路与市区相通。2015年，成都双流国际机场共安全保障航班305 537架次；实现旅客吞吐量4 000万人次，中国大陆排名第4位，世界排名第50位；共有33家中外航空公司在成都双流机场开展定期航班营运，其中基地航空公司5家，已开通163条国内定期航线和82条国际（地区）直达航线，代码共享国际航线12条。成都双流国际机场是中国六大区域枢纽机场之一，我国四大航空港之一，是中西部最繁忙的航空客货集散地，也是高原航线的传统门户。

成都双流国际机场占地面积14 000余亩，现有两条平行跑道，其中西跑道长3600米，宽45米，等级为4E，具备Ⅱ类着陆标准；东跑道长3 600米，宽60米，等级为4F，按Ⅲ类A着陆标准建设，可供A380类飞机起降；机场共有150个停机位，其中F类机位1个，E类机位29个，D类机位23个，C类机位97个。成都双流国际机场拥有两座航站楼，还建有三座航空货运站，总面积10.7万平方米，能满足航空货邮发展需要，其中建筑面积55 000平方米的空港货运站是中国中西部最大，功能较完善的综合货运站。

成都双流国际机场2000年旅客吞吐量552万人次，2004年旅客吞吐量1 169万人次，2009年旅客吞吐量2 264万人次，平均每年增幅10%以上。2010年旅客吞吐量2 580.58万人次，货邮吞吐量43.22万吨，客、货运均居中国机场前6位，中国中西部机场第一位。目前，成都双流国际机场每日进出港航班平均达600余架次。

（2）成都天府国际机场。

成都天府国际机场位于成都简阳市芦葭镇附近，距成都市中心51千米，是"十三五"规划中计划将要建设的我国最大的民用运输枢纽机场项目,定位为中国西部区域航空枢纽、丝绸之路经济带中等级别的航空港之一,将负责成都出港的全部国际航线。

机场一期工程设计目标,到2025年,满足共计4 000万人次、货邮吞吐量70万吨、飞机起降量32万架次需求,新建三条跑道,飞行区等级为4F,总机位资源为202个。远期工程将建设6条跑道,航站楼总面积126万平方米,满足年旅客吞吐量5 000万人次需求。

天府国际机场从立项到批复仅15个月。成都即将迈入双机场时代,成为国内第三个拥有双机场的城市。

2016年5月27日,机场全面开工建设,一期工程计划2019年基本建成,2020年投入使用。

(3) 九寨黄龙机场。

九寨黄龙机场位于四川省阿坝藏族自治州松潘县川主寺镇东北12千米,距九寨沟88千米,距黄龙53千米。机场标高3 448米,属高原机场。九寨黄龙机场位于九寨沟、黄龙、牟尼沟三大景区三角形的中心位置,是中国发展最迅速的旅游机场及支线机场,也是最难飞的机场之一(为打造九黄这条安全黄金线,国航西南分公司规定只有安全飞行1 000小时以上的A级机长才能执飞该航线),目前是四川省旅客吞吐量第二大机场。

2. 四川主要的航空公司和航线

成都双流机场是中国国际航空西南公司、四川航空公司、中国东方航空四川分公司、成都航空公司和西藏航空公司的基地机场。

(1) 中国国际航空公司西南分公司。

中国国际航空公司西南分公司前身是成立于1987年10月15日的中国西南航空公司,是中国民航第一家按照政企分开改革原则组建起来的国家骨干航空公司,是当时中国六大骨干航空公司之一。根据2002年中国民航改革重组战略,以中国国际航空公司为主体,联合中国航空总公司和中国西南航空公司等企业,共同组建中国国际航空集团公司。中国西南航空公司已与中国国际航空公司合并,重组后,新的中国国际航空公司于2002年10月28日在北京成立。与此同时,中国西南航空公司于当年10月30日经改组后,成为中国国际航空公司西南分公司,正式启用"中国

国际航空公司西南分公司"的名称，分公司总部依旧设立在成都。目前公司投入营运的机队规模为36架，其中包括空中客车宽体远程A340-300客机3架、波音系列飞机33架，开辟国内外航线190多条，通航的国内外大中城市达到60多个。

(2) 四川航空股份有限公司。

四川航空股份有限公司成立于1986年9月19日，1988年7月14日正式开航营运。公司以四川航空公司为主，联合中国南方航空股份有限公司、原上海航空股份有限公司、山东航空股份有限公司、成都银杏餐饮有限公司共同发起设立，于2002年8月29日成立，总部和主运营基地为成都双流国际机场，第二运营基地（重庆分公司）为重庆江北国际机场，第三运营基地（云南分公司）为昆明巫家坝国际机场，在九寨黄龙机场和三亚凤凰国际机场设指挥中心。至2011年8月，该公司执飞31架A320、15架A319、13架A321和3架A330。四川航空公司的航线网络在巩固成、渝、昆"金三角"的基础上，实现通航66个大中城市，并开通有香港、台湾地区航线，首尔、马尔代夫、普吉、塞班、雅加达、胡志明市等国际航线，完善了航线网络，提高了公司竞争力。

(3) 成都航空有限公司。

成都航空有限公司，前身为鹰联航空有限公司，目前已由中国商用飞机有限责任公司、四川航空集团公司、成都交通投资集团有限公司重组成立。成都航空总部设在四川成都，主营运基地设在成都双流国际机场，经营范围包括国内航空客货运输业务和航空器材进出口业务。成都航空目前拥有9架A320系列飞机，先后开通运营了50多条国内航线。

(4) 四川省的主要航线。

成都双流国际机场是中国内地前往青藏高原等中国西部高原地区机场的中转枢纽，它是前往拉萨贡嘎机场、九寨黄龙机场、西昌青山机场、攀枝花保安营机场的最大中转机场，航线密度较高，超过六成的旅客从成都中转。与成都双流国际机场通航的高原航点还包括昌都邦达机场、林芝米林机场、阿里昆莎机场、甘孜康定机场、丽江三义机场、迪庆香格里拉机场、腾冲驼峰机场、西宁曹家堡机场、日喀则和平机场等。重要的国内通航点有：北京、上海、广州、杭州、南京、昆明、大连、武汉、西安、厦门、深圳、海口、拉萨等。国际航线主要直飞韩国、日本，还拥有新加坡、泰国等东南亚航线，有少量欧洲航线，并开通了到吉隆坡、莫斯科、伊尔库克茨、尼泊尔、加德满都、哈萨克斯坦、阿拉木图的直航包机。

成都双流机场主要航线如表6.10所示。

表6.10 成都双流国际机场的主要航线（2010年）

机场名称	国内通航点	国际通航点
成都双流国际机场	昌都、包头、北海、北京、长春、长沙、长治、大连、大庆、福州、广州、桂林、贵阳、海口、杭州、哈尔滨、合肥、呼和浩特、黄山、黄岩、济南、济宁、九寨、康定、昆明、兰州、拉萨、丽江、临沂、林芝、柳州、洛阳、南昌、南京、南宁、南通、宁波、攀枝花、青岛、泉州、三亚、上海、汕头、沈阳、深圳、石家庄、太原、腾冲、天津、乌鲁木齐、温州、武汉、无锡、厦门、西安、西昌、西宁、西双版纳、徐州、烟台、宜昌、银川、义乌、运城、张家界、湛江、郑州、珠海、阿里、日喀则、香港、澳门、台北	阿姆斯特丹、曼谷、班加罗尔、卡拉奇、加德满都、吉隆坡、名古屋、大阪、首尔、仁川、新加坡、东京、苏梅岛、普吉

第六节 云南省航空运输地理

一、云南省航空运输地理环境

云南省位于中国西南边陲，省会昆明，总面积约39万平方千米，在全国各省级行政区中面积排名第八。至2010年底，云南省共有16个地级行政区划单位（8个地级市、8个自治州），129个县级行政区划单位（12个市辖区、10个县级市、78个县、29个自治县）。面积约39.4万平方千米，2010年第六次全国人口普查云南省常住人口4 596.62万人。与云南省相邻的省（区）有四川、贵州、广西、西藏，云南省的3个邻国是缅甸、老挝和越南，云南省是我国面向东南亚、南亚等地区的门户。

云南地形极为复杂，大体上，西北部是高山深谷的横断山区，东部和南部是云贵高原。整个云南西北高、东南低，有84%以上的面积是山地，高原、丘陵占10%，仅有不到6%是坝子、湖泊之类。个别县（市）的山地比重超过了98%。云南省的地形地貌决定了开展地面交通方式面临的巨大困难，使得航空运输具有巨大的发展潜力。

云南省的经济整体实力在全国并不处于前列，但它也有诸多特色，其中之一就是旅游业。云南省具有极其丰富的旅游资源，有丽江古城、三江并流和石林等世界文化和自然遗产，有蜚声中外的国家级风景名胜区12个：石林、滇池、九乡、大理、玉龙雪山、三江并流、丘北普者黑、腾冲地热火山、瑞丽江—大盈江、建水、西双版纳、泸西阿庐古洞等。早在2005年，云南省就确立了由旅游大省向旅游经济强省跨越的目标。云南省重点发展的旅游区域包括滇中的"大昆明国际旅游区"、滇西北的"香格里拉生态旅游区"、滇西南的"澜沧江—湄公河国际旅游区"、滇西的"火山热海边境旅游区"、滇东南的"喀斯特山水文化旅游区"和滇东北的"红土高原旅游区"。这些旅游景点分布于云南省各地区，但是云南94%的土地都是山区，有些地区采用地面交通的运输方式比较困难和耗时，通过建设机场，发展航空运输，不仅可以带动这些地区的经济尽快地摆脱贫困状况，也可使游客最方便、快捷地进入那些难以进入的高原地区。旅游业作为云南省经济发展的主要支柱性产业，为云南省的航空运输业发展提供了充足的客源。航空运输在保证省内人文环境和自然环境不被破坏的同时，也为云南省旅游业的发展起着强力助推器的作用。从全国航空运输发展格局来看，云南的机场建设及发展、航空运输旅客总量等方面已走在全国的前列。

云南省作为中国的西南门户，承担着与南亚、东南亚和中东部分国家沟通往来的重要使命，而航空运输业以其不可替代的特性成为维系沟通往来的纽带，这也为云南省的航空运输发展提供了很好的发展契机。随着"中国—东盟自由贸易区"的建设、澜沧江—湄公河次区域全面合作的启动和中国与东盟各国经济合作的加强，作为东亚、东南亚、南亚世界三大经济圈交通网络中心地带的昆明国际机场，发展前景十分广阔。

二、云南省航空运输发展布局分析

1. 云南机场数量和机场布局

云南省现有民用机场 12 个,包括 1 个区域性枢纽机场,即昆明巫家坝国际机场,丽江三义机场、西双版纳嘎洒机场、腾冲驼峰机场、德宏芒市机场、迪庆香格里拉机场、大理机场、普洱思茅机场、保山云端机场、临沧机场、文山普者黑机场、昭通机场 11 个干(支)线机场,见表 6.11。其中昆明巫家坝机场是省内最大的航空枢纽,昆明新机场(长水机场)于 2011 年年底投入运行。"十二五"期间,云南实现航空大省向航空强省的转变,2015 年,全省机场总数达到 19 个,形成 1 个大型枢纽、6 个中型机场、12 个小型支线机场的布局结构,实现干、支线机场的全面发展。

表 6.11 云南省民用机场表(2010 年)

机场名称	跑道数目	机场等级	三字代码	四字代码	旅客吞吐量(国内排名)
昆明巫家坝国际机场	1	4E	KMG	ZPPP	20 192 243(7)
丽江三义机场	1	4C	UG	ZPIJ	2 217 824(41)
西双版纳嘎洒机场	1	3C	JHG	ZPJH	1 887 362(44)
腾冲驼峰机场	1	3C	TCZ	ZUTC	465 778(69)
德宏芒市机场	1	3C	LUM	ZPMS	443 843(72)
迪庆香格里拉机场	1	4D	DIG	ZPDQ	263 323(89)
大理机场	1	4C	DLU	ZPDI	227 072(94)
普洱思茅机场	1	4C	SYM	ZPSM	219 689(96)
保山云端机场	1	4C	BSD	ZPBS	154 372(111)
临沧机场	1	4C	LNC	ZPLC	126 636(117)
文山普者黑机场	1	4C	WNH	ZPWS	56 771(140)
昭通机场	1	4C	ZAT	ZPZT	37 372(152)

昆明巫家坝国际机场是中国西南地区国家级门户枢纽机场,也是全国起降最繁忙的国际空港之一。2010 年,该机场完成年旅客吞吐量 2 019 万人次、航班起降 18.11 万架次、货邮吞吐量 27.37 万吨,同比分别增长了 6.6%、5.1%、5.8%,成为全国第七家年旅客吞吐量突破 2 000 万人次的机场,跻身世界大型枢纽机场的行列。昆明市目前使用的昆明巫家坝国

际机场建于1922年，是中国第二个民用机场，经三次改扩建，航站楼设计容量800万人次，但仅2008年巫家坝机场的客运吞吐量就达到了1528万人次，2010年达到2019万人次，远远超出了航站楼设计容量，机场运营压力巨大。而且巫家坝机场与昆明市中心直线距离仅6.6千米，是全国省会城市机场中距离市中心最近的机场，周围已被城市包围，不具备原地扩建的条件。因此，昆明市政府决定迁建一座全新的机场。昆明新机场长水国际机场已于2007年年初动工兴建，2011年底转场运营。

昆明长水国际机场的投入运行，有效带动云南航空货运升级发展，构建以航空物流为核心支点，多式联运为支撑的大商贸物流，成为继北京、上海、广州后的中国第四个枢纽空港。"十二五"期间，云南的航线网络将延伸到欧亚、非洲、澳洲和北美洲的更多国家。昆明向外辐射4000千米半径内有世界上50%的人口，巨大的航空市场和区位优势将助推云南航空快速登上新台阶。

2. 云南主要的航空公司和航线

至2011年，云南省内各机场共开通航线258条，通航城市111个。昆明机场开通连接75个国内城市的162条国内航线，连接34个国际城市的41条国际航线和4条地区航线。国际航线主要通航东南亚、南亚、中东及日韩。

云南省已初步形成了以昆明为中心，连接省内与周边省际支线网络、辐射国内大中城市的干线网络，面向东南亚、南亚国家和地区的国际及地区航线网络的三个轮辐式为主及城市对式结构互补的航线网络，并形成以昆明区域性枢纽机场为主的机场群。与之相对应，云南省主要的航线包括昆明和省内各干支线机场的航线，昆明、丽江、西双版纳、大理等省内重要城市和国内各大中城市的航线，昆明、西双版纳等省内重要城市及边境城市和南亚、东南亚、中东等地区的航线。

云南省各机场的主要基地航空公司为东航云南公司、昆明航空公司、祥鹏航空公司等。

（1）东航云南公司。

2009年5月31日，中国东方航空公司与云南省政府在昆明正式签署战略合作协议。经过两年多时间的筹备，东航与云南组建的东方航空云南有限公司顺利完成运行资格审查，获得经营许可，正式运营。东航云南有限公司作为东航在中国西南的重要战略基地,目前共执管 A330-300 型、8737-700 型、8737-300 型和 CRJ-200 型等公务类飞机 40 余架,构建了以波音系列为主、空客为辅的现代化运输机队。目前公司省内、国内、国际(地区)通航点超过 70 个。

(2) 昆明航空有限公司。

昆明航空有限公司注册资本 8 000 万元人民币,由深圳航空公司出资 6 400 万,以 80% 的股权控股。昆明航空于 2007 年 2 月 25 日获得中国民航局批准筹建,2009 年 1 月获得《公共航空运输企业经营许可证》,主要经营航空客货运输业务,主基地设在昆明。昆明航空公司以昆明巫家坝国际机场作为自己的基地机场,主要经营范围是国内支线航空客货运输业务。目前,昆明航空共有 8 架 B737-700 飞机,其中 6 架为干租飞机,2 架为湿租飞机。

(3) 祥鹏航空公司。

云南祥鹏航空有限责任公司成立于 2004 年 6 月,是经中国民用航空总局批准成立,经营云南省内航空客货运输业务及其他国内航空运输业务的公共航空运输企业,系海南航空集团的控股公司,由海南航空集团有限公司(67.95%)、山西航空公司(31.38%)、云南石林航空旅游公司(0.67%)三家共同投资组建。2006 年 2 月 26 日,祥鹏航空开航运营。至 2011 年 1 月,公司拥有 B737-700 型飞机 10 架,租用(湿租)首都航空的 A319 型飞机 4 架。

昆明巫家坝国际机场主要航线如表 6.12 所示。

表 6.12 昆明巫家坝国际机场的主要航线（2010 年）

机场名称	国内通航点	国际通航点
昆明巫家坝国际机场	保山、包头、北海、北京、长春、常德、长沙、成都、重庆、大理、大连、德宏、福州、广州、桂林、贵阳、海口、杭州、哈尔滨、合肥、呼和浩特、黄岩、济南、康定、兰州、拉萨、丽江、临沧、林芝、柳州、泸州、南昌、南京、南宁、宁波、青岛、泉州、三亚、上海、汕头、沈阳、深圳、石家庄、思茅、太原、腾冲、天津、乌鲁木齐、万州、文山、温州、武汉、无锡、厦门、西安、西宁、西双版纳、徐州、烟台、宜宾、宜昌、银川、义乌、运城、昭通、郑州、中甸、香港、台北	曼谷、加尔各答、达卡、迪拜、河内、加德满都、吉隆坡、曼德勒、大阪、金边、仰光、仁川、新加坡、万象

第七节　香港地区航空运输地理

一、香港特别行政区航空运输地理环境

香港是世界级的大都市，有条件优越的天然深水港，1842 年至 1997 年是英国的殖民地，1997 年 7 月 1 日回归中国。香港面积约 1 104 平方千米，人口超过 700 万（2010 年）。从地理位置看，香港处于东亚地区的中心位置，并以快速发展的中国内地作为腹地，是一个国际商业、贸易及金融枢纽。香港基于深厚的自由市场经济政策，已发展为一个现代化、充满活力和极具大都会魅力的服务型经济，为其作为全球商业平台的角色创造理想环境。

香港位于北纬 22°09′~22°37′，东经 113°52′~114°30′。其纬度位置是香港形成南亚热带气候的基础；其经度位置是香港成为与伦敦、纽约鼎足而立的世界三大金融中心的重要因素之一：由于伦敦、纽约、香港分布于欧、美、亚三洲，处于三个不同的时区，时间上（相差约 8 个小时）正好（使世界金融市场）互相衔接，连成一个整体。香港处于太平洋西岸中站，

是远东与欧洲、非洲、地中海等地航线的必经之路，也是对北美、大洋洲等地航运的要冲。香港位于东亚中国东南沿海、太平洋西岸中央，是世界上最大的欧亚大陆与世界上最大的海洋交汇处，因而使香港位于温暖多雨的东亚季风气候区，与亚洲大陆西南部同纬度的阿拉伯沙漠干旱气候迥然不同。这就为香港的发展提供了优越的自然地理环境。更重要的是，香港的自然地理位置使它背靠中国内地、面向大洋，为通往世界各地提供了条件，历来是南部中国和整个中国沿海的进出口岸，是我国通往世界的大门。香港的经纬度和自然地理位置是对香港发展长期起作用的因素，也是其航空运输产业发达的重要前提。

香港由香港岛、九龙半岛、新界内陆地区及263个大小岛屿（离岛）组成。香港岛约7 840平方千米；九龙半岛约47平方千米；新界及262个离岛约976平方千米，总面积约1 104平方千米，约为全中国面积的万分之一，土地和水域的管辖总面积2 755.03平方千米，水域率59.9%。因此，香港只有国际和地区航班，无境内的航班。

香港位处北半球亚热带，背靠亚欧大陆、面向太平洋，形成海洋性亚热带季风气候，四季分明。夏天炎热且潮湿，冬天凉爽而干燥，但很少会降至5℃以下。5—9月间多雨，有时雨势颇大。夏秋之间，时有台风吹袭，7—9月是香港台风较多的季节。香港影响航空运输的天气主要有台风、雷暴、大雨等。

香港在回归后保持自己原有的社会制度和经济运作模式，有独立的司法制度。香港发行和流通自己的钱币——港元，独立发行邮票（邮票的标记是"中国香港"），在国际体育比赛中，以"中国香港"的名义参与国际体坛的盛事。香港以"中国香港"的身份参加世界贸易组织和很多其他国际组织。香港运行自己成熟的财政和金融体系，也有自己的出入境政策。至2007年年底，全世界170个国家和地区的公民或居民可以免签证进入香港。香港基本法为在"一国两制"下，保持50年不变及其他发展提供了最坚实的保证，这是全世界独有的安排。回归以来，香港在无数的考验下仍具有强大的生命力就是最好的证明。香港的政治地位和发展历程决定了其发展航空运输具有独特的政治优势。

第二次世界大战以后，香港经济和社会迅速发展，不仅成为"亚洲四小龙"之一，也是全球最富裕、经济最发达和生活水准最高的地区之一。

香港 2010 年人均 GDP 为 31 758 美元，位居世界和亚洲的前列。回顾香港经济发展史，曾经经历了三次产业调整转型，即 20 世纪 50 年代由小渔港向转口经济过渡，60 年代由转口经济向制造业经济过渡，以及 80 年代由劳动密集型制造业向金融服务业转型。这三次转型也相应地促进了香港航空运输产业向更高的层次发展。

香港在殖民地的背景下，加上内地与香港之间越来越紧密的联系，形成了香港的中西交融文化，其经济发展不仅受西方经济影响，更受到内地因素的影响。香港一直是联系内地与世界最重要的窗口。在 20 世纪 70 年代末、80 年代初期，为内地制造业引进资金、技术、管理的经验和海外市场的网络。到 90 年代开始，通过香港的金融市场，为内地筹集资金。现在，新的焦点是逐步加强内地服务业的参与，可以说香港一直是顺应内地的发展需要，调整自己的功能，为内地改革开放做出贡献，为自身经济社会谋发展。因此，香港的经济增长模式也异于其他国家，在内地经济保持 30 年高速增长的有力支撑下，再加上香港人不屈不挠、努力拼搏、勇于创新及开拓新市场的精神，香港已成为世界经济发展史上的一个奇特例子。

香港的经济产业结构对于发展航空运输极为有利，二者相互促进，取得了骄人的成绩。

香港是一个自由港，除 TNT、烈酒和动力用的燃油（汽油、柴油等）之外，香港不对其他进口物品征收关税。香港是亚太地区乃至国际的金融中心、国际航运中心、地区贸易中心，拥有邻近很多国家和地区，处于不可替代的优越地位。以吞吐量计算，香港的货柜（集装箱）港口是全球最繁忙的货柜港口之一；以乘客量和国际货物处理量计算，香港国际机场是世界最繁忙的机场之一（货运为全球第一）；以对外银行交易量计算，香港是世界第 15 大银行中心；以成交额计算，香港是世界第六大外汇交易市场；以市值计算，香港股票市场是亚洲第三大市场。

香港经济以服务业为主，与中国内地及亚太其他地区关系密切。香港是国际公司在亚洲设立地区办事处最多的城市，是受旅客欢迎的旅游地点之一，也是举办国际会议及展览的热门地方。香港旅游客源市场遍布以美、加、日及东南亚、西欧、大洋洲等为主的 200 多个国家和地区。除了中国内地和澳门地区是香港居民的旅游热点外,香港居民的足迹还遍布澳大利亚、新西兰、东亚、东南亚、北美及欧洲国家。香港旅游业已迈入了一个崭新的发展阶段。服务业占香港 GDP 的比重已经超过 90%。

内地是香港最大的贸易伙伴,也是香港饮用水和蔬菜、肉禽蛋的主要来源地。2009 年,内地香港贸易占香港整体贸易总值的 46.5%。内地同时是香港转口货物的最主要来源地兼最大市场,香港有约 90% 的转口货物是来自内地或以内地为目的地。香港还是内地的金融和其他商业支援服务的中心,特别是南中国地区,为内地提供多元化的金融和其他商业支援服务,如银行和融资、保险、运输、会计,以及销售推广等。与内地的经济联系是香港近年来走出经济危机的关键因素,也是香港航空客运、货运发展的重要基础。

总之,香港的地理位置、自然环境、人口因素、经济条件、政治条件等均十分优越。在这些条件的综合影响下,香港已成为亚洲乃至世界航空运输的重要枢纽。

二、香港特别行政区航空运输发展布局分析

1. 香港机场数量和机场布局

香港机场概况如表 6.13 所示。

表 6.13 香港民用机场表(2010 年)

机场名称	跑道数目	机场等级	三字代码	四字代码	旅客吞吐量
香港国际机场	2	4F	HKG	VHHH	5 094.5 万

香港国际机场于 1998 年 7 月 6 日正式启用,第二条跑道于 1999 年 5 月启用,是目前香港唯一运作的民航机场。由于机场位于新界的大屿山以北赤鱲角的人工岛,因此也称为赤鱲角国际机场。从香港国际机场出发,可于 5 小时内飞抵全球半数人口居住地。

2009 年,香港国际机场以乘客量计是亚洲第二繁忙机场,全球排名 13,达 4 556 万人次。2010 年,香港国际机场乘客量较 2009 年上升 10.3%,全球第 11 位,达到 5 094.5 万人次;货运量是全球第一,达 410

万吨。以国际交通计，香港国际机场自1998年以后即成为全球第三繁忙客运机场（目前全球排名第四，亚洲第一）。在2010年，机场连接全球约160个航点，包括约40个内地城市。超过100家航空公司在机场营运，每天提供约900班航班。

2010年度全球最佳机场前五名为韩国仁川机场、新加坡樟宜机场、中国香港国际机场、中国北京首都国际机场、中国上海浦东国际机场；年客运量4000万人次以上的机场排名为香港国际机场、北京首都国际机场、迪拜机场、达拉斯华兹堡机场、曼谷机场。香港国际机场被Skytrax评为五星级机场，并在2001—2011年一直保持跻身三甲之列，更八度被评为全球最佳机场。

2011年1月，管理局宣布机场中场范围第一期发展计划，内容包括兴建有20个停机位的中场客运廊、一条跨场滑行道，以及伸延现有的旅客捷运系统，连接中场客运廊。工程于2011年第三季展开，预计2015年完成。

2011年6月2日，管理局发表《香港国际机场发展蓝图2030》，同时，香港政府进行为期3个月的公众咨询。上述计划工程需要填海约650公顷，相当于半座机场面积，计划内容包括起建第三跑道、新的停机坪、控制塔及Y形客运廊、延展机场无人驾驶列车系统，同时改建二号客运大楼成为无人驾驶列车车站等。另外，当局亦考虑于填海范围兴建新的客运大楼，并且设过关口岸。如计划获得公众接纳，工程将于2023年落成。

2. 香港主要的航空公司和航线

香港国际机场的主要基地航空公司为国泰航空。

国泰航空有限公司是以香港国际机场为枢纽的亚洲航空公司，也是香港乃至全亚洲最大型的航空公司之一，为寰宇一家的重要成员。国泰航空于2003年、2005年、2009年皆获得Skytrax评估的全球最佳航空公司第一名，连续5年被评为五星级航空公司。国泰航空的主要业务是经营定期航空业务、航空饮食、航机处理及飞机工程，旗下的子公司包括港龙航空及华民航空。

国泰航空不断增添新飞机，包括已落实订购的30架波音777－300ER型客机，该机种将成为国泰航空的主力长途机队。国泰航空公司是香港第一家提供民航服务的航空公司。至 2011 年 11 月，国泰航空拥有包括 A330、A340、A350 和 B777、B747 等在内的机队 130 架。

国泰航空除与其子公司港龙航空实施代码共享外，亦与寰宇一家成员中的美国航空、英国航空、日本航空、西班牙国家航空及芬兰航空实施代码共享。同时，国泰航空也与马来西亚航空、中国国际航空、越南航空、俄罗斯航空往来香港的航班上实施代码共享，并与法国 TGV 火车合作，让国泰的乘客能转乘火车前往法国各地。

港龙航空有限公司是香港第二大航空公司，以香港国际机场作为枢纽。港龙航空每星期提供约 400 班航班，客运航点包括亚洲各地，以中国内地为主要市场；货运路线则涵盖欧洲、中东及北美地区。至 2011 年 4 月，港龙航空拥有机队 31 架。

港龙航空是国泰航空公司的全资附属公司，于 2007 年加入寰宇一家。与国泰进行合并后，港龙航空重组航线，取消往来曼谷的航班，并重新营运往普吉及开办前往釜山的航线。目前，港龙与中国国际航空、中国南方航空、马来西亚航空及文莱皇家航空实施代码共享。2006 年 12 月 1 日起，与国泰航空就往来北京、上海、厦门、东京、普吉、釜山及亚庇的航班实施代码共享。2007 年 12 月 2 日重新营运往尼泊尔首都加德满都定期航班。

香港的航线网络主要包括两部分，一是香港和内地各大城市的地区航线，二是香港和各大洲城市的国际航线，如表 6.14 所示。

表 6.14 香港国际机场的主要航线（2010 年）

机场名称	内地及台湾地区通航点	国际通航点
香港国际机场	北京、长春、长沙、成都、重庆、大连、福州、广州、桂林、贵阳、海口、杭州、哈尔滨、合肥、呼和浩特、济南、昆明、梅州、南昌、南京、南宁、宁波、青岛、三亚、上海浦东、汕头、沈阳、石家庄、太原、天津、温州、武汉、武夷山、厦门、西安、湛江、郑州 高雄、台中、台北	札幌、釜山、福冈、鹿儿岛、名古屋、冲绳、大阪、仁川、东京、斯里巴加湾市、曼谷、宿雾、清迈、克拉克达沃、登巴萨、河内、胡志明市、雅加达、苏梅、亚庇、吉隆坡、古晋、马尼拉、槟城、金边、布吉、新加坡、梳邦、苏碧湾、泗水、阿布扎比、安曼、巴林、班加罗尔、金奈、科伦坡、德里、达卡、多哈、迪拜、伊斯兰堡、吉达、卡拉奇、加德满都、拉合尔、孟买、利雅得、沙迦、特拉维夫、阿姆斯特丹、巴塞罗那、布鲁塞尔、布达佩斯、科隆、法兰克福、赫尔辛基、伊斯坦堡、克拉斯诺亚尔斯克、莱比锡、伦敦、卢森堡、曼彻斯特、米兰、莫斯科、慕尼黑、巴黎、罗马、斯德哥尔摩、苏黎世、亚德莱德、奥克兰、布里斯班、肯因斯、墨尔本、珀斯、莫尔兹比港、悉尼、亚的斯亚贝巴、约翰内斯堡、毛里求斯、内罗毕、安克雷奇、亚特兰大、芝加哥、哥伦布、达拉斯、底特律、檀香山、洛杉矶、路易斯维尔、孟菲斯、纽约、奥克兰、安大略、费城、旧金山、多伦多、温哥华、威尔明顿

第八节 澳门地区航空运输地理

一、澳门特别行政区航空运输地理环境

澳门特别行政区地处珠江口西岸，北回归线以南，由澳门半岛、氹仔和路环两个离岛组成，总面积共 29.96 平方千米（澳门的总面积因填海一直在变化）。澳门隔海东望即香港，北接广东珠海。澳门半岛形如一靴，分布着澳门的市区，是全澳的政治、经济、文化中心。澳门半岛又分为 5 个区，各以该区内的主要教堂命名。至 2010 年年底，澳门人口为 55.23

万人，人口密度高居世界前列。

澳门属亚热带气候，同时亦带有温带气候的特性，年平均气温约20℃；春、夏季潮湿多雨，秋、冬季的相对湿度较低且雨量较少；台风季节为5—10月，以7—9月最为频密。影响航空运输的天气条件主要为台风、雷暴、大雨等。

澳门是微型海岛经济的产物，经济规模无可避免地受市场、资源和结构等方面的局限，但仍然是亚太地区极具经济活力的一员。特别是回归后，澳门在帮会活动被肃清和博彩业结束独家经营，以及中央政府放宽内地居民赴澳旅游政策的背景下，社会经济进入快速发展的阶段。近年来，澳门人均GDP稳居亚洲前三名。虽然澳门的经济规模不大，但具有开放和灵活的特点，在区域性经济中占有独特的地位。

传统上，澳门的经济以出口为主，在加工业进行转型以适应新时代的同时，服务出口在澳门整体经济中所占的比重变得越来越大，其代表产业为旅游博彩业。旅游博彩业是澳门主要的经济动力之一，作为澳门最大直接税来源的博彩业，及其他如酒店、饮食、零售等行业，对推动澳门经济的发展相当重要。

1993年以来，澳门的游客中有90%是为了博彩，但随着社会的发展，前往澳门博彩的游客比例在逐年减少，2005年来澳门博彩的游客人数占旅游总人数的比例为14.3%。以1997—2010年澳门机场吞吐量与澳门GDP、入境旅游人数进行相关性分析，结果如表6.15所示，可见相关性显著。

表6.15 澳门机场旅客吞吐量和GDP、入境旅游人数相关性分析

	Pearson相关性	显著性（双侧）	显著性水平
GDP	0.725	0.042	0.05
入境旅游人数	0.849	0.008	0.01

二、澳门特别行政区航空运输发展布局分析

1. 澳门机场数量和机场布局

澳门国际机场是本区内唯一的机场，如表6.16所示。

表6.16　澳门区民用机场表（2010年）

机场名称	跑道数目	机场等级	三字代码	四字代码	旅客吞吐量
澳门国际机场	1	4E	MFM	VMMC	4 078 836

澳门国际机场是中国大陆与台湾地区之间的空中客运交通中转站之一，也是世界上少数有到朝鲜的直航航班的机场之一。机场于1989年正式开工，1995年建成启用，是继日本大阪关西机场之后，全球第二个、中国第一个完全由填海造陆而建成的机场。澳门机场由候机楼坪、人工岛跑道和联络桥三大主体工程组成，有24个停机位，客运大楼面积45 000平方米，设计容量为每年600万人次。自1995年正式投入运行以来，澳门国际机场迅速成为全球经济发展最快的珠江三角洲与世界各地之间的重要桥梁。它的建成提升了澳门在国际上的知名度，并极大地促进了澳门经济的发展和长期繁荣稳定。

澳门毗邻生产厂房密集的中国珠海经济特区，邻近海陆交通便利，如此得天独厚的地理位置，使澳门国际机场成为亚太地区理想的货运及速递中心。

澳门国际机场全天24小时运作，配以Ⅱ类仪表着陆系统及全长3 360米的跑道，可起降B747。目前，澳门国际机场运载量还未达饱和状态，尚有广阔的拓展空间。随着邻近机场运载日趋密集，澳门作为通向庞大中国市场的理想大门，其全天候运作的机场无疑向旅游业界及航空公司提供了一个既方便又富弹性的选择。因此，澳门特区政府决定规划投资60亿澳门元（约合人民币51.2873亿元）对澳门国际机场设施进行扩建，以应对未来的空中交通增长。扩建后机场跑道将延长至3 800米，停机位将达到28个，可供世界最大型客机A380起降及停放，并令机场客运容量提升至每年2 800万人次。

2. 澳门主要的航空公司和航线

澳门国际机场的基地航空公司主要有澳门航空、非凡航空等。澳门航空成立于1994年9月13日，1995年11月9日投入商务飞行。澳门航空是以澳门为基地的地区性国际航空公司，拥有7架A321、2架A320、5架A319和2架A30084F货机。自1995年首航之日起，澳门航空为沟通海峡两岸提供了一机到底的空中服务。

2010年，澳门国际机场在航油价格波动、泰国政局不稳、两岸增加直航航点、航班和非凡航空公司停运的影响下，客运量仍然达到4 078 836人次，虽然与2009年相比下降4%，但以澳门为目的地的旅客数量与2009年相比增长了3%，占机场旅客总运输量的93%，中国内地旅客量也较上年同期增长12.9%。旅客总量减少的主要原因是转机旅客人数持续下降：由于两岸直航航线、航点不断增加，直航航班总量迅速上涨，澳门机场转机旅客人数与2009年相比较，大幅下降了50%。货运量为52 165吨，与上年运输量基本持平，而飞机升降为37 148架次，比上年同期下降8.7%。目前，澳门机场的点对点旅客占机场总旅客量的93%，中国内地旅客量也较上年同期增长12%，澳门国际机场已经完成由中转机场到目的地机场的战略转型。澳门机场主要航线如表6.17所示。

表6.17 澳门机场的主要航线分布（2010年）

机场名称	内地及台湾地区通航点	国际通航点
澳门国际机场	北京、成都、重庆、合肥、杭州、南京、南宁、宁波、上海、太原、武汉、厦门、台北、高雄	曼谷、仁川、新加坡、东京、大阪

第九节 台湾地区航空运输地理

一、台湾地区航空运输地理环境

台湾位于中国大陆东南沿海的大陆架上，省会台北市，管辖区域包括台湾岛、澎湖列岛、东沙群岛、绿岛、钓鱼岛、兰屿、彭佳屿、赤尾屿，以及金门群岛、马祖列岛的部分岛屿，台湾岛是中国的第一大岛，总面积约3.6万平方千米。2011年，本省常住人口2 319.3638万人。台湾海峡呈东北—西南走向，北通东海，南接南海，长约200海里，宽70~221海里，平均宽度约108海里，是海上交通要道。它东临太平洋，东北邻琉球群岛，相隔约600千米；南界巴士海峡，与菲律宾相隔约300千米；西隔台湾海峡与福建相望，最窄处为130千米。由于台湾扼西太平洋航道的中心，是太平洋地区各国海上联系的重要交通枢纽。不光中国东海和南海之间往返的船只从这里通过，从欧洲、非洲、南亚和大洋洲到中国东部沿海的船只也从这里通过。从大西洋、地中海、波斯湾和印度洋到日本海的船只一般也经过这里。台湾省四面环海，且地理位置优势明显，具备发展航空运输的先天优越条件。

台湾岛多山，高山和丘陵面积占全部面积的2/3以上。台湾山系与台湾岛的东北—西南走向平行，竖卧于台湾岛中部偏东位置，形成本岛东部多山脉、中部多丘陵、西部多平原的地形特征。台湾岛有五大山脉、四大平原、三大盆地。中央山脉纵贯南北，玉山海拔3952米，是我国东部最高峰。台湾岛位于环太平洋地震带和火山带上，地壳不稳，是一个多震的地区。气候冬季温暖，夏季炎热，雨量充沛，夏秋多台风和暴雨。由于北回归线穿过台湾岛中部，台湾北部为亚热带气候，南部属热带气候，年平均气温（高山除外）为22℃，年降水量多在2 000毫米以上。台湾省的地形地貌特征使航空运输成为连接岛内各大城市最便捷的运输方式。影响其航空运输的天气主要有台风、雷暴等。

台湾经济发展战略历经多次调整。1950—1965年，美国向台湾提供的经济援助达15亿美元，这对早期财政困难与出口外汇短缺的台湾意义非常重大。美国还对台湾提供了30亿美元的巨额军事援助，使台湾当局有可能将更多的资源投入经济建设，也间接地促进了台湾经济的恢复与发展。1965—1971年台湾三个加工出口区的相继设立，极大地推动了台湾加工出口工业与外贸的迅速发展，成为台湾外向型经济发展的标志与缩影。台湾由此建立了以加工出口为依托、以轻纺工业为核心的外向型经济体系，并实现了台湾经济的起飞。

20世纪70年代初，中东战争与世界石油危机的发生，对能源缺乏的台湾经济产生了前所未有的冲击。台湾开始调整经济政策，提出了"十大建设计划"，建立了发达的交通与港口运输系统及现代化的钢铁与石油化学工业，奠定了台湾经济发展的重要基础，形成了重工业与轻工业配套的比较完整的工业体系，台湾经济步上了一个新的台阶。

1979年，第二次世界能源危机爆发，再次对台湾经济产生冲击，特别是石化工业受影响更大。台湾当局不得不再次调整经济发展战略，提出发展所谓的"策略性工业"，即发展技术程度高、附加价值高、能源密集度低、污染程度低、产业关联效果大、市场潜力大的"两高、两低、两大"产业。为了发展高科技工业，台湾于1980年正式设立新竹科学园区。经过30多年的发展，新竹科学园区取得了巨大成功，也是世界上最成功的科学园区之一。如果加工出口区是以轻纺电子工业为主，是台湾外向型经济发展的标志与橱窗，那么新竹科学园区就是以信息半导体产业为主，是台湾高科技产业发展的摇篮。台湾电子信息产业在2001年曾有过14项产品（如监视器、主板、鼠标等）市场占有率高居世界第一的辉煌成就。

在现阶段，随着经济的自由化与国际化，传统产业的外移，为台湾高科技产业的发展提供了空间，产业升级速度加快，第三产业发展迅速，台湾经济也得以迅速转型。2000年后，第三产业产值已占了GDP的65％以上，成为台湾经济的主体。在制造业内部，以信息半导体产业为主的高科技产业则成为台湾支柱性产业，技术密集性产品也成为新的出口主力。

结合航空运输产业的特点，可以看出台湾经济发展的历程、经济产业、经济结构等均非常适合航空客运或航空货运的发展。

台湾交通发达，建有密集的公路网和铁路网，北起基隆，南至高雄有电气化铁路、高速铁路和公路，海上和空中航线可达世界五大洲。台湾的航空业发展较早，得益于外界相对隔离的地理条件和经济的快速发展。由于台湾在亚太及东南亚地区地位重要，从20世纪60年代起，外籍航空公司也先后来台，开辟国际航线。1987年后，随着经济发展，太平洋区域成长速度超越欧美，已逐渐成为世界经济发展的主要动力，台湾正居此地区枢纽地位，台湾开始实行"天空开放"政策——开放航空公司与航线申请，这些极大地促进了台湾的航空业发展。2007年，纵贯台湾南北的高速铁路开始营运，台湾的岛内航空市场受到极大影响，先后有多条航线停运。与岛内航线的衰退相对比的是，2008年年底，台海两岸开通直航航班，两岸直航迅速发展。目前两岸每周超过500班的直飞航班，已有730万人直接往返于台海两岸之间。往返大陆的定期航班已经成为台湾地区航空公司新交通流量与营收的重要来源。两岸市场的增长，对于台湾地区航空业的拓展起到相当关键的作用，台湾地区已经成为进出中国内地的航空新枢纽，因而取得有利位置，在未来将从地区的航空旅游增长中获益。

二、台湾地区航空运输发展布局分析

1. 台湾机场数量和机场布局

台湾现有民用机场17个，包括1个枢纽机场，即台北桃园国际机场；1个大型国际机场，即高雄小港国际机场；15个干（支）线机场，即台北松山国际机场、台中清泉岗国际机场、花莲机场、台南机场、嘉义机场、恒春机场、台东丰年机场、马公机场、七美机场、望安机场、马祖北竿机场、马祖南竿机场、金门尚义机场、绿岛机场、兰屿机场。其中台北桃园国际机场是省内最繁忙的机场和最大的航空枢纽。

表6.18 台湾地区民用机场表（2010年）

机场名称	跑道数目	三字代码	四字代码	旅客吞吐量
台北桃园国际机场	2	TPE	RCTP	25 114 413
高雄小港国际机场	1	KHH	RCKH	4 053 069
台北松山国际机场	1	TSA	RCSS	3 712 841
金门尚义机场	1	KNH	RCBS	2 094 623
马公机场	1	MZG	RCQC	1 838 126
台中清泉岗国际机场	1	RMQ	RCMQ	1 283 726
台东丰年机场	1	TTT	RCFN	408 038
花莲机场	1	HUN	RCYU	262 698
台南机场	2	TNN	RCNN	213 315
马祖南竿机场	1	LZN	RCYG	166 001
嘉义机场	2	CYI	RCKU	95 333
马祖北竿机场	1	MFK	RCMT	78 094
兰屿机场	1	KYD	RCLY	68 562
绿岛机场	1	GNI	RCGI	32 630

续表

机场名称	跑道数目	三字代码	四字代码	旅客吞吐量
七美机场	1	CMJ	RCCM	24 638
屏东机场	1	PIF	RCSQ	3 552
望安机场	1	WOT	RCWA	2 857
恒春机场	1	HCN	RCKW	2 143

屏东机场由于客流量过少于2011年9月1日终止营运。

为促进民航发展，台湾民航当局已制定下列计划：台湾重要交通门户——桃园国际机场第一航厦改善工程项目计划，改善第一航厦外部景观、周边交通及相关设施，并提升航厦服务质量及台湾门户的形象；桃园国际机场道面整建及助导航设施提升工程推动计划，为提升机场服务水平，拟将现有跑道、滑行道全面整修，同时一并提升助导航设施功能；中部国际机场整体规划及第一期发展计划——第一阶段工程为使台中清泉岗机场可运作较大型国际包机，规划扩建现有航站区，兴建一座国际航厦及相关设施，并改善扩充滑行道，满足中部地区航空运输需求，以带动中部地区观光及产业发展；金门尚义机场第一期航站区扩建工程及短期空侧改善计划，金门实施"福建沿海与金门、马祖地区直接往来"政策后，航空运量大幅成长，此计划以应航空运量成长需求；金门尚义机场航站区后续扩建工程；马公机场跑道、滑行道道面整建工程计划；整建松山机场的建筑物工程；等等。

（1）台北桃园国际机场。

台北桃园国际机场位于台湾西北部的桃园县大园乡，与台北市中心相距约40千米，其间有高速公路相连，机场铁路亦在兴建中。台北桃园国际机场是台北首要的联外国际机场、台湾主要的国际客货运出入吞吐地，也是台湾最大和最繁忙的机场。1979年2月26日启用时的名称为中正国际机场，2006年10月改为现名，管理及营运单位为桃园国际机场股份有限公司。

桃园国际机场是19世纪70年代台湾推动的"十大建设"基础建设计划里面的一项，于1979年2月26日首度启用（第一航站楼），是当时亚洲最现代化的几个国际机场之一。桃园国际机场是中华航空和长荣航空的基地机场。机场有两座航站楼，分别是第一航厦和第二航厦，第三航厦正在规划中。目前有桃园机场捷运线，直达车从台北车站到桃园国际机场，全程只要35分钟。

（2）台北松山机场。

台北松山机场是一座位于台湾省台北市松山区的4D机场，为军民合用机场。民用部分的管理及营运单位为台湾当局交通部门民用航空局台北国际航空站；军用部分为空军松山基地，由台湾当局空军负责管理。

在台湾桃园国际机场于1979年启用后，台北松山机场的航班由原来的岛内和岛外航班为主改为岛内航班为主，国际线部分则仅提供包机服务和政要专机起降。2008年起两岸包机航班成为目前松山机场的主要航线航班。

（3）高雄小港国际机场。

高雄小港国际机场的主要功能为提供台湾南部一个出入岛的门户，它坐落于高雄市小港区。高雄小港国际机场总土地面积为224公顷，为台湾南部唯一的联外国际机场，是主要的国际货运、旅客出入吞吐地之一，是台湾的第二大机场，亦是香港国际机场、澳门国际机场及桃园国际机场的紧急转降机场，是中华航空及长荣航空的次要基地。2011年9月，高雄小港国际机场增加23班两岸直航航班，成为台湾第二大两岸直航机场。

2. 台湾主要的航空公司和航线

台湾主要基地航空公司有中华航空、华信航空、长荣航空、立荣航空、复兴航空、远东航空和德安航空等。

（1）中华航空股份有限公司。

中华航空股份有限公司是台湾规模最大的航空公司，为天合联盟成员，总部位于台北市，主要的营运中心是台北桃园国际机场，客运和货运服务并重，航点遍布亚洲、大洋洲、中东、欧洲和北美洲。其子公司华信航空负责岛内和区域性航线。

中华航空公司1959年开航以来，至2011年已开通29个国家及地区的105个航点，机队由68架飞机组成，包含客机49架、货机19架，拥有规模庞大的B747-400F货运机队。华航相继成立了加拿大、澳大利亚、新西兰及关岛分公司。2008年7月4日，在中断近60年后，台湾与大陆开启了正常航班的两岸直航,首班飞机由中华航空编号 CI 7957、机型 A330-300、上午 7 时 30 分由台北桃园国际机场飞往上海浦东国际机场,开启了两岸直航的序幕。

(2) 长荣航空股份有限公司。

长荣航空股份有限公司于 1989 年 4 月成立,1991 年 7 月 1 日开始飞行,至今已发展成为世界主要航空公司之一,总部位于台湾桃园县芦竹乡南崁,与主要以台湾岛内航线为主的立荣航空同属长荣集团,基地机场为台北桃园国际机场,提供客运和货运的服务,航点遍布亚洲、澳洲、欧洲和北美洲,目前是台湾第二大航空公司。

2003 年,长荣航空参与执行首次台湾海峡两岸直航春节包机任务,开始海峡两岸直航台商包机业务,并于当年成立欧洲货运中心。2005 年,被 IATA 评选为 2004 世界十大航空货运公司。至 2008 年,长荣航空是台湾地区消费者心目中理想品牌调查国际航线第一名。随着机队的持续购置与汰换,到 2010 年,长荣航空公司营运机队已逾 50 架客货机,航点则遍及欧、美、亚、澳四大洲 50 多个城市,形成长荣航空完整的飞航网络。

(3) 台湾地区的主要航线。

至 2010 年,台湾地区已与 50 个国家和地区通航。此外,台湾民航当局还积极开辟台北松山与上海虹桥、东京羽田的对飞航线,以及台北松山与首尔仁川航线,以充分发挥台北松山的商务机场优势。在两岸空运方面,经协商达成增加客货运航班、航点的共识,完成换函修订。客运方面,增加太原、长春、南宁、烟台、上海虹桥、石家庄 6 个航点,大陆客运航点达 33 个,各方营运班次由每周 135 班增为 185 班,双方合计每周 370 班。货运方面,增加厦门、福州、南京、重庆 4 个航点,大陆货运航点达 6 个,班次则由各方每周 14 班增为 24 班,双方合计每周 48 班。此外,各方航空公司可视市场需求,在每月 20 班额度内飞行台中、花莲、台东、马公的两岸不定期旅游包机。

台湾主要航线如表 6.19 所示。

表 6.19　台北桃园国际机场、台北松山国际机场和
高雄小港国际机场的主要航线（2010 年）

机场名称	大陆及港澳地区通航点	国际通航点
台北桃源国际机场	沈阳、济南、郑州、广州、福州、宁波、烟台、厦门、贵阳、深圳、海口、桂林、重庆、哈尔滨、南宁、南昌、南京、青岛、长春、长沙、武汉、杭州、昆明、西安、成都、合肥、北京、石家庄、天津、上海、大连、无锡、澳门、香港	亚洲：德里、东京、广岛、福冈、名古屋、札幌、仙台、小松、大阪、冲绳、宫崎、新加坡、泗水、雅加达、巴厘岛、曼谷、普吉、清迈、釜山、仁川、济州、金边、河内、胡志明市、岘港、亚庇、吉隆坡、槟城、马尼拉、长滩岛、克拉克 美洲：旧金山、温哥华、纽约、洛杉矶、檀香山、底特律、西雅图、安克雷奇、多伦多 欧洲：罗马、维也纳、伦敦、阿姆斯特丹、法兰克福、巴黎 大洋洲：关岛、悉尼、科罗尔、布里斯班
台北松山国际机场	福州、厦门、重庆、武汉、杭州、成都、合肥、天津、上海、福州、广州、澳门	东京
高雄小港国际机场	广州、福州、宁波、厦门、深圳、青岛、杭州、上海、香港、澳门、	新加坡、曼谷、胡志明市、河内、首尔、东京、名古屋、马尼拉、佬沃（菲律宾）、亚庇、吉隆坡

思考练习

1. 简述北京市航空运输环境和旅游资源概况。
2. 简述上海市航空运输环境和旅游资源概况。
3. 简述四川省航空运输环境和旅游资源概况。
4. 简述香港地区航空运输环境和旅游资源概况。

第七章 世界民航运输布局及区划

第一节 国际民用航空运输管理机构

一、国际民用航空组织

国际民航组织（International Civil Aviation Organization，ICAO。标识见图7.1）是协调各国有关民航经济和法律义务，并制定各种民航技术标准和航行规则的国际组织。

图7.1 国际民航组织标识

（一）ICAO 的成立

国际民航组织前身为根据1919年《巴黎公约》成立的空中航行国际委员会。第二次世界大战后，为解决战后民用航空发展中的国际性问题，1944年11月1日—12月7日，52个国家在美国芝加哥签订了《国际民用航空公约》，又称《芝加哥公约》，按照公约规定成立了临时国际民航组织。1947年4月4日,《国际民用航空公约》正式生效,国际民航组织也因此正式成立,总部设在加拿大的蒙特利尔。同年5月,国际民航组织正式成为联合国的一个专门机构。该组织的主要活动是研究国际民用航空的问题,制定民用航空的国际标准和规章,鼓励使用安全措施、统一业务规章和简化国际边界手续。国际民航组织现有190个缔约国,共36个理事国,分为一类、二类和三类。一类理事国为在航空运输方面占主要地位的国家,共11个;二类理事国为在为国际民用航空的空中航行提供设施方面贡献最大的国家,共12个;三类理事国为可确保世界上各主要地域在理事会中均有代表的国家,共13个。

(二) ICAO 的宗旨和目的

ICAO 的宗旨是保障《国际民用航空公约》的实施,开发国际航行原则和技术,促进国际航空运输的规划和发展。

根据《国际民用航空公约》第四十四条规定,国际民航组织的宗旨和目的主要有以下几点:

①保证全世界国际民用航空安全、有效、有秩序地发展。
②鼓励发展用于世界和平目的的航空器设计技术和驾驶技能。
③鼓励发展用于国际民用航空的航路、机场和航行设施。
④发展安全、正常、有效和经济的民用航空运输,满足世界人民的要求。
⑤防止不合理的竞争,避免经济浪费。
⑥充分尊重缔约国的权利,保证享有公平经营国际航空运输业务的机会。
⑦避免各缔约国之间的歧视。
⑧促进国际航空飞行安全。
⑨促进国际民用航空运输业的全面发展。

以上九条共涉及国际航行和国际航空运输两个方面问题。前者为技术问题,主要是安全;后者为经济和法律问题,主要是公平合理,尊重主权。两者的共同目的是保证国际民航安全、正常、有效和有序地发展。

ICAO 的作用是制定和监督执行有关航空运输飞行安全和维护国际航空运输市场秩序的标准,促进发展与和平利用航空技术,以保证飞行安全,在尊重主权的基础上公平发展。

(三) ICAO 的管理机构和地区办事处

国际民航组织由大会、理事会和秘书处三级框架组成。

1. 大会

大会是国际民航组织的最高权力机构。大会一般情况下每三年举行一次，遇有特别情况时可以召开特别会议。大会期间的工作为选举理事国、审查理事会各项报告、表决年度预算、决定财务安排以及审议提交大会的各项提案等。

2. 理事会

理事会是向大会负责的常设机构，由大会选出的 33 个缔约国组成。理事会每年召开三次会议，每次会议会期约为两个月。理事会下设财务、技术合作、非法干扰、航行、新航行系统、运输、联营导航、爱德华奖八个委员会。每次理事会开会前，各委员会先分别开会，以便将文件、报告或问题提交理事会。理事会主席由理事会选举产生。

3. 秘书处

秘书处是国际民航组织的常设行政机构，由秘书长负责保证国际民航组织各项工作的顺利进行。秘书长由理事会任命。秘书处下设航空技术局、航空运输局、法律局、技术援助局、行政服务局和对外关系办公室，这些机构统一在秘书长领导下工作。此外，还有七个地区办事处：西非和中非区（达喀尔 DKR），欧洲区（巴黎 PAR），亚洲太平洋区（曼谷 BKK），中东区（开罗 CAI），东非和南非区（内罗毕 NBO），北美、中美和加勒比区（墨西哥城 MEX），南美区（利马 LIM）。地区办事处直接由秘书长领导，主要任务是建立和帮助缔约各国实行国际民航组织制定的国际标准和建设措施以及地区规划。

(四) ICAO 的主要工作

国际民航组织按照《国际民用航空公约》的授权，发展国际航行的原则和技术。近二十年，各种新技术飞速发展，全球经济环境也发生了巨大变化，对国际民用航空的航行和运输管理制度形成了前所未有的挑战。为加强工作效率和针对性，继续保持对国际民用航空的主导地位，国际民航组织制订了战略工作计划，重新确定了工作重点，于 1997 年 2 月由其理事会批准实施。

1. 法规

修订现行国际民航法规条款并制订新的法律文书。主要项目有：

①敦促更多的国家加入关于不对民用航空器使用武力的《芝加哥公约》第 3 分条和在包用、租用和换用航空器时由该航空器登记国向使用国移交某些安全职责的第 83 分条。

②敦促更多的国家加入《国际航班过境协定》。

③起草关于统一承运人赔偿责任制度的《新华沙公约》。

④起草关于导航卫星服务的国际法律框架。

2. 航行

制订并施行关于航行的国际技术标准和建议措施是国际民航组织最主要的工作，《芝加哥公约》的 18 个附件中有 17 个都是涉及航行技术的。战略工作计划要求这一工作跟上国际民用航空的发展速度，保持这些标准和建议措施的适用性。

规划各地区的国际航路网络，授权有关国家对国际航行提供助航设施和空中交通与气象服务，对各国在其本国领土之内的航行设施和服务提出建议，是国际民航组织"地区规划"的职责，由七个地区办事处负责运作。近年来由于各国越来越追求自己在国际航行中的利益，冲突和纠纷日益增多（例如在南中国海空域），致使国际民航组织的统一航行规划难以得到完全实施。战略工作计划要求加强地区规划机制的有效性，更好地协调各国的不同要求。

3. 安全监察

近年全球民航重大事故率平均为 1.44 架次/百万架次，随着航空运输量的增长，如果这一比率不降下来，事故的绝对次数也将上升到不可接受的程度。国际民航组织从 20 世纪 90 年代初开始实施安全监察规划，主要内容为各国在志愿的基础上接受国际民航组织对其航空当局安全规章的完善程度以及航空公司的运行安全水平进行评估。这一规划在第 32 届大会上发展成为强制性的"航空安全审计计划"，要所有的缔约国必须接受国际民航组织的安全评估。

安全问题不仅在航空器运行中存在，在航行领域的其他方面也存在，例如空中交通管制和机场运行等。为涵盖安全监察规划所未涉及的方面，国际民航组织在近年还发起了"在航行域寻找安全缺陷"计划。

作为航空安全的理论研究,现实施的项目有"人类因素"和"防止有控飞行撞地"。

4. 制止非法干扰

制止非法干扰即我国通称的安全保卫或空防安全。这项工作的重点为敦促各缔约国按照附件17"安全保卫"规定的标准和建议措施,特别加强机场的安全保卫工作,同时大力开展国际民航组织的安全保卫培训规划。

5. 实施新航行系统

新航行系统即"国际民航组织通信、导航、监控空中交通管制系统",是集计算机网络技术、卫星导航和通信技术以及高速数字数据通信技术为一体的革命性导航系统,将替换现行的陆基导航系统,大大提高航行效率。20世纪80年代末期由国际组织提出,90年代初完成全球规划,现已进入过渡实施阶段。这种新系统要达到全球普遍适用的程度,尚有许多非技术问题要解决。战略工作计划要求攻克的难题包括:卫星导航服务的法律框架、运行机构、全球、各地区和各国实施进度的协调与合作、融资与成本回收等。

6. 航空运输服务管理制度

国际民航组织在航空运输领域的重点工作为"简化手续(Facilitation)",即"消除障碍以促进航空器及其旅客、机组、行李、货物和邮件自由地、畅通无阻地跨越国际边界"。18个附件中唯一不涉航行技术问题的就是对简化手续制定标准的建议措施的附件9"简化手续"。

在航空运输管理制度方面,1944年的国际民航会议曾试图制订一个关于商业航空权的多边协定来取代大量的双边协定,但未获多数代表同意。因此,目前国家之间商业航空权的交换仍然由双边谈判来决定。国际民航组织在这方面的职责为,研究全球经济大环境变化对航空运输管理制度的影响,为各国提供分析报告和建议,为航空运输中的某些业务制定规范。战略工作计划要求国际民航组织开展的工作有修订计算机订座系统营运行为规范、研究服务贸易总协定对航空运输管理制度的影响。

7. 统计

《芝加哥公约》第 54 条规定，理事会必须要求、收集、审议和公布统计资料，各理事国有义务报送这些资料。这不仅对指导国际民航组织的审议工作是必要的，而且对协助各国民航当局根据现实情况制定民航政策也是必不可少的。这些统计资料主要包括：承运人运输量、分航段运输量、飞行始发地和目的地、承运人财务、机队和人员、机场业务和财务、航路设施业务和财务、各国注册的航空器、安全、通用航空以及飞行员执照等。国际民航组织的统计工作还包括经济预测和协助各国规划民航发展。

8. 技术合作

20 世纪 90 年代以前，联合国发展规划署援助资金中 5% 用于发展中国家的民航项目，委托给国际民航组织技术合作局实施。此后，该署改变援助重点，基本不给民航项目拨款。鉴于不少发展中国家引进民航新技术主要依靠外来资金，国际民航组织强调必须继续维持其技术合作机制，资金的来源，一是靠发达国家捐款，二是靠受援助国自筹资金，委托给国际民航组织技术合作局实施。目前，不少发达国家认为国际民航组织技术合作机制效率低，养人多，还要从项目资金中提取 13% 管理费，很少向其捐款，主要选择以双边的方式直接同受援国实施项目。

9. 培训

国际民航组织向各国和各地区的民航训练学院提供援助，使其能向各国人员提供民航各专业领域的在职培训和国外训练。战略工作计划要求，今后培训方面的工作重点是加强课程的标准化和针对性。

（五）中国参加 ICAO 的情况

中国是国际民用航空组织的创始国之一，1944 年 12 月 9 日，当时的中国政府在《芝加哥公约》上签字，1946 年 2 月 20 日批准该公约，并于 1947 年当选为第二类理事国。但是 1949 年，中国在该组织的合法权利被剥夺。1971 年，中国恢复在联合国的合法席位后，也恢复了在国际民用航空组织的合法权利，同年 11 月 19 日，国际民航组织第 74 届理事会通过决议，承认中华人民共和国政府为中国唯一合法的政府。1974 年 2 月我国决定承认《国际民用航空公约》和有关修正协议书，自该日起参加该组织的活动，并于 1974 年 9 月在该组织第 21 届大会上再次当选为第二类理事国，在蒙特利尔设有常驻该组织理事会的中国代表处。

2004年10月2日，在国际民用航空组织的第35届大会上，选举中国为该组织第一类理事国。2007年9月22日在加拿大蒙特利尔举行的国际民航组织第36届大会上，中国高票连任国际民航组织一类理事国。同时当选一类理事国的还有澳大利亚、巴西、加拿大、法国、德国、意大利、日本、俄罗斯、英国和美国等十个国家。

二、国际航空运输协会

国际航空运输协会简称国际航协（International Aviation Transport Association，IATA。标识见图7.2）是世界上航空公司之间最大的非政府、非营利性的国际性民间组织，是国际航空公司的行业协会，是全世界最有影响力的航空运输组织。它在全世界近100个国家设有办事处，280家会员航空公司遍及全世界180多个国家，承载98%的国际航空运输。国际航空运输协会在航空领域各方面都拥有丰富的经验，是世界航空运输安全和运营、财务管理、客货运销售和分销系统以及培训等方面的重要信息来源。国际航空运输协会为会员航空公司和航空伙伴企业提供包括财务管理、培训、货运、咨询和航行等众多方面的服务。

图7.2　IATA标识

（一）IATA的成立

国际航协于1945年4月由30多家航空公司在古巴哈瓦那创立，在加拿大通过国会特别法案组成法人组织，总部设在加拿大蒙特利尔市，执行总部在瑞士日内瓦，在纽约、巴黎、新加坡、曼谷、内罗毕、北京设有分支机构或办事处。在瑞士的日内瓦设有清算所。

作为航空业的象征，IATA的使命是为整个航空运输行业服务，为航空运输业提供包括运价和班机时刻的协调、多边联运、财务及联运结算、代理人计划和其他各种与航空运输有关的专业技术服务。IATA所制定的各项客、货运输规则已在世界航空运输中被普遍使用，大到运送旅客行李和货物的集装箱的标准和尺寸，小到旅客手中的机票和登机牌的印制，无不体现着 IATA 的标准。

（二）IATA 的宗旨、任务与作用

IATA 的宗旨是"为了世界人民的利益，促进安全、正常而经济的航空运输"，"对于直接或间接从事国际航空运输工作的各空运企业提供合作的途径"，"与国际民航组织以及其他国际组织通力合作"，即：

①让全世界在有安全、有规律之航空运输中受益。

②增进航空贸易发展。

③提供航空服务合作管道。

IATA 的任务与作用是制定国际航空客货运输价格、运载规则和运输手续，协助航空运输企业间的财务结算，执行 ICAO 所制定的国际标准和程序。

（三）IATA 的管理机构和地区办事处

协会的最高权力机构为全体会议，每年一次，常设机构是"执行委员会"，另有四个常务委员会分管法律、业务、财务和技术。下属部门包括运输部、律法部、技术部、政府和行业事务部、行业自动化和财务服务部、公共关系部，同时 IATA 内部设置五个业务局，分别负责会员联络、航空培训、行业结算、航行与基础设施和人事行政事务。目前有雇员 1700 多名，最高行政官员是理事长。

其中与航空客运息息相关的运输部主要有以下职能：

①提供协调、讨论运价的会议组织。

②为出版者和 IATA 成员提供运价资料的主要信息渠道。

③检查、考核世界范围航空公司客货物及代理人的服务。

④协调旅客货物及其代理人的培训计划。

⑤组织代理人销售报告及中心开账工作（BSP）。

⑥讨论各航空公司的航班安排问题（每年两次，计划部门）。

⑦在邮件运输方面，为航空运输业争取利益。

⑧提高各公司对行业竞争的欺诈意识。

IATA 在全世界 70 多个国家和地区设立 100 多个办事处，包括我国的北京、上海、广州、香港和台北的办事处。为加强该协会与各个政府部门、地区行业协会和航空公司协会间的沟通，了解各国航空运输发展政策，IATA还设置了北美、南美、欧洲、非洲、中东、南亚和太平洋、北亚七大地区办事处，负责各地区的政府与行业事务。

（四）IATA会员

凡国际民航组织成员国的任一经营定期航班的空运企业，经其政府许可都可成为该协会的会员。IATA会员分为正式会员和准会员，其中正式会员是指经营国际定期客运航班的航空公司，准会员是指只经营国内定期客运航班的航空公司。协会会员所属国必须是有资格参加ICAO的国家。

大部分的国际航空公司都是IATA的成员，以便和其他航空公司共享连程中转的票价、机票发行等标准。国际航空运输协会为全球各航空公司指定两个字母的IATA航空公司代码，但是有许多地区性的航空公司或者低成本航空公司并非国际航空运输协会的成员。

在全世界定期国际航空运输业务中，IATA会员航空公司承担了98%的业务量。

（五）IATA的活动

1. 行业协会活动

以程序性会议形式进行，所有会员航空公司必须参加。主要讨论国际性客运和货运的价格与代理、客货运输专用票据格式、行李规定运价、订座程序等问题。

2. 运价协调活动

通过运价协调会议方式进行，会员航空公司可以选择参加。主要讨论客票价格、货运费率与运价、代理人佣金率等问题。

以上两类活动一般通过IATA的运输会议进行（见图7.3）。

虽然国际航协从组织形式上是一个航空企业的行业联盟，属非官方性质组织，但是由于世界上的大多数国家的航空公司是国家所有，即使非国有的航空公司也受到所属国政府的强力参与或控制，因此航协实际上是一个半官方组织。它制定运价的活动，也必须在各国政府授权下进行，它的清算所对全世界联运票价的结算是一项有助于世界空运发展的公益事业，因而国际航协发挥着通过航空运输企业来协调和沟通政府间政策，解决实际运作困难的重要作用。

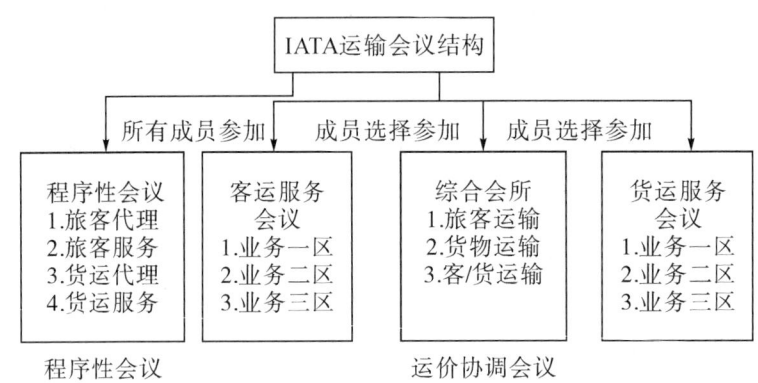

图 7.3　IATA 会议结构图

（六）IATA 在中国

我国现有 17 家 IATA 会员航空公司，包括中国国际航空公司、东方航空公司、南方航空公司、海南航空公司、上海航空公司（现已与东方航空公司合并）、厦门航空公司、山东航空公司、深圳航空公司、中国货运航空公司、四川航空公司、国泰航空公司、港龙航空公司、澳门航空公司、中华航空公司、长荣航空公司、复兴航空公司、远东航空公司。

国际航空运输协会北京办事处成立于 1994 年 4 月 15 日。从最初的代理人事务办事处迅速成长为 IATA 七大地区办事处之一，主管北亚地区事务。在民航总局及中外航空公司，尤其是会员航空公司的大力支持下，IATA 北京办事处各项工作开展顺利，为本地区航空业的发展做出了巨大贡献。

它的部分职能如下：

①在本地区执行并推广国际航协在全世界的政策，推广国际航协的产品与服务。

②协调航空公司联运和收益管理服务项目在本地区，特别是在中国内地的开展。

③协助办理国际航协航空公司两字代码和三字结算码的工作。

④负责中国（港、澳、台地区除外。下同）境内的国际国内客运销售代理人申请成为国际航协认可代理人的资格审批和资格管理工作。

⑤负责中国境内的国际货运代理人申请成为国际航协注册货运代理人

的资格审批和资格管理。

⑥按照国际航空运输协会 810C、832 和 850 等决议条款，在中国实施"开账与结算计划"，在六个月内建立了 BSP，创下了世界第一的速度。

⑦促进中国 BSP 的全面自动化，推广电子客票。

⑧在中国航空货运领域，通过与 IATA 会员航空公司和其他主要机构，如货运销售代理公司、海关、货物托运人和政府有关部门的密切合作，促使本地区的航空货运市场更加安全、经济和有秩序地发展。

⑨以中国地区化培训为原则，以灵活多样的形式为中国的会员航空公司和非会员航空公司及行业内外对航空运输培训项目感兴趣的客户提供有效的培训。

⑩协助会员航空公司了解其在中国境内运行时发生的、与空中交通管制有关的、影响飞行安全事件的调查和调查结果。

⑪参与和支持由 IATA 组织的、与航空安全/保安有关的活动和项目。

⑫协助会员航空公司解决其在中国境内运行中所遇到的航行方面问题。

⑬向民航当局空管部门反映会员航空公司对空管规则标准、空域结构、航路和飞行程序方面的意见、需求和改进建议。

三、IATA 业务分区

国际航协为了管理与制定票价方便起见，将全球分为三大区域，这样分出的区域叫 Traffic Conference Area，简称 TC。

国际航协将全球分为三大区域，也将全球分为两个半球：东半球（Eastern Hemisphere，EH），包括 TC2 和 TC3；西半球（Western Hemisphere，WH），包括 TC1（见表 7.1）。

表 7.1　IATA 业务分区

Hemisphere	Area	Sub Area
西半球 Western Hemisphere	Area1 (TC1) 业务一区	North America（北美洲）
		Central America（中美洲）
		South America（南美洲）
		Caribbean Islands（加勒比海地区）
东半球 Eastern Hemisphere	Area2 (TC2) 业务二区	Europe（欧洲）
		Africa（非洲）
		Middle East（中东）
	Area3 (TC3) 业务三区	South East Asia（东南亚）
		North East Asia（东北亚）
		South Asian Subcontinent（南亚次大陆）
		South West Pacific（西南太平洋）

第二节　世界主要航线

一、世界主要航线分布特点

①航线最密集的地区为欧洲、北美、东亚等地。航线最繁忙的海域为北大西洋以及北太平洋海域，最繁忙的陆地航线则为欧亚航线。

②航线走向的总趋势呈东西向，主要的国际航线集中分布在北半球的中纬地区，大致形成一个环绕纬圈的航空带。

③在纬向航空带的基础上，由航线密集区向南辐射，形成一定的经向航线的分布。

二、世界主要国际航线

本节在介绍世界主要国际航线时，同时结合了 IATA 制定运价时考虑的因素。

1. 西半球航线（WH）

西半球航线是指航程中的所有点都在西半球的航线。西半球航线是连接南北美洲的航线，又称拉丁航线。国际航协客运运价计算中为代号 WH 航线。例如：

RIO—MIA

LAX—MEX—SCL

YMQ—RIO—BUE

拉丁航线北美地区的点主要是美国南部的迈阿密、达拉斯以及西岸和东岸的门户点，墨西哥的墨西哥城，中美的圣何塞、太子港；航线在南美的点主要在哥伦比亚的波哥大，巴西的巴西利亚、里约热内卢、圣保罗，智利的圣地亚哥，阿根廷的布宜诺斯艾利斯等城市。

拉丁航线不长，除自成体系外，还常常与太平洋航线和大西洋航线相连，成为这些航线的续程航段。南美洲的美丽风光正被人们所认同，越来越多的亚洲人取道美国来南美。太平洋航线中转拉丁航线的城市主要是迈阿密、圣何塞、洛杉矶、墨西哥城等地。大西洋航线多取道波哥大、巴西的城市中转。

2. 东半球航线（EH）

东半球是世界上航线最多的区域。东半球航线指航程中的点都在东半球，或者航程中的点都在二区或三区，或航程经欧亚大陆飞行二区和三区间的航线。国际航协客运运价计算中为代号 EH 航线。例如：

GVA—JNB

SIN—KBL

BJS—BUD—LON

HKG—KUL—KHI—ISB—DXB—BUH

CAN—SIN—KUL—BKK—CAN（典型的新马泰游航线）

CAN—SIN—AKL—CHC—BNE—SYD—MEL　CAN（典型澳洲游航线）

3. 北大西洋航线（AT）

北大西洋航线历史悠久，是连接欧洲与北美之间最重要的国际航线。北美和欧洲是世界上航空最发达的地区，欧洲的中枢机场如伦敦、巴黎、法兰克福、马德里、里斯本等和北美的主要城市相连，使北大西洋航线成为世界上最繁忙的国际航线。国际航协客运运价计算中为代号 AT 航线。由于这条航线历史悠久，飞行的航空公司多，竞争非常激烈，因此这条航线虽然经济意义和政治意义都十分重大，但却不是世界上经济效益最好的航线。例如：

  LON—NYC
  PAR—WAS
  ZRH—NYC—RIO
  NYC—LON—PAR—DXB

在国际运价计算中，按照国际航协的航线方向定义，北大西洋航线属于 AT 方向代号，具体指航协定义下的一区和二区之间的航线。以上第 3 个航程中的目的地点虽然是南美的城市，但是也符合 AT 方向的定义。在以上最后一个航程中，巴黎和迪拜之间虽然飞行的是欧亚大陆，但由于迪拜也是二区中的城市，所以整个航程仍符合一区和二区间旅行的航程，它在国际运价计算中，航程方向代号也为 AT。

4. 南大西洋航线

相对北大西洋航线而言，南大西洋航线开辟时间较晚，它是指航程经过南部大西洋的航线。在国际航协的定义中它属于 SA 航线。具体指航线在南大西洋地区和东南亚间，经过大西洋和中非、南非、印度洋岛屿，或直飞的航线。例如：

  RIO—HKG（航线直飞，但飞越约翰内斯堡）
  SIN—MRU—JNB—SAO

随着南美旅游和经济的开发，南美地区的门户城市和目的地城市越来越多，传统经北美到南美的航线已经不能满足需要，南大西洋航线正是应市场需要开辟的航线。值得注意的是，这条航线是经印度洋和大西洋南部的航线，并没有经过欧亚大陆。

5. 北太平洋航线（PA）

北太平洋航线是连接北美和亚洲之间的重要航线。它穿越浩瀚的太平洋以及北美大陆，是世界上最长的航空线。国际航协客运运价计算中为代号 PA 航线。

这条中枢航线通常以亚洲的东京、首尔、香港、北京、广州等城市集散亚洲各地的客货，以北美的温哥华、洛杉矶、旧金山、芝加哥、西雅图等城市集散美洲大陆的客货。如国内的旅客选择乘坐南航或国航、东航的航班去北美或南美地区，一般在广州或北京、上海出发直飞洛杉矶、纽约、旧金山、温哥华。如果旅客选择国泰、美西南、美AA、美UA等航空公司的航班，很多中转到亚洲的东京、首尔、新加坡、中国香港等地再直飞北太平洋航线。外国航空公司在北美地区直飞的目的地点相对更丰富些，如芝加哥、迈阿密、亚特兰大、华盛顿等城市。目前国内航空公司在北美地区只有四个直飞的口岸城市目的地点，但通过共享航班旅客也可以到达美国中部或东部的很多城市。

从东南亚出发的航班经北太平洋航线通常直飞美国西岸门户城市，如果目的地为美国东岸的门户城市，则通常选择安克雷奇、圣何塞以及西岸的一些机场中转。如果目的地在南美，则这些北太平洋航线北美目的地通常选择奥兰多、坦帕、劳德代尔堡、迈阿密和圣胡安等中转。

美国很多城市的中转能力都非常强，能有效地集中和分散其周边航线的客货运输。不少航空公司推出"SPA"或"PASS"联运运价吸引客货源，其运价制订成本上主要覆盖跨北太平洋的成本和利润，其他的联运航线只收取极少甚至忽略其运输成本。由此可见，这条越洋运输线的利润是相当可观的。不少美国的航空公司甚至宣称在如此众多的经营航线中，真正营利的只有北太平洋航线。

这条航线航程非常长，航空公司一般选择具有越洋飞行能力的波音公司B747、B777或空中客车公司的A330、A340飞行。在飞行路线上一些航空公司选择直飞，不选择直飞的航空公司一般选择太平洋上的火奴鲁鲁或北部安克雷奇等城市中继飞行。

6. 南太平洋航线

按照国际航协的规则，南太平洋航线是连接南美和西南太平洋地区经过北美的航线，但航线不经过北部和中部太平洋。国际航协客运运价计算中为代号PN航线。例如：

SYD—IAX—MEX—SCL

SYD—MIA—BUE

SCIJ—LAX—AKL

这些航线中的城市大都具有典型的自然风光，是目前推崇的生态旅游的新开辟航线。

7. 俄罗斯航线

俄罗斯航线是指俄罗斯欧洲部分和三区之间的旅行，在俄罗斯和日本/韩国间有一段不经停航线。例如：

MOW—TYO

HKG—SEL—MOW—LED

8. 西伯利亚航线

指二区和三区之间的航线，在欧洲和日本/韩国之间有一段不经停航线。例如：

STO—TYO

BKK—TYO—FRA

HKG—SEL—MOW—LCA

MOW—PAR—OSA

9. 远东航线

指俄罗斯欧洲部分/乌克兰和三区之间的旅行，在俄罗斯欧洲部分/乌克兰与三区之间（不包括日本/韩国）有不经停的航线。以上三种航线也称为欧亚航线。它是连接欧洲和远东的航线。例如：

MOW—SIN

IEV—MOW—BJS—TYO

10. 北极航线或南极航线

北极航线或南极航线也称极地航线，是穿越北极上空的重要航线，用于连接北美和欧洲、亚洲的城市。欧洲与北美之间的跨极地飞行早在20世纪20年代就已拉开序幕，商业飞行历史已超过40年。北极航路飞行条件比较复杂，需要考虑多方面因素，如航路备降机场的选定、备降救援计划、防止燃油结冰的措施和燃油温度监控、导航、通信的特点、太阳耀斑影响、机载设备的考虑、航空公司机组签派、机务等人员的培训、区域运行批准对验证飞行的要求等。

2001年2月1日，北极航路正式开通，标志着从北美东海岸到亚洲之间空运市场的发展迈出了重要的一步。

2001年7月15日，南航北极航路验证飞行成功。中国南方航空公司的大型B777型2055号飞机在纽约起飞，往北飞过美国和加拿大领空，经过北极区域，再飞过俄罗斯和蒙古国的新航路，经过14小时的飞行到达北京。2001年8月16日至19日，中国国际航空公司使用B747-400型飞机跨越北极，圆满完成了北京至纽约极地飞行验证任务。

新极地航线穿越北极地区，将北美洲与亚洲城市连接起来。例如，纽约—香港，传统航线的飞行距离是47 900海里（14 639千米）以上，超出了现役喷气机的正常航程范围。但极地航线使航程缩短了350英里（可能会受风速的影响而变化），使8747-400、B777-200ER（延程型）等现役飞机都可以直飞目的地。

传统东南亚与美国东岸城市的连接，需要中转停留。如原北京至纽约的航线，选择安克雷奇或旧金山转机，全程时间长达17小时。国航开通的北极航线，北京至纽约，纽约至北京，单程仅需13小时，比过去减少了超过3小时的飞行时间。由于北京至纽约航线是直飞，免除了过去中途经停的诸多不便，减轻了旅客旅途的劳顿，给人以一登飞机，就将要到家的感觉。北极上空气流平缓，颠簸较少，也提高了旅客乘机的舒适度。另外，这条航线飞机较少，不存在其他航路空中通道拥挤的状况，同时也为航空公司节省了燃油，降低了飞行成本。

极地航线为执飞国际航班的航空公司提供了比以前更多的直飞航路选择。与传统航线相比，极地航线不仅在缩短航程时间和减少油耗方面更具优势，而且为开通新的直飞航班提供了可能。例如：

TYO—ANC—LON HKG—NYC

TYO—ANC—STO PEK—NYC

11. 环球航线（AP）

环球航线是指航线中经过太平洋和大西洋两大水域，以东向或西向绕地球旅行。一些航空公司联盟推出环球旅行优惠价格，让人们在出行方面更加方便。

第三节　世界主要航空公司

一、世界航空公司概述

航空公司分布主要指其运力分布。运力分布是运输飞机及其维护设施在地域上的配置。按照国际惯例，航空公司是飞机的拥有者和使用者。为了充分发挥资源优势，提高飞机和地面设施的利用率，航空公司的机群多配置在空运较为繁忙、飞行区等级较高的机场，这些机场称为主基地机场。公司机群的地域分布，对航空运输的生产布局起到极为重要的作用。

航空公司的分布是空运布局的重要组成部分。航空公司是航空运输活动的直接组织者和经营者。它的分布必然对空运布局产生重大影响。大型航空公司拥有庞大的机群，目前机队规模最大的美亚美利加航、美联航、美三角航等航空公司拥有飞机 600~900 架。为此，航空公司必须建立自己的空运基地。大型公司除了中心基地外，还可能在其他机场建立多个分基地。中小型航空公司的机队规模不大，一般无须自己专用的维修基地或航站楼等地面设施，但为了保持正常运转，也必须依赖于较为固定的维修基地和公用设施。可见，运力的分布也具有较强的地域性。

航空公司机群的地域配置、机队的规模、飞机的性能以及投入航线使用的状况，基本决定了其服务区域内的航空运输能力。因此，航空公司的分布决定了运力的分布，它是航空运输生产布局中不可缺少的重要组成部分。

二、世界航空公司的分布

1. 世界航空公司发展现状

目前，全世界正式注册并投入运行的航空公司 800 多家。它们分布在世界上的 200 多个国家和地区。航空公司的规模大小相差悬殊。大型航空集团和公司，可拥有数百架飞机和数万名职工，其销售额可达数十亿至数百亿美元，如美国的亚美利加航、联合航、三角航、合众国航、联邦捷运航，法航，德国汉莎航，日航、全日空航，北欧航，等等。而小型的航空公司可能仅有数架飞机和几百名职工，其运量微小，销售额可能只有几百万美元。

2. 世界航空公司的查阅

世界上的航空公司由 IATA 出版的《OAG》《PAT》等有关手册中统一公布。与机场采用三字代码相似，航空公司也采用相应的两字代码。每一个航空公司都有其唯一的两字代码。由于世界航空运输市场的激烈竞争，一些航空公司的倒闭和新公司的出现在所难免。因此，IATA 的手册在不同时期所列出的航空公司都略有调整，但就大部分重要航空公司而言，都具有相对的稳定性。

3. 现代航空业的发展趋势

全球航空业自 1978 年至今发生了巨大变化，主要包括枢纽航线网络的产生与发展，计算机订座系统（CRS）和收益管理系统的广泛采用，常旅客计划的实施。

三、北美的航空公司

北美有 200 多家航空公司，主要的大型航空公司见表 7.2。

表 7.2　北美主要的大型航空公司

航空公司	英文名称	代码	基地机场
美利坚航	American Airlines	AA	ORD DFW
美联合航	United Airlines	UA	DEN ORD
美三角航	Delta Airlines	DL	ATL DFW
美西北航	Northwest Airlines	NW	DTW MSP
美大陆航	Continental Airlines	CO	EWR CLE
美西南航	Southwest Airlines	WN	HOU DLF
美合众国航	US Air	UA	PIT PHL
美联邦快递	FedEx（Federal Express）	FX	MEM
美联合包裹服务公司	United Parcel Service	5X	UPS
加航（枫叶）	Air Canada	AC	YYZ（YTO）

续表

航空公司	英文名称	代码	基地机场
加国际航	Canadian Airlines	CP	YVR

四、欧洲的航空公司

欧洲目前有各类航空公司100多家，主要大型航空公司见表7.3。

表7.3 欧洲主要大型航空公司

航空公司	英文名称	代码	基地机场
英航	British Airlines	BA	LHR
法航	Air France	AF	CDG
德汉莎航	Lufthansa Geman Airlines	LH	FRA
荷兰皇家航	Royal Dutch Airlines	KL	AMS
北欧航	Scandinavian Airlines	SK	STO
俄罗斯航	Aeroflot Russian Int	SU	MOW
意大利航	Alitalia	AZ	ROM
瑞士航	Swissair	SR	ZRH
爱尔兰航空	Aer lingus	EI	DUB
奥地利航空	Austrian Airlines	OS	VIE

五、亚洲的航空公司

亚太主要大型航空公司见表7.4。

表7.4 亚太主要大型航空公司（不含中国）

航空公司	英文名称	代码	基地机场
日航	Japan Airlines	JL	NRT、HND
全日空	All Nippon Airways	NH	OSA
大韩航	Korean Air	KE	INC
韩亚航	Asiana Airlines	OZ	INC
澳快达航	Qantas Airlines	QF	SYD
安塞特航	Ansett	AN	SYD

续表

航空公司	英文名称	代码	基地机场
马来西亚航	Malaysia Airlines	MH	KUL
新加坡航	Singapore Airlines	SQ	SIN
泰国国际航	Thai Airways	TG	BKK
印尼加鲁达航	Garuda Indonesia	CA	JKT

第四节 世界主要空港

机场是供飞行器起飞、降落和地面活动而划定的地域或水域，包括域内的各种设施和建筑物。目前，世界大小机场有几万个，其中民航使用的机场约1.4万个，而现有民航机场就达到了5 600多个，约占世界民航机场总数的40%。

评价一个航空港规模的大小，我们往往要看机场旅客运输量、货邮运输量、飞机起降架次三个方面数据。例如，在2004年世界机场排名中（见表7.5），美国的亚特兰大机场旅客运输量、飞机起降架次排名世界第一，在前十位的排名中，我国只有香港机场在货物运输量上占有一席之地。

表7.5 2004年世界机场排名

排名	机场客运量排名		机场货运量排名		机场飞机起降架次排名	
	机场	总数（人次）	机场	总量（吨）	机场	总架次（架）
1	亚特兰大	83578906	孟菲斯	3554577	亚特兰大	964858
2	芝加哥奥黑尔	75373888	香港	3132449	芝加哥奥黑尔	923347
3	伦敦希思罗	67343960	东京成田	2373133	达拉斯	801941
4	东京羽田	62320968	安克雷奇	2372903	洛杉矶	654677
5	洛杉矶	60710830	首尔	2133443	丹佛	558609
6	达拉斯/沃斯堡	59412217	洛杉矶	1902547	凤凰城	546763

续表

排名	机场客运量排名		机场货运量排名		机场飞机起降架次排名	
	机场	总数（人次）	机场	总量（吨）	机场	总架次（架）
7	法兰克福	51098271	法兰克福	1839084	拉斯维加斯	544679
8	德国戴高乐	50860561	新加坡樟宜	1795646	双子城	540645
9	阿姆斯特丹	42541180	迈阿密	1778897	巴黎戴高乐	534561
10	丹佛	42393693	路易斯维尔	1739029	底特律	519624

机场要发展必须依托于其所在的城市，城市的类型基本上决定了机场的规模。机场从广义上也被称之为航空港，世界上任何一个国家、任何一个城市，其经济、贸易、金融中心的崛起和发展都无一例外地表明需要依托现代化的航空港，也无一例外地通过把一个全方位开放的、通达性很强的、现代化的、国际航空港的建设作为现代化程度的标志之一，同时把它视为一流城市或国家的对外形象的窗口。因此，城市的发展可以带动机场发展，机场兴旺也能带来城市繁荣，而机场发展滞后又会制约城市的发展。

一、北美的空港

与北美发达的空运水平相适应，北美机场的绝对数量、分布密度和运行规模均居各大区前列。据ICAO的统计，20世纪90年代初，世界有各类机场共39 500多个，其中，美国和加拿大二者之和约占世界机场总数的50%，美国共有18 200多个机场，平均每万平方千米有18个机场。其中，向公共开放的机场5 000多个，有定期航班的600多个，较大型的国际机场60多个。从空运业务量的集中程度分析，全国95%的运量集中于100多个大、中、小型枢纽机场。ICAO在2006年的统计表明，在世界上最繁忙的30个机场中，美国约占2/3；前十位机场中，美国约占50%；而前三名均为美国机场。

加拿大也是世界空运大国之一，其机场集中分布于南部的美加边境一带，尤以五大湖沿岸和圣劳伦斯河谷一带最为显著，这一带经济发达、人口密集、工厂林立，空港城市和机场众多。加拿大的机场有2 000多个，仅次于美国，居世界第二位。北美各国主要机场见表7.6。

表 7.6 北美各国主要机场及代码

国家	城市机场	代码	国家	城市机场	代码
美国	夏威夷（檀香山）	HNL	美国	埃斯卡纳巴	ESC
	西雅图	SEA		埃文斯维尔	EVV
	洛杉矶	LAX		法戈	FAR
	旧金山（三藩市）	SFO		费耶特维尔	FYV
	波特兰	PDX		弗林特	FNT
	圣何塞	SJC		道奇堡	FOD
	丹佛	DEN		史密斯堡	FSM
	拉斯维加斯	IAS		埃格林	VPS
	安克雷奇	ANC		韦恩堡	FWA
	阿尔布凯克	ABQ		大福克斯	GFK
	贝克斯菲尔德	BFL		大急流	GPZ
	贝林哈姆	BU		大急流	GRR
	比林斯	BIL		格林贝	CRB
	博伊西	BOI		格林维尔	GLH
	博兹曼	BZN		格林维尔	GSP
	比尤特	BTM		格尔夫波特	GPT
	尤金	EUG		汉考克	CMX
	弗雷斯诺	FAT		哈利斯堡	HAR
	格雷特瀑布	GTF		哈特福德	HFD
	赫勒纳	HLN		西宾/奇瑟姆	HIB
	爱达荷福尔斯	IDA		休斯敦	HOU

续表

国家	城市机场	代码	国家	城市机场	代码
美国	卡利斯佩尔	FCA	美国	休斯敦	HOU
	克拉马斯福尔斯	LMT		亨茨维尔	HSV
	圣巴巴拉	SBA		拉克鲁斯	LSE
	刘易斯顿	LWS		海恩尼斯	HYA
	梅德福	MFR		印第安纳波利斯	IND
	米苏拉	MSO		国际瀑布	INL
	卡迈尔/蒙特雷	MRY		杰克逊	JAN
	摩塞斯莱克	MWH		杰克逊	MKL
	诺克斯维尔	TYS		杰克逊维尔	JAX
	安大略	ONT		乔普林	JLN
	圣安娜	SNA		卡拉马祖	AZO
	棕榈泉	PSP		堪萨斯城	MKC
	帕斯科	PSC		拉斐特	LAF
	彭德尔顿	PDT		兰辛	LAN
	菲尼克斯（凤凰城）	PHX		安吉利斯港	CLM
	波卡特洛	PIH		苏雷尔	PIB
	斯波坎	GEG		汉诺威	LEB
	普尔曼	PUW		普雷斯克岛	PQI
	雷德蒙德	RDM		列克星敦	LEX
	里诺	RNO		林肯	LNK
	萨克拉门托	SAC		小石城	LIT
	塞勒姆	SLE		路易斯维尔	SDF
	盐湖城	SLC		麦迪逊	MSN
	圣迭戈	SAN		曼彻斯特	MHT
	哈伊利	SUN		马凯特	MQT
	图森	TUS		梅森城	MCW
	瓦拉瓦拉	ALW		默里迪恩	MEI
	特温福尔斯	TWF		孟菲斯	MEM
	文纳奇	EAT		迈阿密	MIA

续表

国家	城市机场	代码	国家	城市机场	代码
美国	亚基马	YKM	美国	密尔沃基	MKE
	阿伯丁	ABR		明尼阿波利斯	MSP
	坎顿	CAK		迈诺特	MOT
	奥尔巴尼	ALB		莫比尔	MOB
	亚历山大	ESF		莫林	MLI
	阿伦敦	ABE		门罗	MLU
	阿普尔顿	ATW		蒙哥马利	MGM
	亚特兰大	ATL		佛罗伦萨	MSL
	大西洋城	AIY		马斯基根	MKG
	奥古斯塔	AUG		楠塔基特	ACK
	奥斯汀	AUS		诺什维尔	BNA
	巴尔的摩	BWI		新奥尔良	MSY
	班戈	BGR		纽约（纽瓦克）	EWR
	巴吞鲁日	BTR		艾斯利普	ISP
	伯米吉	BJI		纽约（肯尼迪）	JFK
	布卢明顿·诺木尔	BMI		纽约（拉瓜迪）	LGA
	宾汉顿	BGM		诺福克	ORF
	伯明翰	BHM		俄克拉荷马城	OKC
	俾斯麦	BIS		奥马哈	OMA
	波士顿	BOS		奥兰多	ORL
	布雷纳德	BRD		欧文斯伯勒	OWB
	布里斯托尔	TRI		啪迪尤卡	PAH
	布法罗	BUF		巴拿马城	PFN
	伯林顿	BTV		佩尔斯顿	PLN
	锡达拉皮兹	CID		彭萨科拉	PNS
	尚贝里	CMI		皮奥里亚	PIA
	查尔斯顿	CRW		费城	PHL
	夏洛特	CLT		皮尔	PIR
	查塔努加	CHA		匹兹堡	PIT

续表

国家	城市机场	代码	国家	城市机场	代码
美国	芝加哥	CHI	美国	波特兰	PWM
	芝加哥（中途机场）	MDW		普罗维登斯	PVD
	芝加哥（奥黑尔）	ORD		罗利	RDU
	辛辛那提	CVG		拉皮德城	RAP
	克利夫兰	CLE		莱茵兰德	RHI
	哥伦布（俄亥俄州）	CMH		里士满	RIC
	哥伦布（佐治亚州）	CSG		罗阿诺克	RCS
	哥伦布（密西西比州）	GTR		罗切斯特	ROC
	达拉斯/沃斯堡	DFW		罗切斯特	RST
	戴顿	DAY		罗克福德	RFD
	德梅因	DSM		贝城	MBS
	底特律	DTW		圣安敦	SAT
	多森	DHN		什里夫波特	SHV
	迪比克	DBQ		苏城	SUX
	德卢斯	DLH		苏福尔斯	FSD
	欧克莱尔	EAU		南本德	SBN
	伊利	ERI		斯普林菲尔德	SFY
	华盛顿（里根）	DCA		斯普林菲尔德	SGF
	华盛顿（杜累斯机场）	IAD		斯泰特科利奇	SCE
	滑铁卢	ALO		圣克劳德	STC
	沃特敦	ATY		圣路易斯	STL
	奠西尼	CWA		苏必利尔	SUW
	西棕榈滩	PBI		锡拉丘兹	SYR
	怀特普莱恩斯	HPN		坦帕	TPA
	韦斯特切斯特	HPN		锡夫里弗福尔斯	TVF
	威奇塔福尔斯	ICT		托莱多	TOL
	沙伦（宾夕法尼亚）	YNG		特拉弗斯	IVC
	沃伦（俄亥俄州）	YNG		塔尔萨	TUL
	扬斯敦	YNG		图珀洛	TUP

续表

国家	城市机场	代码	国家	城市机场	代码
加拿大	温哥华	YVR	巴哈马	拿骚	NAS
	维多利亚	YYJ	巴巴多斯	布里奇顿	BGI
	卡尔加里	YYC	伯利兹	贝尔莫潘	BCV
	埃德蒙顿	YEC	尼加拉瓜	马那瓜	MGA
	萨斯卡通	YXE	萨尔瓦多	萨尔瓦多	SAL
	里贾纳	YQR	墨西哥	墨西哥城	MEX
	温尼伯	YYG		阿卡普尔科	ACA
	多伦多	YYZ		瓜达拉哈拉	GDI
	渥太华	YOW		蒙特雷	MTY
	蒙特利尔	YUL		墨西卡利	MXL
	哈里法克斯	YHZ		蒂华纳	TU
	圣约翰斯	YYT		来昂	LEN
	圣约翰	YSJ	古巴	哈瓦那	HAV
	温莎	YQG	格林纳达		
	伦敦	YXV	海地	太子港一	PAP
	魁北克	YQB	特尼达和多巴哥	西班牙港（首都）	POS
	弗雷德里克顿	YFC	危地马拉	危地马拉	GUA
	坎卢普斯	YKA	牙买加	金斯敦	KIN
	纳奈莫	YCD	开罗群岛	乔治敦	ASI
	基洛纳	YLW	瓜德罗普岛（法属）	巴斯特尔	BBR
	乔治王子城	YXS	洪都拉斯	特古西加尔巴	TGU
多米尼加	圣多明各	SDQ	多米尼克	罗索	ROX
哥斯达黎加	圣何塞	SJO			

二、欧洲的空港

欧洲作为世界国际空运的发达地区，其机场的数量、密度和运营规模亦居各大区前列。在欧洲1 000多个机场中，有许多世界著名的国际机场。据ICAO统计，在国际空运居世界前列的25个机场中，欧洲的机场约占2/

3，其中尤以希思罗、法兰克福、戴高乐三个机场最为突出，近几年的国际旅客吞吐量均居世界前三位。欧洲的重要空港城市和机场见表7.7。

表7.7 欧洲各国空港城市和机场

国家	城市机场	代码	国家	城市机场	代码
德国	柏林	BER	意大利	热那亚	COA
	法兰克福	FRA		威尼斯	VCE
	慕尼黑	MUC		巴勒莫	PMO
	纽伦堡	NUE		卡塔尼亚	CTA
	斯图加特	STR		博洛尼亚	BLQ
	莱比锡	LEJ		巴里	BRI
	埃森	ESS	西班牙	巴塞罗那	BCN
丹麦	哥本哈根	CPH		瓦伦西亚	VLC
英国	伦敦	LON		马拉加	AGP
	曼彻斯特	MAN		塞维莱	SVQ
	伯明翰	BHX		毕尔巴鄂	BIO
	利兹	LBA		马德里	MAD
	设菲尔德	SZD		巴利亚多利德	VLL
	爱丁堡	EDI	葡萄牙	波尔图	OPO
	格拉斯哥	GLA		圣港	PXO
	纽卡斯尔	NCL	克罗地亚	萨格勒布	ZAG
	贝尔法斯特	BFS	马耳他	马耳他（岛）	MLA
	南安普敦	SOU	罗马尼亚	布加勒斯特	BUH
	布里斯托尔	BRS	摩尔多瓦	基希纳乌	KIV
	阿伯丁	ABZ	波黑	萨拉热窝	SJJ
	格拉斯哥	GLA	安道尔	安道尔	ALV
	加的夫	CWL	列支敦士登	瓦杜兹	QVU
法国	巴黎	PAR	比利时	布鲁塞尔	BRU
	尼斯	NCE	希腊	雅典	ATH
	马赛	MRS	卢森堡	卢森堡	LUX
	波尔多	BOD	保加利亚	索非亚	SOF

续表

国家	城市机场	代码	国家	城市机场	代码
法国	巴斯蒂亚	BIA	马其顿	斯科普里	SKP
	贝阿里兹	BIQ	南斯拉夫	贝尔格莱德	BEG
	布雷斯特	BES	立陶宛	维尔纽斯	VNO
	卡勒威	CLY	摩纳哥	摩纳哥	XMM
	克莱蒙费朗	CFE		蒙特卡洛	MCM
	格勒诺布尔	GNB	荷兰	阿姆斯特丹	AMS
	洛里昂	LRT		鹿特丹	RTM
	拉尼翁	LAI	爱尔兰	都柏林	DUB
	梅兹南希	ETZ	挪威	奥斯陆	OSL
	蒙彼利埃	MPL	冰岛	雷克雅未克	REK
	米卢斯	MLH	瑞典	哥德堡	GOT
	南特	NTE		马尔默	MMA
	波（城）	PUF		斯德哥尔摩	STO
	佩皮尼昂	PGF	芬兰	赫尔辛基	HEL
	坎佩尔	UIP	爱沙尼亚	塔林	TLL
	雷恩	RNS	拉脱维亚	里加	RIX
	罗德兹	RDZ	捷克	布拉格	PRG
	土伦	TLN	匈牙利	布达佩斯	BUD
	阿雅克修	AJA	乌克兰	基辅	IEV
	阿内西	NCY	波兰	华沙	WAW
	阿维尼瓮	AVN		什切青	SZZ
	斯特拉斯堡	SXB			

三、亚洲的空港

近二十年来，为适应空运迅速发展的需要，亚太地区的机场数量明显增加，重要机场的规模迅速增长。其中，尤以国际客运的增长最显著。中国、日本、新加坡、韩国、澳大利亚、泰国、马来西亚、印度尼西亚等国都有重要的国际机场。太平洋上的关岛、苏瓦岛、帕皮提岛等重要岛屿上也建成了越洋航线上的重要中继站。亚太地区的重要空港城市和机场见表7.8。

表 7.8 亚洲各国空港城市和机场（不含中国）

国家	城市机场	代码	国家	城市机场	代码
朝鲜	平壤	FNJ	韩国	首尔	SEL
日本	东京（成田机场）	NRT		仁川	ICN
	东京（羽田机场）	HND		釜山	PUS
	大阪（关西）	OSA		济州	CJU
	福冈	FUK		大丘	TAE
	名古屋	NGO		晋州	HIN
	仙台	SDJ		蔚山	USN
	冈山	OKJ	菲律宾	马尼拉	MNL
	长崎	NCS		宿务	CEB
	京都	UKY		达沃	DVO
	鹿儿岛	KOJ	印尼	雅加达	JKT
	福山	QFY		泗水	SUB
	冲绳	OKA		三宝垄	SRG
	横滨	YOK		万隆	BDO
	新潟	KIJ		棉兰	MES
	神户	UKB		巴东	PDG
	高松	TAK	越南	河内	HAN
	富山	TOY		胡志明	SGN
	函馆	HKD	老挝	万象	VTE
	宇都宫	QUT	柬埔寨	金边	PNH
文莱	斯里巴加湾市	BWN	泰国	曼谷	BKK
新加坡	新加坡城	SIN		普吉	HKT
马来西亚	吉隆坡	KUL	缅甸	仰光	RGN
	槟城	PEN	不丹	廷布	QJC
	马六甲	MKZ	尼泊尔	加德满都	KTM
	怡保	IPH	孟加拉国	达卡	DAC
	新仙（柔佛巴鲁）	JHB	斯里兰卡	科伦坡	CMB

续表

国家	城市机场	代码	国家	城市机场	代码
印度	新德里	DEL	马尔代夫	马累	MLE
	坎普尔	KNU	巴基斯坦	卡拉奇	KHI
	阿格拉	ACR		伊斯兰堡	ISB
	浦那	PNQ		拉合尔	LHE
	孟买	BOM		海德拉巴	HDD
	加尔各答	CCU		费萨拉巴德	LYP
	那格浦尔	NGA		白沙瓦	PEW
	班加罗尔	BLR		木尔坦	MUX
	马德拉斯	MAA	阿曼	马斯喀特	MCT
	绍拉布尔	SSE	沙特阿拉伯	利雅得	RUH
	勒克瑙	LKO		吉达	JED
	卢迪亚纳	LUH	约旦	安曼	AMM
	巴特那	PAT	巴勒斯坦	耶路撒冷	JRS
	兰契	IXR	叙利亚	大马士革	DAM
	瓦拉纳西	VNS	黎巴嫩	贝鲁特	BEY
阿富汗	喀布尔	KBL	塞浦路斯	尼科西亚	NIC
	坎大哈	KDH		拉那卡	LCA
塔吉克斯坦	杜尚别	DYU	土耳其	安卡拉	ANK
乌兹别克斯坦	塔什干	TAS		伊斯坦布尔	IST
土库曼斯坦	阿什哈巴德	ASB		阿达纳	ADA
伊朗	德黑兰	THR		伊滋密尔	IZM
伊拉克	巴格达	BGW		布尔萨	BTZ
	巴士拉	BSR		加济安泰普	GZT
科威特	科威特	KWI	格鲁吉亚	第比利斯	TBS
阿联酋	阿布扎比	AUH	吉尔吉斯	比什凯克	FRU
	沙迦	SHJ	阿塞拜疆	巴库	BAK
	迪拜	DXB	巴林国	巴林	BAH
卡塔尔	多哈	DOH	亚美尼亚	埃里温	EVN
哈萨克斯坦	阿斯塔纳	TSE	以色列	特拉维夫	TLV
	阿拉木图	ALA		耶路撒冷	JRS
也门	萨那	SAH	蒙古	乌兰巴托	ULN
	亚丁	ADE			

民航运输地理概论

第五节 ICAO 和 IATA 对世界航空的区划

国际民航组织（ICAO）为了协调世界民航事务，制定航空技术国际标准以及统计分析世界民航的生产数据，把世界分为北美、欧洲、亚太、中东、南美、非洲六个经济统计区。从空运发展水平分析，世界六大区的发展极不平衡，其中北美、欧洲和亚太部分地区是世界经济重心，三地区的空运总周转量占世界总量的 80%。目前，基本形成了北美、欧洲、亚太为主导的三足鼎立之势。

幅员辽阔、人口众多的非洲、拉美和亚太部分地区，由于经济水平的制约，空运业发展落后，多数国家的空运事业尚处于起步阶段，一些国家甚至还无空运业可言。

本节结合 IATA 三个业务分区及 ICAO 的六大区域分别进行阐述。重点阐述与我国有结算关系的机场和航空公司。

一、IATA 业务分区

为了制定国际航空运输中运价的计算规则，国际航空运输协会（IATA）把世界划分为三个区域及一些下属次区。这样划分出的区域称为"国际航协运输会议区"（IATA Traffic Conference Areas）。IATA 区域和次区的概念非常重要，它们与地理上通常所说的区域并不完全一致，因此要特别注意。

二、IATA 一区

IATA 一区东临 IATA 二区，西接 IATA 三区，北起格陵兰岛，南至南极洲。主要包括北美洲、拉丁美洲以及附近岛屿。

北美洲是北亚美利加洲的简称，位于西半球北部，东面是大西洋，西面是太平洋，北面是北冰洋，南端以巴拿马运河为界与南美洲相分。北美洲总面积 2 422.8 万平方千米（不含附近岛屿），约占陆地总面积的

16.2%，为世界第三大洲。人口46 200万，约占世界总人口的8%。

北美大陆地形的基本特征是山脉南北走向，与海岸平行，分布于东西两侧，西部为科迪勒拉山脉的北段，从阿拉斯加一直延伸到墨西哥。它包括三条平行的山地：东为落基山脉；中为阿拉斯加山脉、加拿大海岸山脉、美国内华达山脉等，其中阿拉斯加山脉中的麦金利山最高，海拔6 194米，为北美洲第一高峰；西从美国沿海山岭起，向北入海，形成加拿大西部沿海岛屿，东部是阿巴拉契亚山脉。

北美洲的河流大都是外流河，以落基山脉为分水岭：东面的河流流入大西洋和北冰洋，西面的河流流入太平洋。密西西比河是北美最长的河流，次为马更些河、育空河、圣劳伦斯河和格兰德河等。北美洲还是多湖泊的大陆，著名的五大湖——苏必利尔湖、休伦湖、密歇根湖、伊利湖和安大略湖——有"北美地中海"之称，是世界最大的淡水湖群。北美洲地跨热带、温带、寒带，气候复杂，但大陆中部广大地区处于北温带，宜于作物生长和人类生存。

北美洲的自然资源十分丰富。可耕地多，草原广阔，矿产资源丰富，森林覆盖率高，水力资源蕴藏量占世界总蕴藏量的8.9%，渔场面积占世界渔场总面积的20%。

北美洲是世界经济发达地区之一。美国和加拿大工业基础雄厚、生产能力巨大、科技先进，墨西哥的经济也很发达。北美洲也是世界交通最发达的大陆。

南美洲是南亚美利加洲的简称，位于西半球西部，东面是大西洋，陆地以巴拿马运河为界与北美洲相分，南面隔海与南极洲相望。南美洲总面积1 797万平方千米（含附近岛屿），占世界陆地总面积的12%。人口32 500万，约占世界总人口的5.6%。

南美洲大陆的地形可分为三个南北方向的纵列带：西部为狭长的安第斯山，东部为波状起伏的高原，中部为广阔平坦的平原低地。安第斯山脉长9 000千米，是世界最长的山脉，阿空加瓜山海拔6 960米，是南美洲最高峰；东部为巴西高原、圭亚那高原和巴塔哥尼亚高原，其中巴西高原面积500万平方千米，是世界最大的高原；中部为奥里诺科平原、亚马孙平原和拉普拉塔平原，是世界最大的冲积平原。

南美洲的自然资源丰富。石油、铁、铜等储量皆居世界前列。这里的森林面积占到世界森林总面积的23%,草原面积占世界草原总面积的14%,渔业资源和水力资源也十分丰富。

南美洲是拉丁美洲的一部分。南美地区原为印第安人的居住地。印第安人创造了灿烂的古代文明,在南美洲大地上建立过不少王国。至18世纪末、19世纪初期,在南美洲大地上掀起了以白人和印欧混血种人为主体的风起云涌的独立解放运动。一时间,出现了西蒙·玻利瓦尔、圣马丁、奥希金斯等一批独立战争的英雄,经过多年的较量,西班牙殖民者以失败而告终,南美各国在19世纪20年代纷纷独立。

独立后的南美洲走过了艰难曲折的道路。直到第二次世界大战之后,南美洲的经济才得到较快的发展,其中巴西和阿根廷发展最快。

加勒比区域

(一) 加拿大

1. 国家概况

加拿大原为印第安人与因纽特人居住地。16世纪沦为法、英殖民地,后又被法割让给英国。1867年,英将加拿大省、新不伦瑞克省和诺瓦斯科舍省合并为一个联邦,成为英国最早的自治领。此后,其他省也陆续加入联邦。1926年,英国承认加的"平等地位",加始获外交独立权。1931年,成为英联邦成员国,其议会也获得了同英议会平等的立法权,但仍无修宪权。1982年,英国女王签署《加拿大宪法法案》,加议会获得立宪、修宪的全部权力。

提起移民,自然就想到加拿大,这个国土面积比中国还大的国家,人口却只有中国的1/40,加上发达的经济、丰富的资源以及宽松的政策,加拿大很自然就成为移民首选的国家之一。

加拿大位于北半球,大部分国土处于较高纬度,气候比较寒冷,冬季漫长而夏季短促,但东部和西部沿海一带,以及靠近美国的哈得逊河流域和五大湖地区,气候温暖湿润,是加拿大人口稠密、经济发达的区域。到加拿大旅游的最佳季节是5月到10月,在这段时间可以体会加拿大独特的清凉夏季和枫叶般艳红的秋天。

(1) 地理概况。

加拿大位于北美洲北部。东临大西洋，西濒太平洋，西北部邻美国阿拉斯加州，南界美国本土，北靠北冰洋达北极圈。海岸线长 24 万多千米。东部气温稍低，南部气候适中，西部气候温和湿润，北部为寒带苔原气候。中西部最高气温达 40℃，北部最低气温低至 −60℃。

加拿大面积为 9 984 670 平方千米，居世界第二位。加拿大境内多枫树，每到秋天，满山遍野的枫叶或呈橘黄，或显嫣红，宛如一堆堆燃烧的篝火，因此加拿大有"枫叶之国"的美誉。加拿大国旗上的枫叶代表了加拿大人对枫叶的钟爱。

加拿大首都渥太华，地处安大略省，是全国的政治、经济和文化中心。国际标准时 GMT−5，比北京时间晚 13 个小时。

(2) 经济概况。

加拿大地域辽阔，森林和矿产资源丰富。矿产有 60 余种，镍、锌、铂、石棉的产量居世界首位，铀、金、镉、铋、石膏等居世界第二位。铜、铁、铅、钾、硫黄、钴、铬、钼等产量丰富。已探明的原油储量为 80 亿桶。森林覆盖面积达 440 万平方千米，产材林面积 286 万平方千米，分别占全国领土面积的 44% 和 29%；木材总蓄积量为 172.3 亿立方米。加领土面积中有 89 万平方千米为淡水覆盖，淡水资源占世界的 9%。

加拿大是西方七大工业国家之一。制造业和高科技产业较发达，资源工业、初级制造业和农业亦是国民经济的主要支柱。加以贸易立国，对外资、外贸依赖很大，经济上受美国影响较深。2003 年，受疯牛病、非典型性肺炎和美元贬值等因素影响，加经济全年增长率仅为 1.7%。通货膨胀和利率保持低位，财政收支已连续 7 年取得盈余。高债务、高失业率仍是制约加经济发展的主要因素。2003 年国内生产总值 12 146 亿加元，人均 38 400 加元。

2. 航空概况

加拿大约有商业飞机 4 500 架，经核准的机场共 886 个，主要机场 68 个，包括多伦多、温哥华、卡尔加里和蒙特利尔等国际机场。2001 年客运量约 595.09 亿人千米，货运量约 14.2 亿吨千米。

（1）加拿大航空公司（ACA/AC）。

加拿大航空公司（ACA/AC）前身——TCA，于 1937 年 9 月 1 日开通首航。此航班机型为洛克希德 10A，在温哥华与西雅图载运两名乘客与邮件，历时 50 分钟。到 1964 年，TCA 已成为加拿大的国家航空公司，并改名为加拿大航空公司。1989 年加航完全民营化。2000 年加拿大航空收购加拿大第二大航空公司 Canadian Airlines International，成为世界第十大国际航空公司。

加航以"乘客至上，技术领先和安全第一"为服务宗旨，被认为是国际航空运输市场中的佼佼者。根据 10 类管理及环境标准评估，加拿大航空公司位居全球 500 余家航空公司前列，被称为"世界最安全航空公司"。1999 年，加航被《航空运输》杂志（Air Transport World Magazine）评选为"全球最佳乘客服务"的航空公司。同年，加航网站被评选为"世界最佳航空公司网站"。2002 年加航荣获 OAG Worldwide 授予的"北美最佳航空公司"称号，这是在过去的三年中连续两次获此殊荣，他们的常旅客计划"Aero plan"也连续两年被评选为"世界最佳里程积分计划"。此外 2007 年加航被《国际商务旅行》杂志（Business Traveler International）的读者评选为飞往加拿大的最佳选择，同时评选加航商务舱为"飞往加拿大的最佳商务舱"。

目前加拿大航空拥有飞机 304 架，主要以空客和波音系列机型为主。1997 年，通过与星空联盟伙伴的密切合作，加拿大航空公司庞大的运输网络、便捷的航班衔接以及优质的客户服务为乘客提供了更丰富的选择。加拿大航空公司及其地区子公司加航 JAZZ，提供到达全球 150 余个目的地的定期航班和包机客货运服务，并且提供到达 90 余个目的地的度假套餐，以及为其他航空公司提供飞机维修、地面服务和培训业务。

加航大多数跨大西洋和所有跨太平洋的航线上都提供公务舱服务。新型设计的公务舱，也称之为行政头等舱，以公务舱的价位提供给乘客头等舱的舒适与便捷，加航在加拿大、美国和北美以外主要国际机场为公务舱和白金卡会员提供多种个性化的礼宾服务。

加航在大多数北美航线上都提供电子票务，这种便捷的服务正在向世界各个目的地进行广泛推广。1999 年，加拿大航空公司成为加拿大第一家将便捷的"自动办理登机手续服务机"引进加拿大各主要机场的航空公司。持 Aeroplan 白金卡和金卡的客人及星空联盟金卡持有者均可以使用枫叶休息室。加航拥有 18 个安静舒适的休息室，这是客人在登机前处理公务或稍作放松的理想去处。另外机场还设有 xerox 商务中心，欧洲大陆式早餐的用餐场所以及安静的休息区。

加航的常旅客计划"Aeroplan"在加拿大最为广泛流行。超过六百万会员通过积累里程，获得免票乘坐加航、加航子公司以及加航全球航空合作伙伴的航班。乘坐星空联盟成员承运的指定航班，里程同样可以累积到加航 Aeroplan 卡里。此外，加航会员还可通过多种途径累计点数。例如：汽车租赁公司、酒店、电信公司以及相关信用卡公司。

加拿大航空公司货运部可提供到达 150 余个目的地的直接货运服务，并通过与众多伙伴的合作提供遍及世界各国的服务。这些货运服务包括保证选择航班、机场之间优先装运的服务。加拿大航空公司所有客机均可提供货运服务，包括在 B747-400 的主舱板后端也可装载货物。加航是加拿大邮递公司中最大的空中货运服务供应商。

（2）国际机场。

在加拿大有三个城市具备多机场体系，包括多伦多、蒙特利尔和埃德蒙顿。2001 年，埃德蒙顿国际机场的旅客吞吐量 394 万，世界排名第 183 名，与西安咸阳机场大致相当，研究意义不大，因此我们主要介绍多伦多与蒙特利尔的多机场体系。

①多伦多。

多伦多的多机场体系由两个活跃的商业机场组成。

a）皮尔森国际机场（YYZ）。

皮尔森机场距离市区 27 千米，第二次世界大战后就已经成为多伦多的首要机场，2001 年旅客吞吐量 2 804 万，世界排名第 26，是加拿大最大的门户机场，也是加航最重要的枢纽机场。拥有 4 条跑道（3 370 米、3 370 米、2 898 米和 2 592 米）和 3 个航站楼。此外，位于多伦多市中心的岛屿机场（Island，机场代码 YTZ）目前仍然用于定期短途航班和通用航空，2001 年的旅客吞吐量大约为 20 万，与皮尔森机场 2 800 万的旅客吞吐量相比，几乎微不足道。因此我们没有把它包括在多伦多的多机场体系当中，尽管国际航协将这两个机场的三字代码都列在多伦多之下。

b）汉密尔顿机场（YHM）。

多伦多多机场体系的特殊之处在于汉密尔顿机场对多伦多机场的货运分流。汉密尔顿机场距离多伦多市中心大约100千米。20世纪90年代以来，出于环保考虑，皮尔森机场开始实行宵禁和其他业务限制。一些必须在夜间起降的快递航空公司，例如联邦快递、联合包裹（UPS），开始扎根汉密尔顿机场，使汉密尔顿逐渐成为大多伦多地区的航空货运尤其是快递业务的中心。2001年，皮尔森机场货物吞吐量为32.2万吨，世界排名第53；汉密尔顿机场货物吞吐量为8.3万，世界排名第146（与厦门机场大致相当）。一个100千米以外的机场能够从加拿大最大的机场分流如此多的货物，表现相当不俗。然而，汉密尔顿机场已经成为货运中心的事实，并未得到广泛的认知，即使在加拿大也是这样。加拿大运输部公布的航空运输行业数据，以一般承运人的货单数据为基础来统计。而联邦快递和UPS这些使用全货机的快递航空公司，其运量并没有计算在加拿大官方的统计数据当中。而汉密尔顿机场正好是快递公司集中的地方。官方统计数据无意中遗漏了这部分相当可观的运量，也就无法真实反映汉密尔顿机场的发展状况。

②蒙特利尔。

蒙特利尔的多机场体系由两个机场组成，一个是多瓦尔机场（Dorval，机场代码YUL），一个是米拉贝尔机场（Mirable，机场代码YMX），两个机场同属蒙特利尔机场当局（Aeroports De Montreal，简称ADM）管理。2001年，多瓦尔机场的旅客吞吐量为817万，世界排名第116；米拉贝尔机场的旅客吞吐量为137万，世界排名第336名。米拉贝尔机场最早是按蒙特利尔的首要机场而且是国际机场来规划的，准备替代和补充那时认为已经没有多大发展前途的多瓦尔机场。1975年投入使用后，政府强行命令国际航班全部从多瓦尔机场转移到新修的米拉贝尔国际机场，多瓦尔机场仅保留国内航班和美国航班。这使得在蒙特利尔转机很不方便，旅客、货主和航空公司不得不转走多伦多，对蒙特利尔的航空发展不利。20世纪八九十年代加拿大政府放松管制以后，不仅越来越多的航空公司开航从多瓦尔起飞的国际航班，有的航空公司还将部分国际航班从米拉贝尔回迁多瓦尔。魁北克政府不得不投资1.5亿加元重修多瓦尔，并重新调整这两个机场的定位，即多瓦尔机场向所有国际、国内正班开放，为承运人和旅客提供全方位的转机服务，米拉贝尔机场则瞄准货运和旅游包机航班。

3. 旅游概况

从北边的哥伦比亚角到南边伊利湖中的岛屿，从东边的纽芬兰岛到西边与阿斯加连接的育空领土（Yukon），全世界领土面积第二大的国家加拿大，横跨了6个时区，包含10个省份及两个领地。其2亿多人口中的90%集中在靠近美国边界100里之处。在加拿大广袤的国土上，有着难以计数的美景。冰山、冰河、湖泊、高山、草原和温泉等自然景观镶嵌于内，使得这片神奇的土地散发着无穷的魅力。

（1）班夫国家公园。

到加拿大西岸旅游，班夫国家公园几乎是不可缺少的景点安排。令人惊异到无法呼吸的冰河风貌，丰富的山林资源，壮丽的山容及热闹的班夫市区夜生活，每年总是吸引着一群又一群热爱户外活动的游客。这里是喜爱享受湖光美色者的乐园，在冬季，更是酷爱滑雪及冰钓者的天堂。

（2）尼亚加拉瀑布。

介于加拿大与美国国界上的尼亚加拉瀑布，是世界上最壮丽雄伟的自然奇景之一，与南美洲的伊瓜苏瀑布及非洲的维多利亚瀑布并称为世界三大瀑布。虽然从美国看此瀑布距离比较近，但多数人都认为加拿大部分的尼亚加拉瀑布景观要比美国部分的好看，因为加拿大部分的水量较多。而白天及夜晚的尼亚加拉瀑布是全然不同的景观，所以也有不少游客安排在当地留宿，以饱览日夜之景。

（二）美国

1. 国家概况

自哥伦布1492年到达美洲以后，西班牙、英国和法国等欧洲国家陆续向美洲移民并建立殖民地。18世纪30年代，英国人在北美东海岸建立起13个殖民地。1775年，波士顿首先爆发独立战争，各殖民地开始联合反英。1776年7月4日，在费城召开了第二次大陆会议，组成由乔治·华盛顿任总司令的"大陆军"，并通过《独立宣言》，正式脱离英国，宣布建立美利坚合众国。1783年独立战争结束，1787年通过美国第一部宪法并一直沿用至今。1789年华盛顿当选为第一任总统。

19世纪中叶，美国北部工业化发展迅速，南部则发展以奴隶劳动为主的棉花种植业。南北矛盾不断加深，1861年4月12日爆发南北战争，持续4年，以北方胜利而告终，统一的联邦共和国继续维持。战争期间，林肯于1862年9月颁布了《解放黑奴宣言》。南北战争后的35年中，美国工业化发展突飞猛进，同时大批移民涌入美国。从20世纪初起，美国已成为世界上最大的经济强国之一。

1917年，美国参加第一次世界大战；1941年12月"珍珠港事件"以后，美国从中立转为正式参加第二次世界大战。通过两次大战，美国军事、经济力量急剧膨胀，取得世界霸主地位。

(1) 地理概况。

美国位于北美洲中部，北与加拿大交界，东临大西洋，西濒太平洋，东西海岸相隔4 500千米；北邻加拿大，南接墨西哥湾。西北部的阿拉斯加州与美国大陆相隔、与加拿大相望，夏威夷州则位于太平洋中部，离美国本土3 200千米。美国是一个幅员辽阔的国家，有森林、沙漠、山脉、高原和平地。东部的阿巴拉契亚山脉和西部的落基山脉之间是中央大平原，落基山脉以西是富饶的加利福尼亚盆地。美国的总面积是9 363 123平方千米，其中森林占28.93%，牧场占29%，耕地占19%，城市、荒地或其他占22%；海岸线长19 921千米，陆界线长11 998千米。

美国首都华盛顿位于哥伦比亚特区（Washington D.C.），是全国的政治文化中心。美国共分5个时区，分别为大西洋区、东区、中区、山区和太平洋区。东区（纽约）比格林尼治时间晚5小时，比北京时间晚13小时；太平洋区（西区、洛杉矶）比格林尼治时间晚8小时，比北京时间晚16小时。

(2) 经济概况。

美国具有高度发达的现代市场经济，其劳动生产率、国内生产总值和对外贸易额均居世界首位，有较为完善的宏观经济调控体制。1994年，经济受新经济因素推动，开始出现快速增长，经济增长率达到4%。1995年和1996年，经济增速有所放慢，但仍分别达到2.7%和3.6%。1997

年后经济恢复高速增长势头。1997年至2000年经济增长率均超过4%。

美国经济增速2001年明显放缓，全年增长率1.2%，4个季度增长率分别非1.3%、0.3%、-0.3%、1.7%。美国股市在"9·11"事件后出现大幅波动，后逐渐回升，2001年12月31日道·琼斯工业平均指数收于10 021.60点，比年初缩水5.9%；纳斯达克综合指数收于1 950.40点，比年初下挫14.9%。美政府为刺激经济，实行扩张性财政政策。美联储年内11次降息，联邦基金利率降至1.75%，达40年来最低水平。2001财年（2001年10月1日至2001年9月30日），美国联邦政府财政盈余为1 271亿美元，较上年下降1 093亿美元。2001年外贸逆差为3 463亿美元，比上年有所下降。2001年主要经济数字：国内生产总值（GDP）102 081亿美元；人均国内生产总值35 843美元。

2. 航空概况

根据国际民航组织（ICAO）的最新统计，2004年，美国航空运输总周转量以1 449.59亿吨千米的超强业绩排名世界第一位，德国以246.8亿吨千米排名第二位，其次中国（240.76亿吨千米）、日本（224.3亿吨千米）和英国（222.6亿吨千米）分列三至五位。

航空运输在美国国内交通运输中的比重逐年提高。目前美国国内客货空运约占世界总量的50%。1997年，航空货运量1 360万吨英里，客运量4 630亿人英里。2000年，公用机场达5 317处。主要航空公司有美国航空、联合航空、达美、美西北、大陆航空等。主要航空业制造公司为波音公司、洛克希德·马丁公司、联合技术公司。主要航空港有芝加哥、亚特兰大、达拉斯、洛杉矶、旧金山、丹佛、底特律等。

（1）航空公司。

①美国航空公司（AAL/AA）。

美国航空公司是由一个大约82家小航空公司组合通过一系列整合和改革发展而来的：最初，许多飞机都可以自由使用American Airways这个名字作为共有品牌。最终，1934年，将公司更名为"American Airlines"。目前美国航空公司是全美洲最大的航空公司。每年该航空公司通过其996架飞机的庞大机队运载8000万旅客和84万吨货物到世界39个国家的263个目的地，而每星期有238次航班往返于美国和12个欧洲城市。美国航空公司已经与世界各地许多航空公司签署了"代码共享"协议，例如加拿大航空公司、澳大利亚航空公司。代码共享允许两家不同的航空公司联合飞行市场，即在旅行社的订票窗口上表现为一个航班，旅客甚至可以换乘另一家航空公司的飞机。

美国航空公司也是寰宇一家联盟的成员，世界第二大联盟企业，该联盟主要有美国航空、英国航空、西班牙伊比利亚航空、国泰航空、加拿大航空、快达航空组成，2003年业绩达到560亿欧元，共有机队近2000架。

②美国西北航空集团（NWA/NW）。

美国西北航空集团是美国西北航空公司的母公司。美国西北航空集团95%以上的运营收入来自美国西北航空公司，2000年总计超过110亿美元。美国西北航空集团的股票被包括员工在内的机构和个人股东广泛持有。其股票在NASDAQ全国市场上市，代码为NWAC。

美国西北航空是全球第四大航空公司，主要从事旅客和货物的商业运输。美国西北航空自1926年开始运营，是美国历史最悠久的承运商，并将其名称一直保留至今。美国西北航空运营众多的国内国际航线网络，向北美大陆、亚洲和欧洲约120个国家的750个城市直接提供服务。2000年，美国西北航空的乘客达到6 000万人，790亿乘客英里。

如果模仿是对原创者最诚意的奉承，那么美国西北航空/荷兰航空的联盟这么多年来肯定会感到受宠有加。美国西北航空/荷兰航空的联盟不仅是全球首项由航空公司组成的联盟，更是覆盖范围最广泛的合作协议。根据美国与荷兰两国之间所签订的"开放天空协议"，美国西北航空/荷兰航空联盟协调了包括航班时刻表、票价和客流量等诸多方面，这一切都为客户带来了更多方便。在实行联盟之前，旅客要前往一个目的地往往需要转机多次，每次都要再办理行李交运手续，更要携带多张机票。今天，如果您要从波士顿飞往曼谷，只需要一张机票和办理一次行李交运手续，完全无须转机。事实上，美国西北航空与荷兰皇家航空公司所建立的环球合作计划可以说是国际航空史上前所未见的。

③美国联合航空集团（UAL/UA）。

联合航空公司成立于1926年，当时的身份是作为4家航空公司的管理公司（这些公司都成立于 1926 或 1927 年），主要是在美国内交付邮件。这 4 家公司是波音航空运输公司、太平洋航空运输公司、国家航空运输公司和瓦尼航空公司。

联合航空公司现在是 UAL 股份公司的主要子公司。

1994 年大多数联合航空公司的雇员购买了公司 55% 的股份，交换条件是对工资和福利等做出让步，这使得联合航空公司成为世界上最大的大多数股份由雇员拥有的航空公司。该公司还在美国西海岸开始了低成本的联合穿梭公司的运营。联合航空公司机队目前有 500 余架，其航线网覆盖全球，每天运营 2 200 多个航班飞往 30 个国家的 139 个目的港。

联合航空公司是包括汉莎航空公司、北欧航空公司、泰国国际航空公司、加拿大航空公司和瓦力格航空公司的星空联盟集团的成员。通过相互参与各自的常旅客计划，旅客可以享受到里程累积，共用候机楼休息室和简化办理登记手续。其他联盟公司是新西兰航空公司、印度航空公司、全日空、安的列斯航空公司、阿洛哈航空公司、澳大利亚安塞特航空公司、英国米德兰航空公司、开曼航空公司、三角航空公司、酋长国航空公司、墨西哥空运公司、沙特阿拉伯航空公司。除了芝加哥奥黑尔、丹佛、旧金山和华盛顿 DC 的国内枢纽，联合航空公司还有东京和伦敦希思罗两个国外大型枢纽。母公司是 UAL 股份公司。子公司是联合穿梭公司、伽利略订座系统，持股 38% 阿波罗旅行社。还与三家美国地区航空公司签有提供客源协议，它们以 "United Express" 的名称运营。

④美国大陆航空公司（COA/CO）。

总部位于美国休斯敦州德克萨斯的大陆航空公司于 1997 年因其 72 亿美元的年营业额和 3.85 亿美元的年营业收入而排名全美第六大航空公司，每天有 2 000 多次航班飞往国内的 125 个目的地和国际的 67 个目的地。

为了在当今高度竞争的航空市场上保持盈利和争取主动，大陆航空公司采取了各种积极主动的扩大市场份额的行动，其中包括开辟新的国内和国际航线、提高服务水平和服务质量、为短途飞行建立大陆邮政特快专递服务等。另外，大陆航空公司还获得了由 J. D. Powers&Associates 颁发的奖项，以表彰其出色的业务和良好的业绩，进一步展示出这家航空公司卓越的关注客户服务。

大陆航空公司及其竞争对手不断地在其行业特有的工作效率、地勤供应以及客户市场等方面面临挑战。在这样一个高度竞争的环境中，大陆航空公司能够将旅行模型信息及时地供应给它组织内遍布全国和世界各地的多个部门使用则成为其增加企业收入和保持客户满意度的关键。

⑤美国联邦快递（FedEX）。

作为联邦快递集团的中坚力量，联邦快递公司的服务范围覆盖占全球国民生产总值90%的区域，能在24到48个小时之内，提供门到门、代为清关的国际快递服务。公司无与伦比的航线权及基础设施使其成为全球最大的快递公司，向220个国家及地区提供快速、可靠、及时的快递运输服务。联邦快递每个工作日运送的包裹超过320万个，其在全球拥有超过138 000名员工、50 000个投递点、671架飞机和41 000辆车辆。公司总部设在美国的孟菲斯国际机场，并且在中国香港、加拿大多伦多、比利时布鲁塞尔、美国佛罗里达州迈阿密设有自己的分部。公司通过FedEx Ship Manager at fedex.com、FedEx Ship Manager Software 与全球100多万客户保持密切的电子通讯联系。

联邦快递的服务优势：拥有全球50 000多个投递地点、通过全球最庞大的货运机群及航班把客户的货件递送至世界各地、即时包裹追踪服务、帮助客户提高生产率，为客户创造价值并在竞争中获取时间优势。

⑥美国联合包裹服务公司（UPS）。

UPS是全球最大的包裹投递公司和著名的供应链服务公司，1907年8月28日在美国华盛顿州西雅图市创立。现在已有全球员工35.7万人，全球货运枢纽和配送中心1 748个，喷气机266架，租用飞机316架，每日航班1 845班，升降机场851个。2003年全球营业额为335亿美元。UPS于1907年作为一家信使公司成立于美国，如今已发展到拥有360亿美元资产的大公司。如今的UPS，或者称为联合包裹服务公司，是一家全球性的公司，其商标是世界上最知名、最值得景仰的商标之一。作为世界上最大的快递承运商与包裹递送公司，同时也是专业的运输、物流、资本与电子商务服务的领导性的提供者。每天，UPS都在世界上200多个国家和地区管理着物流、资金流与信息流。

(2) 机场。

全世界有机场 39 500 多个，美国有 17 600 多个，约占世界总量的 44%，其中民用机场有 5 500 多个。2004 年美国亚特兰大国际机场以 8 800 万人次的旅客吞吐量和 97 万架次的飞机起飞数排名世界第一位；美国孟菲斯国际机场以 357 万吨的货邮量排名世界第一位。在美国很多的航空口岸，存在一市多场的航空港，我们下面将介绍这些一市多场的航空港。

① 纽约。

纽约是世界上最大的城市之一，有四个主要的商业性机场，共同组成了纽约大都会地区的多机场体系。

a) 肯尼迪机场（JFK）。

肯尼迪机场 20 世纪三四十年代投入使用，一直是纽约的首要机场。但 2000 年以来，旅客吞吐量落在纽瓦克机场之后。2001 年，肯尼迪机场共吞吐旅客 2 935 万人，世界排名第 23 名。飞纽约的国际航班大多降落肯尼迪机场，而肯尼迪也是美国最大的国际机场。肯尼迪机场是美国达美航空公司的中枢之一。美利坚航空在肯尼迪机场也有较强的实力。肯尼迪机场位于纽约东南部的皇后区，距离纽约中心地带曼哈顿 29 千米，占地 20 平方千米，拥有四条跑道（4 444 米、3 050 米、3 462 米和 2 562 米）、九个航站楼。

b) 纽瓦克机场（EWR）。

纽瓦克机场 1928 年投入使用，是纽约大都会地区最早的机场。20 世纪 40 年代末，纽约与新泽西州港务局从空军手中接收纽瓦克机场的运作与发展。20 世纪 70 年代末、80 年代初美国航空运输行业放松管制以后，大陆航空公司着力发展纽瓦克机场，使之逐步成为美国东部最重要的中枢之一，通航地点和班次频率不断增多，最终形成了三个航班波。中枢结构形成后，自然带动了国际航线的发展。不仅大陆航空公司成功直航许多国际航点，例如纽瓦克至香港等，其他外国航空公司也纷纷通航纽瓦克，使得纽瓦克不仅在国内运量上远超肯尼迪，而且在国际运量上也呈步步进逼之势。2 001 年，旅客吞吐量 3 056 万人，世界排名第 22 位，纽约地区排名第一。

纽瓦克位于新泽西州，地处纽约大都会地区的西南部，距离曼哈顿与肯尼迪一样，都是29千米。2001年，连接纽瓦克与曼哈顿的轻轨铁路（AirTrain System）开通，纽瓦克与市区的时间距离进一步拉近。纽瓦克机场占地面积8平方千米，拥有三条跑道（3 355米、3 044米和2 074米）和A、B、C三个航站楼。

c）拉瓜迪亚机场（LGA）。

拉瓜迪亚机场20世纪三四十年代就已经投入使用，位于纽约皇后区，在纽约中心区域的东北方向，距离曼哈顿15千米。2001年，拉瓜迪亚机场的旅客吞吐量为2 193万，世界排名第39位。运量主要以国内航线为主，也通航部分欧洲和美洲的国际航点。拉瓜迪亚机场占地面积2.7平方千米，拥有两条跑道、一个中央航站楼、两个航空公司专用航站楼（分别属于合众国航空公司和达美航空公司）、一个海空航站楼。局促的面积、繁忙的流量，使拉瓜迪亚机场异常拥挤、堵塞，航班延误率高居全美之首。

以上三个机场同时归纽约与新泽西州港务局管辖。这里所指的"港务"，不仅包括机场、海港，还包括纽约地区的许多桥梁与过海隧道，甚至毁于"9·11"恐怖袭击中的纽约世贸中心也归港务局管辖，它是一个跨州、跨设施、跨行业的经营机构。

d）艾斯利普机场（ISP）。

位于纽约市区东北方向，距离曼哈顿80千米，为艾斯利普镇所有和经营。有多家低成本航空公司提供服务，包括美西南航空等。

②华盛顿。

美国首都华盛顿的多机场体系不仅包括大华府机场管理委员会属下的华盛顿国家机场和杜勒斯机场，也包括位于马里兰州巴尔的摩的巴尔的摩国际机场。

a）杜勒斯机场（IAD）。

华盛顿国家机场距离市区太近，距白宫仅3千米，不仅没有发展空间，也存在不少安全与环境方面的担忧。因此在第二次世界大战结束后，就出现了修建华盛顿第二机场的呼声。1950年，美国国会通过华盛顿第二机场法案。1958年确定选址，1962年投入使用。杜勒斯机场距市区40千米，与市区的交通往来不如近在咫尺的国家机场，因此在建成后的二十多年里，一直未能实现其价值。即使联邦法律限制国家机场的使用和流量，也没有使杜勒斯机场实现健康的运量。从1969年到1983年，杜勒斯的旅客运量一直在200万到300万之间徘徊。20世纪80年代中期，负责管理杜勒斯机场和华盛顿国立机场的大华府地区机场管理委员会制定正确的远期发展战略，通过大量的准备工作，成功说服并有力协助美国联合航空公司建设杜勒斯国内航线中枢，杜勒斯机场的运量才开始发生迅猛的、持续的增长。委员会继而利用北大西洋航权自由化的历史时期，积极促进建设国内转国际中枢。20世纪90年代末，又成功地抓住历史性的机遇建设区域喷气机支线中枢。在整个20世纪90年代，杜勒斯机场都是美国运量增长的机场，2001年杜勒斯机场年旅客吞吐量1786万，全球排名第57。杜勒斯机场占地面积44平方千米，拥有三条跑道。杜勒斯机场采用的是主航站楼加远程候机厅的建筑形式，通过摆渡车连接主航站楼与各个远程候机厅。

b) 华盛顿国家机场（DCA）。

华盛顿国家机场1941年投入使用，占地面积3.4平方千米，拥有三条跑道。受跑道长度限制，只能起降中型和小型飞机。为避免过于拥挤和大面积的航班延误，美国国会还于1999年通过法案，进一步限制国家机场的营运规模，规定航线距离不能超过1200英里，否则必须使用杜勒斯机场。尽管这样，国家机场仍然是美国最繁忙、最拥挤的机场之一。2001年，旅客吞吐量1326万，世界排名第78位。如果按起降架次排序，世界排名上升到第64位。

c) 巴尔的摩机场（BWI）。

华盛顿地区的三大机场很难排出首要与次要的先后顺序。按地理位置论，国家机场无疑是华盛顿地区的首要机场。按起降架次论，杜勒斯机场世界排名第25，在这三个机场中名列第一。但是按旅客人数论，2001年华盛顿地区最大的机场则是巴尔的摩机场，旅客吞吐量2037万人，世界排名第43，而杜勒斯机场排名第57，国家机场排名64，都落在巴尔的摩之后。然而在2000年以前，杜勒斯机场是华盛顿地区当之无愧的"老大"。短短几年时间，排名发生变化，从一个侧面反映了美国航空运输行业格局的变化。美西南航空1993年进入巴尔的摩机场，为整个华盛顿地区提供服务,已经发展成为美西南的第三大航点,每天144个航班。虽然巴尔的摩距离华盛顿特区50千米,但西南航空加入以后,凭借"低票价、高频率"的优势,市场份额迅速上升,带动了机场总体运量的大幅增长。2001年,美西南在巴尔的摩机场的市场份额为38.6%。

2001年"9·11"以后,美国航空运输行业陷入前所未有的萧条,传统的网络型航空公司运量锐减,而低成本航空公司依然"风景这边独好"。杜勒斯机场是美联航的中枢,而美联航承受的打击最大,航班和运量大量削减,连累了杜勒斯机场的发展,运量比上年下降10.6%。国家机场在"9·11"后关闭近一个月,同时又是传统航空公司扎堆的地方,运量下降幅度更大,比上年下降16.2%。而巴尔的摩机场由于美西南航空的强劲支撑,运量反比上年增长3.6%,增长速度位居美国各机场之首。

③波士顿。

以波士顿为中心的新英格兰地区拥有多个大型民用机场,构成了一个多机场体系,除了位于波士顿的洛根国际机场,还包括周边的其他三个机场,一个是位于新罕布什尔州的曼彻斯特机场,一个是位于罗得岛州的普罗维登斯机场,一个是位于马萨诸塞州的伍斯特机场。

a) 波士顿洛根机场(BOS)。

位于新英格兰西部的中心地带,距离波士顿市区20~25分钟的车程时间。2001年旅客吞吐量2 420万,世界排名第32。洛根机场是新英格兰地区较早的机场之一,20世纪三四十年代投入商业航班使用。目前占地面积9.6平方千米,拥有5条跑道、5个航站楼。

b) 曼彻斯特机场(MHT)。

位于新英格兰地区的北部,距离波士顿市中心98千米,距离波士顿市郊地区大约48千米。2001年,旅客吞吐量510万,世界排名大约在160位上下。曼彻斯特和普罗维登斯机场都没有加入国际机场理事会(Airport Council International,简称ACI),无法查到准确的运量数据与排名。

c) 普罗维登斯机场(PVD)。

也称格林机场(T. F. Green),位于新英格兰地区的西南部,距离波士顿市中心80千米,距离波士顿市郊区域大约40千米。2001年,旅客吞吐量280万左右，世界排名在230位上下。近年来，由于洛根机场过于拥挤，航班延误普遍，很多航空公司把目光转向普罗维登斯机场和曼彻斯特机场，尤其是以美西南为首的低成本航空公司，带动了这两个机场"井喷"式运量增长。从1996年到2000年，这两个机场的年平均增长速度超过30%，而洛根机场的增长速度不到3%。整个新英格兰地区76%的运量增长来自这两个次要机场。

d）伍斯特机场（ORH）。

位于新英格兰地区的中西部，只有合众国航空公司一家提供定期航班。不过合众国航空公司已经宣布从2003年2月起撤出该机场。伍斯特机场重新成为纯粹的通用航空机场。

④芝加哥（CHI）。

芝加哥地区有三个机场，其中梅格斯机场（Meigs，机场代码CGX）用于通用航空，组成芝加哥多机场体系的是奥黑尔机场和米德韦机场。

a）奥黑尔机场（ORD）。

奥黑尔机场是世界上唯一的双中枢机场。世界上最大的两家航空公司——联合航空公司和美利坚航空公司，都在奥黑尔机场建立了自己的中枢。2001年，旅客吞吐量6 745万，仅次于亚特兰大机场，是世界上最繁忙的机场之一。奥黑尔机场距离市中心29千米，占地面积31平方千米，拥有四条跑道、四个航站楼。

b）米德韦机场（MDW）。

米德韦机场距离芝加哥市中心16千米。从20世纪20年代修建直到1959年，米德韦机场都是芝加哥地区的首要机场，还一度成为世界上最繁忙的机场。之后经过二十多年的沉寂，一直到1978年美国放松航空管制，众多新兴的航空公司通航米德韦机场，才迎来了一个新的发展时期。目前米德韦机场有17家航空公司提供服务，除了全美最大的6家网络型航空公司，还包括美西南等低成本、低票价的航空公司。这些低成本航空公司在米德韦机场占有相当的市场份额。2001年，米德韦机场的旅客吞吐量为1 568万，世界排名第63位。

⑤洛杉矶（LAX）。

洛杉矶最著名的机场无疑是洛杉矶国际机场。负责洛杉矶国际机场营运与管理的洛杉矶世界机场（Los Angeles World Airports，简称LAWA）是一个与大华府机场管理委员会类似的组织，还同时管理东部的安大略机场以及 Van Nuys 和 Palmdale 等通用航空小机场。此外，洛杉矶附近的机场还包括南部的橙县机场、北部的伯班克机场，以及东南部的长滩机场。洛杉矶的多机场体系就由这五个主要的商用机场组成，而且这五个机场均于20世纪三四十年代建成，以后逐步发展分化。

a) 洛杉矶国际机场（LAX）。

洛杉矶国际机场1948年投入商用航班营运，一直是洛杉矶地区的主要机场。2001年旅客吞吐量为6 161万，世界排名第三位。其中美联航占有的市场份额最大，该机场是美联航在美西地区的两大枢纽之一。同时，洛杉矶国际机场也是美西地区最大的国际门户，几乎所有飞洛杉矶的国际航空公司都选择了洛杉矶国际机场。洛杉矶国际机场位于大洛杉矶地区的西部，距离市中心27千米，拥有四条跑道、一个主体航站楼（分为八个候机大厅）。

b) 橙县机场（SNA）。

位于大洛杉矶地区的南部，距离迪斯尼乐园26千米，距离洛杉矶国际机场61千米，2001年的旅客吞吐量为732万。世界排名第126，是洛杉矶地区第二大机场。橙县机场吸引了很多低成本的航空公司。除了美西南航空，从纽约肯尼迪机场开始发迹、别具特色且声誉鹊起的低成本航空公司 Jet Blue 也在此提供服务。

c) 安大略机场（ONT）。

位于大洛杉矶地区的西部，距离市中心56千米。2001年旅客吞吐量为670万。安大略机场是洛杉矶地区重要的航空货运中心，八家美国较大的货运或快递航空公司都在此提供服务，其中联合包裹（UPS）的市场份额最大，是UPS在美国地区的枢纽。2001年，安大略机场的货物吞吐量近42万吨，世界排名第38位。

d) 伯班克机场（BUR）。

位于大洛杉矶地区的北部，距离好莱坞15千米，距离洛杉矶市中心21千米，同样以休闲度假旅客为主。2001年旅客吞吐量449万，世界排名第169位。

e）长滩机场（LGB）。

位于大洛杉矶地区的东南部，距离洛杉矶国际机场60千米，是波音公司的装配中心之一。2001年旅客吞吐量58万，世界排名第474位。

⑥旧金山（SFO）。

国际航协列在旧金山名下的机场只有一个，那就是旧金山国际机场，机场代码与城市代码同为SFO。但位于旧金山东北方向的奥克兰机场，以及位于旧金山西南方向的圣何塞机场，距旧金山市区不过30到40分钟的车程。两个机场主动与旧金山国际机场竞争同一辐射区（Catchments Area）的客货源，共同构成了旧金山地区的多机场体系。

a）旧金山国际机场（SFO）。

位于旧金山南部，距离市中心25千米，是美联航在美西地区最重要的中枢，也是美联航太平洋航线的国内转接与分驳中心，拥有三个国内航站楼和一个国际航站楼。2001年，旧金山国际机场的旅客吞吐量为3 463万，世界排名第14位。

b）奥克兰机场（OAK）。

位于旧金山的北部，距离旧金山市区29千米，是旧金山地区航空货运的中心，吸引了很多全货运航班，包括相当比重的国际货班。2001年货物吞吐量59.3万吨，世界排名第27。而旧金山的货物吞吐量63.6吨，排名第24位。两者差距不过4万吨。据预测，一直到2007年，奥克兰机场的货物运量将保持每年10%的增长，一两年内就将超过旧金山机场；同时，奥克兰机场也吸引了不少美国正班航空公司，尤其是低成本的航空公司。奥克兰是美西南第7大通航地点，每天123班，是美西南服务旧金山的主要机场。2001年，奥克兰机场旅客吞吐量为1 171万，世界排名第88位。

c）圣何塞机场（SJC）。

虽然距离旧金山市区大约48千米，但从旅客吞吐量来看，位于大旧金山地区南部的圣何塞机场却是大旧金山地区的第二大机场。该机场主要为旧金山南部圣何塞市的居民提供服务，同时也吸引了美西南航空这样的低成本航空公司。2001年旅客吞吐量1 309万人，世界排名第79位。

⑦达拉斯(DAL)。

达拉斯的多机场体系由两个机场组成,一个是位于达拉斯西部的沃思堡机场,一个是位于达拉斯市区的拉夫菲尔德机场。

a)达拉斯—沃思堡机场(DFW)。

1974年投入使用,由达拉斯和沃思堡两个城市共同所有,距离达拉斯24千米,距离沃思堡29千米,是美利坚航空公司的中枢与总部所在地,也是达美航空公司的中枢之一。2001年旅客吞吐量5 515万,世界排名第六位。机场占地面积73平方千米,拥有七条跑道和四个航站楼,还在规划修建第八条跑道和一个新的国际候机楼。

达拉斯—沃思堡国际机场头等舱休息厅可以同时接待300名乘客,20个工作间可以帮助乘客收发传真,通过无线的方式连接到互联网。有儿童娱乐室、音乐室、健身房及七个淋浴室,乘客将感觉登机之前的时光异常短暂。

b)拉夫菲尔德机场(DAL)。

位于在市中心西北11千米处,由达拉斯市所有,20世纪20年代就已经投入商业航班使用。20世纪70年代,引发世界航空运输行业变革的美国西南航空公司从这里开始发迹。它是西南航空的总部所在地,也是西南航空最大的通航点之一。包括西南航在内,共有三家航空公司通航17个美国航点。2001年,拉夫菲尔德机场的旅客吞吐量为669万,世界排名第135位。机场占地面积5.2平方千米,拥有两条平行跑道、一条交叉跑道和三个航站楼。

⑧休斯敦(XSD)。

休斯敦的多机场体系由两个机场组成,一个是20世纪60年代末修建的布什洲际机场,一个是原有的霍比机场。

a)布什洲际机场(IAH)。

20世纪60年代初期,休斯敦就开始筹划兴建新的机场,以代替发展受到限制的霍比机场。1969年,位于休斯敦北部、距离市中心32千米的新机场投入使用,所有客运航空公司全部转移到新机场。1997年,为纪念老布什总统,改用现在这个名字。2001年,旅客吞吐量3 480万人,世界排名第13位。新机场是大陆航空公司的总部所在地,也是大陆航空公司的三大中枢之一。机场占地面积超过 40 平方千米，拥有三条跑道和四个航站楼。

b）霍比机场（HOU）。

位于休斯敦南部，距离市中心大约 11 千米，20 世纪 40 年代就已经投入使用。1969 年新机场投入使用后，霍比机场仅供公务与私人小飞机起降。1971 年，西南航空公司开通从霍比机场起飞的得克萨斯州内航线，才重新迎来定期航班。但是一直到 1978 年，使用霍比机场的航空公司也就美西南一家。目前有 8 家航空公司使用霍比机场，连接 60 多个美国航点。2001 年，旅客吞吐量 864 万，世界排名第 110 位。霍比机场拥有四条跑道，两条较短的跑道主要用于通用航空。

⑨迈阿密（MAM）。

迈阿密周围机场众多，构成多机场体系的主要机场有三个。沿着狭长的佛罗里达东部海岸，从南向北，依次是迈阿密国际机场、劳德代尔堡机场和西棕榈滩机场。后两个机场并没有被国际航协归在迈阿密的城市代码之下，但整个佛罗里达东部海岸沙滩密布，城市相连，在游客的心目中已经成为一个整体。

a）迈阿密国际机场（MIA）。

位于迈阿密的西部，距离市中心大约 20 千米。2001 年，旅客吞吐量 3 167 万，世界排名第 19。但在货运方面，世界排名第六位，美国排名第三（前两名依次是孟菲斯和洛杉矶）。迈阿密国际机场是美国连接中南美洲的重要门户，也是美利坚航空公司的四大中枢之一。占地面积 13 平方千米，拥有三条跑道，还在修建第四条跑道。

b）劳德代尔堡机场（FLI）。

距离迈阿密市区大约 35 千米。2001 年旅客吞吐量 1 641 万，世界排名第 61 位，以休闲度假旅客为主，适合低成本、低票价航空公司营运。

c）西棕榈滩机场（PBI）。

距离迈阿密市区大约 60 千米。2001 年旅客吞吐量 594 万，世界排名第 146 位，同样以休闲度假旅客为主，吸引了很多低成本、低票价的航空公司。

3. 旅游概况

1999年，美国旅游业总支出4 516亿美元，到美国旅游的外国游客为4 850万人次，旅游收益744亿美元（交通费除外）。1999年和2000年旅游业顺差分别为142亿、194亿美元。游客主要来自加拿大、欧洲、墨西哥等地。外国游客参观的主要城市依次为纽约、洛杉矶、奥兰多、迈阿密、旧金山等；主要州依次为加利福尼亚州、佛罗里达州、纽约州、夏威夷州、内华达州等。

(1) 阿拉斯加。

阿拉斯加意思是广大的土地，位于北美洲的西北角，是美国最北的州，也是美国五十个州中最大的州，面积广达69万平方英里。阿拉斯加州与美国本土并不相连，中间隔着加拿大，是美国于1876年，以相当于美金720万元的黄金，向俄国购买得来的。该州三面环海，紧靠北冰洋。该州境内有许多重要山脉，包括阿留申山区、阿拉斯加山区、海岸山脉与布鲁克斯山区。麦金利山是该州的最高峰，也是北美洲的最高点。阿拉斯加境内约有10万个冰河、1 800个岛屿、300万个湖泊与3 000条河流。阿拉斯加是人口最为稀少的州之一，人口大约只有55万。主要的城市有安克拉治、费尔班克斯、居努（州首府）、希特卡、凯契肯与科底雅克。

(2) 黄石公园。

黄石公园成立于1872年3月1日，是全世界第一个也是最古老的国家公园，并且在1978年纳入联合国教科文组织的世界遗产名单；不过因为生态的破坏，1995年被列入危险级。一万多年前，黄石公园原是印第安人的狩猎区，公元1807年，随着路易斯与克拉克探险队的远征及第一位进入黄石公园的白人约翰寇特的勘探，黄石公园才得以呈现在世人面前。当寇特向他的朋友描述自己看到的黄石地热奇观，却没有人相信他，并被戏称为（寇特地狱），这个名称后来也被用来称呼黄石公园。

公园占地90万公顷，黄石公园的特色就是地热现象，上千个炙热喷泉及冒泡的泥浆形成了世界上最大的地热谷。冒着蒸气的炙热泉水、水藻及细菌也形成了多彩的水池。其中最著名的老忠实喷泉约每75分钟喷一次，喷发时非常的壮观。整个老忠实喷泉区还有一大片各式大小形态不一的喷泉和间歇泉，不过都略逊一筹。

(3) 夏威夷群岛。

夏威夷群岛地处北太平洋，由八个火山岛组成，它们分别是夏威夷大岛、茂宜岛、欧胡岛、可爱岛、尼豪岛、莫洛凯岛、拉纳岛、卡霍奥拉韦岛。夏威夷群岛的天然环境非常迷人，属于火山岛，地形崎岖不平；拥有美丽的海滩，从白色的沙滩一直到黑色土质的沙滩都有。地形与地质的变化也非常大，不论从低地沙漠一直到高耸的山顶，或是从贫瘠的火山岩到热带雨林区，在夏威夷群岛上，通通都看得到。一般人到夏威夷都会到欧胡岛及夏威夷岛这两个较著名的岛屿游览。

南美区域

（一）巴西

1. 国家概况

1500年4月22日，葡萄牙航海家佩德罗·卡布拉尔到达巴西。16世纪30年代葡萄牙派远征队在巴建立殖民地，1549年任命总督。1808年拿破仑入侵葡萄牙，葡王室迁往巴西。1821年葡王室迁回里斯本，王子佩德罗留巴任摄政王。1822年9月7日，佩德罗王子宣布独立，建立巴西帝国。1889年11月15日，丰塞卡将军发动政变，推翻帝制，成立巴西合众国。1964年3月31日，军人发动政变上台，实行独裁统治，1967年改国名为巴西联邦共和国。1985年1月，军人还政于民。经过近20年发展，巴代议制民主政体基本稳固。民主运动党、自由阵线党、社会民主党组成的中右政党联盟长期执政。20世纪90年代末期以来，中右政党联盟内部逐渐分化，左翼政治力量不断成熟壮大。2002年10月26日，最大的左翼政党劳工党人卢拉赢得大选，并于2003年1月1日宣誓就任巴西第40任总统。这是巴西历史上首位民选左派总统。

（1）地理概况。

位于南美洲东南部。北邻法属圭亚那、苏里南、圭亚那、委内瑞拉和哥伦比亚，西临秘鲁、玻利维亚，南接巴拉圭、阿根廷和乌拉圭，东濒大西洋。海岸线长约7 400千米，领海宽度为12海里，领海外专属经济区188海里。国土面积851.42万平方千米，约占南美洲总面积的46%，仅次于俄罗斯、加拿大、中国和美国，为世界第五大国家。

巴西全境地形分为亚马孙平原、巴拉圭盆地、巴西高原和圭亚那高原，其中亚马孙平原约占全国面积的1/3。有亚马孙、巴拉那和圣弗兰西斯科三大河系。亚马孙河全长6751千米，横贯巴西西北部，在巴流域面积达390万平方千米。巴拉那河系包括巴拉那河和巴拉圭河，流经西南部，多激流和瀑布，有丰富的水力资源。圣弗兰西斯科河系，全长2900千米，流经干旱的东北部，是该地区主要的灌溉水源。

巴西首都巴西利亚，人口205万（2000年）。巴西利亚融会了世界古今建筑艺术的精华，有"世界建筑博览会"之称。巴西利亚时间GMT-3，比北京时间晚11个小时。

（2）经济概况。

综合实力居拉美首位。经济结构接近发达国家水平，服务业的产值和就业人口长期保持50%以上。1967—1974年，巴西经济创造了年均增长10.1%的"巴西奇迹"。20世纪80年代受高通货膨胀困扰，经济出现停滞甚至严重衰退。从90年代开始，巴西向外向型经济模式转轨。1994年政府实施了雷亚尔货币稳定计划，有效解决了高通胀问题，并在此基础上进行了宏观经济结构改革，大力推进私有化。1997年后，由于受亚洲和俄罗斯金融危机的冲击，巴西经济发展受阻。1999年初巴西金融市场剧烈动荡，政府被迫放弃1994年以来实行的固定汇率制，货币大幅贬值，经济受到重创。其后受国内电力危机、大选因素和阿根廷经济危机影响，金融市场波动频繁，加之国际经济大环境不景气，巴西经济增长速度缓慢，通膨率和失业率均有所上升。卢拉政府上台后，采取稳健的经济政策，金融形势趋于稳定，外资流入加大，生产恢复增长，就业岗位增加，经济实现强劲复苏。2004年主要经济数字如下：国内生产总值17692亿雷亚尔（约合6049亿美元），人均国内生产总值9743雷亚尔（约合3330美元）。

2. 航空概况

巴西是第三世界国家中航空业发展水平较高的国家。航空运输在经济发展中占有重要地位。1970—1974年间巴西进口了2000架通用飞机。1969年建立的巴西航空工业公司通过与意大利、美国合作引进先进技术，设计和制造了EMB-110型15座小型运输机和EMB-200型农业飞机，并仿制意大利的MB-326喷气教练机。20世纪70年代中期以来，产品不仅能满足本国需要，还出口美国、英国、法国等航空发达国家和第三世界国家。20世纪80年代初研制成功EMB-312"巨嘴鸟"教练机和EMB-120"巴西利亚"支线客机。1980年巴西参加意大利AMX攻击机研制计划，第一架原型机已于1984年5月开始试飞。巴西空军1983年有180多架作战飞机，主要机型是美国制造的F5和法国制造的"幻影3"。

巴西航空工业公司是世界第四大民用飞机、第二大支线飞机制造商。2003年在巴西500强企业中排名第七位。公司成立三十多年以来，设计、生产和销售飞机共5500架，强项产品为支线飞机，此外，还生产军用飞机和公务飞机。支线飞机主要机型为EMB120（30座）、ERJ135（37座）、ERJ140（44座）、ERJ145（50座）、EMBRAER170（70座）、EMBRAER175（78座）、EMBRAER190（98座）、EMBRAER195（108座）。目前支线飞机在国际市场的占有率为45%。军用飞机也是巴西航空工业公司的重要产品。在巴西空军服役的有一半以上为巴西航空工业公司生产的飞机，并广泛出口到世界上二十多个国家。

图7.5　巴西航空工业公司航徽

巴西航空运输业在拉丁美洲居于首位，2002年客运量为3 301万人次。全国有八家航空公司，均为私营，其中里约格朗德（VARIG）、圣保罗（VASP）和马里利亚（TAM）三家主要公司经营国际和绝大部分国内航线。2002年正式登记的飞行器有10 610架，其中各种型号的波音客机100多架。全国通航城市有150个，与世界主要地区均有定期航班。据官方统计，全国共有机场2 014个，其中私人机场1 299个、公用机场715个。主要国际机场为圣保罗、里约热内卢、巴西利亚、累西腓、玛瑙斯。

巴西航空公司（VRG/RG）始创于1927年，是巴西第一家航空公司，历史悠久。时至今日巴西航空公司已发展成为巴西及拉丁美洲最大、班次最多的航空公司。巴西航空公司也是星空联盟的成员，巴西航空公司及其下属直线航空公司所拥有的市场份额占巴西航空客运市场的50%，占巴西全行业国际市场的70%。巴西航空公司一贯致力于改进服务质量，提高准点率，重视空中、地面服务，以适应旅客不断提高的航空旅行需求。77年来，巴西航空公司所秉承的"巴西航空公司就是优质服务"的服务理念，使其成为巴西国内、国际航空运输业的翘楚，赢得了无数国际荣誉。

图7.6　巴西航空公司航徽

巴西航空公司及其下属分公司现已拥有近100架航机，其中包括最宽敞舒适的B-777。巴西航空公司在巴西国内，通航里程达1.76亿千米，国际飞行网络连接欧洲、北美洲、亚洲、非洲及整个南美洲。

在亚洲，巴西航空公司经营的直飞日本的航班已有30年的历史，现在又荣幸地被巴西政府指定为经营巴西到中国航线的唯一航空公司，期待着在不久的将来能够直飞中国，为中巴两国架起空中桥梁。

3. 旅游概况

据统计，2004年巴西接待外国游客470万人次，同比增长14%，创汇32.2亿美元，同比增长30%。全国共有旅行社7 896家，旅游业直接从业人员130万人。全国主要旅游点：里约热内卢、圣保罗、萨尔瓦多、巴西利亚、伊瓜苏大瀑布、玛瑙斯自由港、黑金城、巴拉那石林和大沼泽地等。

巴西是一个多民族的、多姿多彩的国家，她以节日众多闻名于世。春秋之季是巴西最好的旅游时间。在这块神奇的土地上，好玩的东西很多。除了足球、桑巴舞、各种各样的节日，你还可以去看看巴西三大名城——巴西利亚、圣保罗、里约热内卢，对于喜欢大自然的朋友来说，亚马孙森林、伊瓜苏瀑布、亚马孙海潮也不可不去领略一番。

历史上，巴西曾先后在萨尔瓦多和里约热内卢两个海滨城市建都。为开发内地，1956年库比契克总统决定迁都内地。1957年，建都工程启动。1960年，在历时3年零7个月时间后，一座现代化的都市——巴西利亚在巴西内地建成。同年4月21日，巴首都从里约热内卢迁至巴西利亚。

巴西利亚以其独特的建筑闻名于世。其总体建设计划由建筑大师卢西奥·科斯塔完成。在灯火通明的夜晚从空中俯视，巴西利亚宛如一架驶向东方的巨型飞机。整座城市沿垂直的两轴铺开：向机翼南北延伸的公路轴和沿机身东西延伸的纪念碑轴。机头是三权广场，机身是政府机构所在地，机翼则是现代化的立体公路。三权广场左侧是总统府，右侧是联邦最高法院。广场对面是国会参、众两院，两院会议大厅建筑外观如同两只大碗，众议院的碗口朝上，象征"民主""广开言路"；参议院的碗口朝下，象征"集中民意"。国会的两座28层大楼之间有通道相连，呈"H"型，为葡语"人"的首字母。三权广场上的议会大厦、联邦最高法院、总统府和外交部水晶宫等是巴西利亚的标志性建筑。1987年12月7日，联合国教科文组织宣布巴西利亚为"人类文化遗产"。

巴西利亚最高的建筑是高224米的电视塔，比巴黎埃菲尔铁塔低100米，为世界第四高铁塔，重378吨。铁塔瞭望台位于高75米处，可容纳150人，游客可免费乘电梯登台。每逢周末铁塔周围有手工艺品市场。

（二）阿根廷

1. 国家概况

西班牙语中，阿根廷与拉普拉塔两词意义相同，均为"白银"。1527年，西班牙探险家塞瓦斯蒂安·卡沃托率领一支远征队到达南美大陆后，从一个宽阔的河口溯流而上，深入到内地。探险家们发现当地印第安人佩戴着很多银制的饰物，以为当地盛产白银，便将这条河命名为拉普拉塔河，把这一地区称为拉普拉塔区。西班牙殖民统治者后来又将拉普拉塔区改为省。1916年7月9日，拉普拉塔省宣布独立，并将国名正式定为阿根廷。阿根廷一词源于拉丁文，不仅是指具体意义上的白银，同时寓意"货币""财富"。这块广袤的土地上虽不产白银，但有着肥沃的土壤，丰茂的草原，良好的气候，这使阿根廷成了"世界的粮仓和肉库"，财富滚滚而来。因此，把这个国家称之为"阿根廷"，真是再恰如其分不过了。

（1）地理概况。

位于南美洲南部，东濒大西洋，南与南极洲隔海相望，西邻智利，北与玻利维亚、巴拉圭交界，东北与乌拉圭、巴西接壤。陆上边界线长25 728千米，海岸线长4 000余公里，国土面积2 780 400平方千米。为拉丁美洲（除美国和加拿大两国其他美洲国家的统称）的第二大国，仅次于巴西。地势由西向东逐渐低平。西部是以绵延起伏、巍峨壮丽的安第斯山为主体的山地，纵贯南北3 000余公里，约占全国面积的30%；东部和中部的潘帕斯草原是著名的农牧区；北部主要是格兰查科平原，多沼泽、森林；南部是巴塔哥尼亚高原。主要山脉有奥霍斯·德萨拉多山、梅希卡纳山，海拔6 964米的阿空加瓜山，为南美洲万峰之冠。巴拉那河全长4 700公里，为南美第二大河。主要湖泊有奇基塔湖、阿根廷湖和别德马湖。

北部属亚热带湿润气候，中部属亚热带和热带沙漠气候，南部为温带大陆性气候，大部分地区年平均温度在16℃～23℃之间。东北部降水丰沛，在1 000毫米左右，西北部和南部为250毫米；夏季雨水较多。巴拉那-拉普拉塔河全长5 580公里，为南美第二大水系，主要支流有巴拉圭河、乌拉圭河等国际界河，南部安第斯山区多冰蚀谷、冰碛湖。著名的乌马瓦卡峡谷，曾是古老的印加文化传到阿根廷的通道，被称为"印加之路"。阿根廷矿产资源丰富，主要有石油、天然气、煤炭、铁和银等。水力资源比较丰富。森林面积占全国面积22%。沿海渔业资源丰富，是世界著名的农牧产品出口国。

阿根廷首都布宜诺斯艾利斯是拉美最繁华的都市之一。该市位于拉普拉塔河西岸，风景秀美，气候宜人，有"南美巴黎"之称。市内以街心公园、广场和纪念碑众多而著名。城市建筑多受欧洲文化影响，至今还保留有几个世纪前西班牙和意大利风格的古代建筑。国际标准时GMT-3，比北京时间晚11个小时。

（2）经济概况。

阿根廷工业门类齐全，农牧业发达，是世界粮食和肉类的重要生产和出口国，素有"世界粮仓和肉库"之称。

20世纪初，阿根廷经济总量曾位居世界前十名。80年代因债务危机，经济大幅衰退。1991年起，梅内姆政府开始实施以私有化为核心的新自由主义经济政策，实行比索兑美元1：1固定汇率制，阿根廷经济重新步入增长轨道，1991—1998年年增长率达6%。受东南亚金融危机和巴西金融动荡冲击，阿根廷经济自1998年上半年开始滑坡，国家风险指数上升，外债负担日益沉重，金融系统濒临崩溃。2001年底，阿政府宣布暂时冻结银行存款，引发大规模社会骚乱并最终导致政府垮台。杜阿尔德总统2002年上台后，采取暂停偿还外债，取消固定汇率制等重大举措，但阿根廷经济仍在低谷徘徊。

基什内尔政府上台后，加强国家宏观调控，实行审慎的财政和货币政策，严肃金融纪律，增收节支，鼓励出口，同时努力解决债务问题，力求通过逐步减少债务负担，恢复经济自主发展。目前阿根廷宏观经济运行稳定，经济保持快速恢复性增长势头，财税指标完成良好，金融体系逐步恢复，国际收支持续改善。2004年国内生产总值（GDP）增长9%。从2002年第二季度至2004年第四季度，实现GDP连续11个季度增长，累计增长24%。2004年主要经济指标如下：全国GDP生产总值4 701.19亿比索，约合1 567.06亿美元。人均GDP产值4 227美元。

2. 航空概况

全国共有客机100余架，机场400多个，其中80多个为主要机场。各省省会、主要城市及重要旅游点每天均有航班往来，国际航线26条。2004年客流量1 129.31万人次，货运量18.28万吨。首都埃塞伊萨国际机场是全国最大的航空港。近年来，政府对国营航空公司实行了私有化，57%的股份卖给了西班牙航空公司和私营企业。

阿根廷航空公司目前有客机29架，其中波音飞机26架，国际航线26条，年载客量370万人，营运额7.19亿美元。除阿根廷航空公司外，阿根廷还有南方航空公司和拉帕航空公司。

3. 旅游概况

阿根廷旅游业发达，是南美主要旅游国家。2003年全国共有7 847家旅馆，174 629套客房，417 995张床位。当年外国游客共337.4万人次，同比增长19.6%，旅游业收入20.37亿美元，同比增长37%。目前有世界自然和文化遗产八处，主要旅游点有巴里洛切风景区、伊瓜苏大瀑布、莫雷诺冰川等。

16世纪初，远道而来的西班牙探险船队驶入拉普拉塔河口，只见阳光普照、绿野千里，空气清新，一名船员不禁高呼："布宜诺斯艾利斯！"（西班牙语"多新鲜的空气啊！"）这一感叹日后成了在这里所建城市的名称。

布宜诺斯艾利斯作为西班牙殖民中心近300年之久，1816年阿根廷独立时被定为首都。今天的布宜诺斯艾利斯已经跻身于世界特大城市之列，它集中了全国35％以上的人口，2/3的工业产值，近一半的国民生产总值。这是一座十分欧化的城市，不仅城市居民几乎都是欧洲移民的后裔，而且城市布局、街景以及居民的生活方式、风俗习惯、文化情趣，处处显露出欧洲风情。

三、IATA 二区

IATA 二区北起北冰洋，南至南极洲，包括俄罗斯（乌拉尔山以西）、欧洲以及相邻的岛屿、冰岛、亚速尔群岛，非洲全部及其相邻岛屿、亚松森群岛，亚洲中东部分国家（伊朗及其以西的亚洲部分）。

欧洲，全称为"欧罗巴洲"。古代的闪米特人将西方日落处叫"欧罗巴"。欧洲位于东半球的西北部，北临北冰洋，西濒大西洋，南濒大西洋的属海地中海和黑海。大陆东至极地乌拉尔山脉，南至马罗基角，西至罗卡角，北至诺尔辰角。东部以乌拉尔山脉、色拉尔河、里海、高加索山脉、博斯普鲁斯海峡、马尔马拉海、达达尼尔海峡同亚洲分界；南隔地中海与非洲相望；西北隔格陵兰海、丹麦海峡与北美洲相对。面积1 016万平方千米（包括岛屿户），约占世界陆地总面积的6.8％，仅大于大洋洲，是世界第六大洲。

欧洲也是资本主义经济发展最早的一个洲，工业生产水平和表业机械化程度均较高。生产总值在世界各洲中居首位，其中工业生产总值占的比重很大。大多数国家粮食自给自足。西欧工业发展程度较高的国家主要为德国、法国、英国，其次为比利时、荷兰和瑞士等。德国、法国和英国的工业生产在世界工业生产中均居前列。

在 IATA 二区，非洲也位列其中。非洲是"阿非利加洲"的简称。希腊文"阿非利加"是阳光灼热的意思。赤道横贯非洲的中部，非洲3/4的土地受到太阳的垂直照射，年平均气温在20℃以上的热带占全洲的95％，其中有一半以上地区终年炎热，故称为"阿非利加"。

非洲位于东半球的西南部，地跨赤道南北，西北部的部分地区伸入西半球。东濒印度洋，西临大西洋，北隔地中海和直布罗陀海峡与欧洲相望，东北隅以狭长的红海与苏伊士运河紧邻亚洲。

非洲是世界上经济发展水平最低的洲。大多数国家经济落后，农业在非洲国家国民经济中占有重要的地位,是大多数国家的经济支柱。大多数交通线路从沿海港口伸向内地,彼此互相孤立。交通运输以公路为主,另有铁路、海运等方式。南非共和国、马格里布等地区是非洲交通运输比较发达的地区。撒哈拉、卡拉哈迪等地区则是没有现代交通运输线路的空白区。

欧亚地区

(一)俄罗斯

1. 国家概况

俄罗斯又称俄罗斯联邦,1991年12月26日,苏联解体,俄罗斯联邦成为完全独立的国家,并成为苏联的唯一继承国。1993年12月12日,经过全民投票通过了俄罗斯独立后的第一部宪法,规定国家名称为"俄罗斯联邦",和"俄罗斯"意义相同。

(1)地理概况。

俄罗斯横跨欧亚大陆,东西最长9 000千米,南北最宽4 000千米。邻国西北面有挪威、芬兰,西面有爱沙尼亚、拉脱维亚、立陶宛、波兰、白俄罗斯,西南面是乌克兰,南面有格鲁吉亚、阿塞拜疆、哈萨克斯坦,东南面有中国、蒙古和朝鲜。东面与日本和美国隔海相望。海岸线长33 807千米。面积1 707.54万平方千米,居世界第一位。

俄罗斯联邦现由89个联邦主体组成,包括21个共和国、6个边疆区、49个州、2个联邦直辖市、1个自治州、10个民族自治区。

俄罗斯自然资源十分丰富,种类多、储量大,自给程度高。国土面积1 700多万平方千米,居世界第一位。森林覆盖面积8.67亿公顷,占国土面积50.7%,居世界第一位。木材蓄积量807亿立方米。天然气已探明蕴藏量为48万亿立方米,占世界探明储量的1/3强,居世界第一位。石油探明储量65亿吨,占世界探明储量的12%~13%。煤蕴藏量2 000亿吨,居世界第二位。铁蕴藏量居世界第一位。铝蕴藏量居世界第二位。水力资源4 270立方千米/年,居世界第二位。铀蕴藏量居世界第七位。黄金储藏量居世界第四五位间。俄罗斯首都莫斯科时间GMT+3,比北京时间晚5个小时。

(2)经济概况。

2004年俄罗斯GDP增长7%,人均国内生产总值约4 010美元,对外贸易总额2 780亿美元,同比增长31.1%。其中出口1 832亿美元,进口

948亿美元，顺差884亿美元。工业产值为112 090亿卢布，同比增长6.1%。工业从业人152 055.4万人，占总就业人口（6 732.2万）的30.5%。工业基础雄厚，部门齐全，以机械、钢铁、冶金、石油、天然气、煤炭、森林工业及化工等为主，木材和木材加工业也较发达。

2004年农业产值为13 663亿卢布，同比增长1.6%。农业人口15 668.4万，占总就业人口的9.9%。服务业产值42 035万亿卢布，占国内生产总值的比重为25%。2004年服务业从业人154 008.4万人，占总就业人口（6 732.2万）的59.6%。2004年主要经济指标为国内生产总值167 788亿卢布（约5 823亿美元），人均国内生产总值115 556卢布（约4 010美元）。

2. 航空概况

据2001年统计，俄罗斯有民用飞机有7万多架，国际航线总长约8万千米。2003年客运量52亿人千米，货运量30亿吨千米（2004年）。主要机场有莫斯科的谢列梅杰沃2号国际机场、谢列梅杰沃1号国际机场、伏努科沃1号国际机场、多莫杰多沃机场、圣彼得堡国际机场、新西伯利亚机场、叶卡捷琳堡机场、哈巴罗夫斯克机场等。

（1）航空公司。

①俄罗斯航空（AF/SU）。

1970年，俄罗斯航空加入国际民航组织（ICAO），并在1989年成为了国际航空运输协会（IATA）的成员。俄罗斯航空公司总部设在莫斯科的谢列梅杰沃国际机场，2004年，俄罗斯航空公司运输旅客6.862亿人次。俄罗斯航空公司拥有东欧最大的航空管制中心（FCC），航空管制的整个程序都是自动化的，飞机的飞行控制系统可以更加安全，同时能够提供每分钟起降99.95架次的高飞行安全保障。

图7.7 俄罗斯航空公司航徽

目前，俄罗斯航空公司共有90架飞机，其机型包括TU-154、IL-

86、IL-96、A-310、B-767、MD 等。俄罗斯航空公司其航线开辟到了世界 47 个国家的 89 个城市，其中与欧洲 34 个城市、亚洲 10 个城市、北美 6 个城市通航。

②符拉迪沃斯托克航空公司。

符拉迪沃斯托克航空公司，是远东地区最大的航空运输公司。其业务范围包括：国内外旅客、邮件和货物运输业务；直升机空中作业业务和机场服务业务。符拉迪沃斯拉克航空公司的特点在于，公司拥有机场综合服务体系和各种型号的飞机，还有俄罗斯最大的直升机机场，在俄罗斯和国外承办各种运输业务。

符拉迪沃斯托克航空公司拥有的机种，主要有 TU-154、雅克-40、IL-76、米-8 直升机、米-8MTB 直升机等。符拉迪沃斯托克航空公司与莫斯科、圣彼得堡、南萨哈林、彼得罗巴甫罗夫斯克、堪察加、雅库茨克、哈巴罗夫斯克、克拉斯诺达尔斯克、矿水城、阿纳帕、新西伯利亚、阿巴干、诺里尔斯克、科莫罗瓦、新库茨涅斯克、托木斯克、巴尔瑙尔、叶卡捷林堡、依尔库茨克、马加丹、阿纳德里、卡瓦列瓦和普拉斯通（滨海边区）等俄罗斯国内城市有国内航线相通，与中国的哈尔滨、长春、牡丹江、大连，日本的长崎、大阪、富山，韩国的首尔、釜山等城市开辟了国际旅客运输航线。

航空公司拥有丰富的国际航空运输经验，是中国、日本和韩国等国家特许承办航空业务的俄罗斯航空公司。

符拉迪沃斯托克航空公司目前每周有 45 个班次的国内航班和 24 个班次的国际航班。除此之外，航空公司开办的航空租赁业务，可以完成飞往国外三十多个机场的飞行任务。

符拉迪沃斯托克航空机场已经获得国际机场资格认证。机场每昼夜完成四十多个航班。机场拥有完善的地面服务系统、海关和移民监管机构、航空器给养供应服务、旅客和飞行员的休息场所。机场分国内机场和国际机场两个部分，总面积 15 200 平方米。内部航班每小时的旅客通过能力为 600 人，国际航班为 100 人。通过滨海州的航空大门飞行的航班，除了"符拉迪"航空公司的航班外，还有八家俄罗斯国内航空公司和三家国外航空公司（中国、韩国等）的航班。通过俄罗斯的东大门，"符拉迪"机

图 7.8 符拉迪沃斯托克航空

场每年运输 40 万旅客，其中 1/3 为外国旅客。

（2）机场。

谢列梅杰沃 2 号国际机场（SVO）距离莫斯科市 35 千米，是俄罗斯最为重要的国际机场，该机场为世界 60 个国家航空公司提供服务，目前与 1 号机场两个枢纽可以提供每小时的旅客量 3 500 人次，两个枢纽之间有出租车往来，仅需要 15 分钟的车程。

3. 旅游城市

（1）莫斯科。

莫斯科是一座古老的城市。城市迄今已有 800 多年的历史。800 多年间，莫斯科作为俄罗斯的中心城市，与国家一起经历了她的一场场兴衰荣辱。是古都注定就会有文化底蕴深厚的一面。闻名世界的红场、克里姆林宫、瓦西里大教堂，代表俄罗斯文化的则为新老阿尔巴特街、国家大剧院、特列季亚科夫画廊等。

①克里姆林宫。

"克里姆林宫"一词的原意是"城堡"，克里姆林宫位于俄罗斯首都的最中心。它那高大坚固的围墙和钟楼、金顶的教堂、古老的楼阁和宫殿，耸立在莫斯科河畔的博罗维茨基山冈上，构成了一组无比美丽而雄伟的艺术建筑群。它已经被联合国教科文组织列为世界文化和自然保护遗产。

莫斯科克里姆林宫是俄罗斯国家的象征，是世界上最大的建筑群之一，是历史瑰宝、文化和艺术古迹的宝库。

②莫斯科大彼得罗夫大剧院（简称大剧院）。

建于 1776 年，是俄罗斯历史最悠久的剧院，坐落在莫斯科斯维尔德洛夫广场上。1780 年剧院改址到彼得罗夫大街上一所新建的石造剧院里，称彼得罗夫剧院，1805 年剧院被焚毁。1824 年，天才建筑师博韦在石造剧院的原址修建了新剧院，称大彼得罗夫剧院，简称大剧院，翌年 1 月 28 日举行落成典礼。1853 年，大剧院又遭受火灾，1855—1856 年重新修复，略加改建，成为 19 世纪中叶俄罗斯建筑艺术的典范，也是欧洲最大的剧院之一，并于 1919 年起成为国立示范大剧院。它的建筑既雄伟壮丽，又朴素典雅，内部设备完善，具有极佳的音响效果。剧场呈椭圆形，正面是大舞台，高达 18 米，台前是深深的乐池，中间是一排排的观众席。其他三面是贴墙的包厢，总共五层，高 21 米。总统包厢在二层正中央，还有两个贵宾包厢设在舞台的左右两侧。剧场可容纳 2 200 名观众，整个内部装饰完全是宫廷式的，仅房顶的那个大吊灯就把一万三千块水晶和无数小烛台照得闪闪发光。

（2）圣彼得堡（St. Petersburg）。

很久就有一种说法：没到过圣彼得堡就不算真正去过俄罗斯。在这神奇壮丽俄罗斯最富吸引力的"北方威尼斯"，古代建筑为迷人的自然风光提供了辉煌的舞台布景。这座彼得大帝 1703 年所建城堡，位于波罗的海芬兰湾东岸、涅瓦河口，1914 年更名彼得格勒，1924 年改称列宁格勒，1991 年 9 月恢复原名圣彼得堡。

冬宫坐落在圣彼得堡宫殿广场上，原为俄国沙皇的皇宫，建于 1754—1762 年。冬宫豪华、富丽、精美，单是规模之大，就令人惊叹。最初冬宫共有 1 050 个房间、117 个阶梯、1 886 扇门、1 945 个窗户，飞檐总长近 2 千米，一眼纵览冬宫，必须从远处，从涅瓦河对岸眺望。冬宫内的许多大厅用俄国孔雀石、玉石等名贵宝石制品装饰。如孔雀石大厅就用去两吨这美丽绝伦的宝石，拼花地板用了 9 种贵重木材，如紫檀、红木、乌木、阿马兰特木等。冬宫广场的气魄和规模令人吃惊，它的全部建筑非常和谐。

欧洲区

（一）英国

1. 国家概况

维多利亚时代英国占有的殖民地比本土大 111 倍，是当时的第一殖民大国，自称"日不落帝国"。1921 年爱尔兰南部 26 郡成立"自由邦"，北部 6 郡仍归英国。第一次世界大战后英国开始衰落，其世界霸权地位逐渐被美国取代。第二次世界大战严重削弱了英国的经济实力。随着 1947 年印度和巴基斯坦相继独立，英殖民体系开始瓦解。目前，英在海外仍有 13 块领地。

(1) 地理概况。

英国是位于欧洲西部的岛国。由大不列颠岛（包括英格兰、苏格兰、威尔士）、爱尔兰岛东北部和一些小岛组成，隔北海、多佛尔海峡、英吉利海峡与欧洲大陆相望。英国面积24.36万平方千米（包括内陆水域）。英格兰地区13.04万平方千米，苏格兰7.88万平方千米，威尔士2.08万平方千米，北爱尔兰1.36万平方千米。

英国的行政区划分为英格兰、威尔士、苏格兰和北爱尔兰4部分。英格兰划分为43个郡；苏格兰下设32个区，包括3个特别管辖区；威尔士下设22个区；北爱尔兰下设26个区。

首都伦敦，人口740万（2003年）。伦敦也称"大伦敦"，下设独立的32个城区和1个"金融城"。最热月份为7月，一般气温为13℃～22℃；最冷月份为1月，一般气温为2℃～6℃。时间为GMT中央时区时刻。

(2) 经济概况。

英国是欧盟中能源资源最丰富的国家，主要有煤、石油、天然气、核能和水力等。能源产业在英经济中占有重要地位。2003年，能源产值占国内生产总值的3.3%。天然气年产量为1 075.5千兆瓦时，原油产量9 780万吨，煤炭产量2 823.4万吨，总发电量达353.32万亿瓦时。2003年共有核电站有13座，拥有31座反应堆，供电89万亿瓦时。采煤业完全私有化，近年来生产呈下降趋势。

英国经济总量约合德国的3/4，与世界第四大经济体法国不相上下。私有企业是英国经济的主体，占国内生产总值的60%以上，服务业占国内生产总值的2/3，制造业仅占不到1/5。2004年英国经济持续保持平稳增长，政府财政状况、失业率和通膨率继续得到改善，国内需求旺盛。财政大臣布朗在2005年3月发表的该年度财政预算中，称过去一年是英国经济连续第8年保持不间断增长，失业率和利率均为30年来最低，而就业率则达到30年来最高，人民生活水平继续得到提高，英国经济正处于前所未有的好时期。2004年英国经济基本情况如下：国内生产总值10 661亿英镑，人均国内生产总值18 006英镑，国内生产总值增长率3.1%。

2. 航空概况

英国所有的航空公司和大多数机场均为私营企业。2003年，共有50

家航空公司，在役飞机 921 架，共飞行 16 亿架次千米，运送旅客 1.1 亿人，货物 100 万吨。英国航空公司是世界最大航空公司之一，2004 年 8 月，其国际航线共覆盖 74 个国家，可到达 158 个目的地，2003 年运送旅客 3 320 万人次。2003 年，英国共有 140 家民用机场，总客流量 2 亿人次，运送货物 220 万吨。其中 35 个机场年客流量在 10 万人次以上。伦敦希思罗机场是世界最大最繁忙的机场之一。

（1）航空公司。

①英国航空公司。

英国航空是一家上市公司，与英国假日有限公司和英国航空旅行社有限公司几个下属公司共同创立了英国航空集团。英航同时是世界上运送国际旅客最多的航空公司，2003 年，有超过 3 800 万的乘客乘坐英航的飞机，拥有 308 架飞机，飞达世界 93 个国家的 222 个城市。在世界上最繁忙的国际航空枢纽伦敦希思罗机场拥有绝对的市场份额，定期航班起落架次占整个机场的 36.7%；英航还是世界上曾经拥有最多超音速客机协和飞机的航空公司，世界上第一家在商务舱引进睡床的航空公司。

图 7.9　英国航空公司的航徽

英国航空公司所提供的服务在世界所有的航空公司当中是绝对一流的，在英航的飞机上能够时刻感受到尊贵、个性的氛围，并以"必须超越顾客的期待"的品牌理念不断创新求变，造就了英航在国际航空市场上领导品牌的形象。

在 2003 年年初，英航创新性地向乘客提供了在飞机上上网的服务。乘客除了可以在网上冲浪、发 E-mail、下载文件、进入企业网络，还可以收听现场直播广播和收看电视节目。目前，这一系统已经安装在英航公司的 100 架远程飞机上。

②维珍航空公司（VIR/VS）。

如果有人告诉你，世界上有这样一个人：他开的公司包罗万象；他从事的行业样样成功;他沉默寡言但却又永远在制造新闻,你信不信?英国维珍(Virgin)集团老板理查德·布兰森就是这样一个时刻让全球为之瞩目的人。

几十年来,他的维珍帝国冒出一个又一个新生儿,而且都能在商业界站稳脚跟,发展壮大。旗下企业从餐饮、旅游到金融、电信,从广播、出版到铁路、运输,几乎无所不包,简直就是一个半国民生产部门。维珍真正让人刮目相看还是在1984年,布兰森成立了"维珍大西洋航空公司"。大西洋维珍是英国第二大航空公司。拥有29架飞机的维珍航空公司在四大洲的18个地点提供航空服务,主要优势在美国、加勒比、非洲、北亚等地。维珍航空公司目前仅操控波音和空客机型,并订购了6架世界最大的飞机A380,在2008年交付使用。

图 7.10　维珍航空公司的航徽

(2)机场。

①伦敦希思罗机场(LHR)。

伦敦希思罗机场不仅是英国最大的机场,同时也是世界上最繁忙的机场之一。希思罗机场正式使用在1946年,此前一直被作为军事用途的机场。由于希思罗机场坐落与"金融城伦敦"的市郊,地理位置十分优越(北大西洋航线的重要枢纽),因此该机场在作为民用的第一年便运送了9 000名乘客和2 400吨货物。2003年希思罗机场运送旅客6 320万人次,位于欧洲第一,而且连接了世界190个目的地。希思罗机场位于伦敦西部,距离市区24千米,20世纪40年代投入使用,面积大约12平方千米,拥有两条跑道和4个航站楼。

目前该机场拥有5个候机大厅,两条跑道,在2020年将建成第三条跑道,伦敦希思罗机场一直在为建成世界最大的机场而努力。

②伦敦盖特威克机场(LGW)。

盖特威克机场位于伦敦南部,距伦敦市区45千米,1958年投入使用，面积大约6.8平方千米，是世界上最繁忙的单跑道机场，拥有两个航站楼，还将进一步扩建。2008年，盖特威克机场的年旅客吞吐能力已达到4 000万人。

盖特威克机场是英国第二大机场，位于伦敦南部的盖特威克机场是世界第六大最繁忙的国际机场，也是世界上最繁忙的单跑道机场，目前有大约90家航空公司使用该机场，联系了世界200个目的地。

盖特威克机场中64%来自定期航班，其余36%来自包机服务。伦敦地区的包机业务曾经全部集中在盖特威克机场，但近年已经逐渐向卢顿机场和其他次要机场转移。目前盖特威克通航的北美和加勒比航点较多，居英国各机场之首，大约四分之一的旅客往来北美航点。

在英国还有斯坦斯特德机场（Stansted—STN）、卢顿机场（Luton—LTN）、伦敦城市机场（London city—LCY）等，在这里由于篇幅有限，不做更多介绍。

3. 旅游概况

英国首都伦敦，位于英格兰东南部，坐落在泰晤士河下游两岸，距河口88千米，面积达1 800多平方千米，人口约700万，是英国政治、经济、文化、交通中心和最大的进出口港，市区有1万多条街道。该市由三部分组成，即伦敦城、内伦敦和外伦敦，合称大伦敦市。

伦敦是欧洲的一座古老城市，有近2000年的历史。伦敦始建于公元43年。早在公元1世纪时，罗马军队渡海入侵，曾在这里驻军筑城，成为当时的主要兵站，称为"伦甸涅海"，据考证，此名称来源于凯尔特语，意为"山丘之要塞"。

11世纪时，伦敦已成为商业和政治中心。历史上，伦敦曾是世界上数一数二的大城市，虽然后来退居到第七位，但仍是欧洲的大城市，世界著名的港口。

伦敦是英国历代王朝建都的地方，市内文物古迹、历史名胜很多。伦敦也是英国文化艺术名城，市内有许多博物馆、美术馆和剧院。

（二）荷兰

1. 国家概况

荷兰，素有欧洲门户、风车王国、欧洲之花、欧洲菜园子等美称，以风车、木鞋、郁金香闻名于世。荷兰是一个世袭君主立宪制国家，女王为国家元首。官方语言为荷兰语，商业上也通用英语，货币荷兰盾。荷兰是世界上最早的资本主义国家，资本主义生产关系的建立，促进了生产力和经济的发展，使之一度成为海上殖民强国。现在，荷兰列在世界富有国家的前15名，是贸易大国、投资大国、交通大国、农业大国、水利大国。与其他国家不同，荷兰首都设在阿姆斯特丹，政府设在海牙。

(1) 地理概况。

位于欧洲西部。东邻德国，南接比利时，西、北濒北海。海岸线长1 075千米。24%的面积低于海平面，1/3的面积仅高出海平面1米。从13世纪即开始围海造田，增加土地面积约60万公顷。全国划分为12个省，省下设489个市镇（2003年），面积41 528平方千米，1 627.3万人（2004年）。90%以上为荷兰族，此外还有弗里斯族。

(2) 经济概况。

荷兰是发达的资本主义国家，西方十大经济强国之一。经济属外向型，其80%的原料靠进口，60%以上的产品供出口。对外贸易的80%在欧盟内实现。商品与服务的出口约占国民生产总值的67.2%，进口占62.4%。电子、化工、水利、造船以及食品加工等技术先进，金融服务和保险业发达；陆、海、空交通运输十分便利，是欧洲大陆重要的交通枢纽；农业高度集约化，农产品出口额居世界前列。20世纪80年代中期以来保持较高经济增长率，20世纪90年代初期，经济增长明显放慢。1994年经济摆脱停滞开始增长，1997年以来继续保持稳定增长势头。2001年底起受世界经济疲软影响，经济增长出现大幅滑坡。

自20世纪80年代以来，荷兰政府积极鼓励发展新兴工业，特别重视发展空间、微电子和生物工程领域中的高技术产业。主要工业部门有食品加工、石油化工、冶金、机械制造、电子、钢铁、造船、印刷、钻石加工等。鹿特丹是欧洲最大的炼油中心，荷兰是世界主要造船国家之一。

2002年农业产值220.03亿欧元，2000年农产品和食品出口额达292.8亿美元，仅次于美国、法国，进出口总量为世界第三，净出口为全球第一。花卉生产发达，每年出口约50亿欧元，占世界市场的43%。

2. 航空概况

2002年荷兰空运3 710.4万人次；货运量15.11亿吨，其中国内运输6.01亿吨，国际运输11.1亿吨。阿姆斯特丹机场是荷兰和欧洲主要航空港之一，曾多次获世界最佳机场称号，2002年客运量4 095万人次，货运量124.2万吨。

(1) 航空公司。

荷兰皇家航空公司（KLM/KL）1919年10月7日成立，是世界最悠久的航空公司之一。1920年5月17日开始航班运营（阿姆斯特丹—伦敦）。荷航有四个核心经营活动：客运、货运、工程与维修和航空。荷兰航空公司及其伙伴公司的业务覆盖六大洲、73个国家。

2004年11月，法国航空公司与荷兰皇家航空公司的合并，合并后诞生的"法航—荷航集团"成为欧洲最大的航空公司。

(2) 机场。

阿姆斯特丹史基浦机场（AMS）是1967年4月建成并投入运营的，独享天成的地理位置让阿姆斯特丹史基浦机场这座欧洲第四大客运机场成了通往欧洲的门户，连接世界的跳板。机场提供通往全世界251个目的地的直飞航线，包括146条欧洲航线和105条洲际航线。约3 770个航班每天从史基浦飞往世界各地。每天飞抵或飞离阿姆斯特丹史基浦机场的飞机大约有1 000架次。

阿姆斯特丹史基浦机场作为重要的中转空港，是法国航空和荷兰皇家航空的总部所在地。下了飞机换乘火车十分便捷，从史基浦广场、空港城市的中心到机场地下的火车站只需稍走片刻，坐火车到阿姆斯特丹市中心也不过短短20分钟的车程。

机场为旅客提供了极大便利，在机场中有100多个商店出售超过14万种商品、60家餐厅和酒吧、1座机场内酒店、1个祈祷中心、2座赌场、拥有超过100个服务器的通讯中心、无线互联网络覆盖、会议室和商务中心、装配虹膜识别系统的自动过境服务、椅上按摩服务以及点缀在机场各处的40多件艺术品。在国家博物馆史基浦分馆全年展出10件荷兰黄金时代的经典杰作。秉承"单一航站楼"的设计理念，史基浦机场的所有设施都被精妙地安排在便利的位置上。世界上许多业界杂志曾授予阿姆斯特丹史基浦机场超过120个各种类别的国际奖项。

3. 旅游概况

阿姆斯特丹是荷兰的首都,是荷兰最大的城市和第二大港口。人口约70万。这里中世纪初仅是个渔村,1926年建市。19世纪初成为荷兰王国的首都,但只是王宫的所在地,中央政府仍设在海牙,这在世界各国的首都中,是独一无二的。这里是荷兰的工业、金融贸易、旅游和文化艺术中心。造船、飞机制造、化工、电子等工业十分著名。另外,钻石加工世界驰名,工业用钻石产量占世界总量的80%。金融银行业位居欧洲前列,阿姆斯特丹交易所是欧洲最大的交易所之一。荷兰约四分之一的国土在海平面以下,阿姆斯特丹是一座地势低于海平面1~5米的"水下城市",城里河网密布,有"北方威尼斯"之称。以前整个城市的房屋都是以木桩打基,城市就像架在无数个木桩之上。

阿姆斯特丹因为有美丽的郁金香、浪漫的运河、随处可见的脚踏车、闪烁的钻石、珍贵的艺术珍藏以及心胸开放的居民,吸引着来自世界各地的观光客。徒步是领略这个城市内涵的最好方法,所有的观光景点步行就可以到达!在阿姆斯特丹,你可以悠闲地从安妮之家沿着绅士运河散步到国立博物馆。在阿姆斯特丹别忘了找家咖啡屋歇歇脚,来杯浓郁的咖啡;要不就放逐自己于自然而美丽的市立公园长椅上,享受热闹中的宁静。

(三)法国

1. 国家概况

法国,给我们直观的印象就是这个国家是欧洲的代表,因为她充满着浪漫,法国的风土人情、人文风光处处体现着欧洲人的热情。有人认为法国是香水之都,时装很好。这也是法国让人之熟知的一面,但不太熟知的是,它是第四大工业国,科技也很发达。科研投入也是仅次于美国和日本的,居世界第三位。大家熟知的空中客车、世界上第一架超音速飞机,等等,都是由法国参与或者是主导参与研制的。

在公元5世纪法兰克人移居到这里,843年法国成为独立国家。17—18世纪路易十四统治时期达到封建社会鼎盛时代。1789年7月14日爆发资产阶级大革命,起义者攻占巴士底狱。此后曾先后建立过5次共和国和两次帝国。1871年3月巴黎人民武装起义,成立巴黎公社,当年5月被镇压。1958年戴高乐领导建立第五共和国。戴高乐、蓬皮杜、德斯坦、密特朗、希拉克先后出任总统。

(1) 地理概况。

位于欧洲西部。与比利时、卢森堡、德国、瑞士、意大利、西班牙、安道尔、摩纳哥接壤，西北隔拉芒什海峡与英国相望。平原占总面积的三分之二。主要山脉有阿尔卑斯山脉、比利牛斯山脉、汝拉山脉等。四周濒临四大海域：北海、英吉利海峡、大西洋和地中海。边境线总长度为5 695千米，其中海岸线为2 700千米，陆地线为2 800千米，内河线为195千米。

(2) 经济概况。

法国是发达的工业国家，国内生产总值位居世界第五位。法国的经济主要体现在工业、农业、服务业和旅游业上。

法国工业企业总数约20万个，其中四分之三是股份公司，五分之一是有限责任公司。工业的主力军是以大型企业，如埃尔夫—阿基坦、法国电力公司等跨国公司为代表的企业集团。其他工业部门有汽车制造、造船、机械、纺织、化学、电器、动力、日常消费品、食品加工和建筑业等。

法国是欧盟最大的农业生产国，也是世界主要农副产品出口国。法国已基本实现农业机械化，这是法国提高农业生产率的主要手段。同时农业食品加工业是法国获取外贸顺差的支柱产业之一，其出口额仅次于美国，居世界第二，占世界市场的11%。

2002年主要经济数据：国内生产总值15 208亿欧元，人均国内生产总值（2002年）25 776欧元。

2. 航空概况

2000年拥有各种飞行器11 913架（其中民用飞机8 136架，直升机799架，滑翔机2 195架，热气球783个）。2001年运送旅客量约1.21亿人次，货运量166万吨千米。设有494个机场（其中153个供民用运输，通达134个国家和地区的529个城市）。主要航空公司为法航，主要机场有巴黎的戴高乐机场和奥利机场等。

法国是世界上最早建立国际航空业务的国家之一。巴黎至伦敦和巴黎至布拉格航线的建立是在1920年，法国至非洲和法国至南美两条航线的开辟分别为1925年和1936年。

法国素有"空中中转站"之美称。世界上仅与巴黎有空中往来的城市即达480多个，80多个国家的170多个航空公司与巴黎机场有直接业务关系。

(1) 航空公司。

法国最大的航空公司——法国航空公司（AFR/AF，简称法航）始建于1933年，前身也是几家私营企业，现和荷兰皇家航空公司合并后已发展成为欧洲第一大航空公司。法航与我国之间空运往来要追溯到1947年3月，法航成为首家使用DC-4型飞机进行巴黎至上海航线的欧洲航空公司。并且在1973年，法航也成为首家开通飞往北京航线的欧洲航空公司。

法国航空公司目前是欧洲最大的航空公司、全球第三大客运航空公司、全球第四大货运航空公司、全球第二大飞机维护公司，拥有各型飞机357架，每天可提供1 800个航班，2002—2003年度共运送4 370万乘客，航线通达84个国家189个机场。

在2003年亚洲地区发生非典疫情的情况下，法航遭遇了"9·11"事件以来的严重困难，但仍然完成了123.37亿欧元的营业额，营业收入达1.39亿欧元，集团纯利润9 300万欧元，实现了连续7年赢利。这项成就的取得归功于法航执行了3年的削减成本计划。

此外，法航还加大质量管理力度，制定了规定全集团服务质量的38项标准规范，并于2000年通过了ISO9001认证。为使全球乘客搭机更为便捷，法航还实施了"乘客转运中心计划"。目前法航一站到底式航班占航班总数的93%，居欧洲第一位。

图7.11 法国航空公司航徽

法航的业务主要分为四个部分：第一，客运。2003—2004年度运送旅客4 370万人次，是全球第三大、欧洲第一大客运航空公司，占欧洲市场17.4%份额，营业额为102.6亿欧元，占集团营业总额的83%。第二，货运。法航货运机队拥有10架B747-200F和4架B747-400ERF飞机，2003—2004年度货运营业额为14.1亿欧元，占集团营业总额11%，利润达1500万欧元。第三，机修维护。法航集团全部机修维护服务由工业后勤部负责，为本集团和一百余家其他航空公司提供机修维护服务。法航是全球第二大机修服务公司，全球最大的为"空客"A320、A330、A340提供机修服务的公司，也是最大的为CFM56-5型发动机提供维护的机修公司。2003—2004年度机修维护营业额为5.1亿欧元，占集团营业总额4%。第四，其他服务，其中主要是培训服务。法航每年度对培训服务的投资达2亿欧元，分别设有法航训练中心（针对地勤）和空勤训练中心两个训练基地。2003—2004年度其他业务营业额为1.6亿欧元，占集团营业总额1%。

除开展自身业务外，为应对激烈的市场竞争，近年法航还积极开展同业结盟和同业兼并。2000年6月22日，法国航空公司与墨西哥航空公司、美国三角航空公司、韩国航空公司组成了天合联盟，后捷克航空公司及意大利航空公司分别加入。目前，天合联盟网络已经遍布114个国家，每日有8 200个航班往来于全球512个终点站，为各国旅客提供优质联网航空服务。

2004年5月4日法国航空公司又成功以8.33亿欧元（9.957亿美元）获取了荷兰皇家航空公司的89%的控制权，成为全球收入最高的航空公司。荷航股东们让出4 176万股，约等于该航空公司资本的89.2%。这次合并，是欧洲大航空公司首次跨境合并。以运客量计，法航—荷航将居于美国的美利坚航空公司和联合航空公司之后，成为全球第三大航空公司。这项交易使两家公司节省成本和提高收益，帮助它们提高运客量和迎接来自廉价航空公司日益强大的竞争。根据双方协议，两家航空公司组成一家联合控股公司，在控股公司名下，法航和荷航以各自的名字共存3年。控股公司法航—荷航将拥有两家公司百分之百的控股权，但荷航将继续作为荷兰公司，其51%的控股权由国家和两个基金持有。这样安排可使荷航维持保留其外国着陆权。这项交易使法国政府在法国航空公司的股权，从54%降至44.7%。法航雇员拥有新公司10.5%的股权，荷航前股东则拥有17.3%。该公司近45%的股票将在股市上市交易。

法航目前主要以波音和空客机型为主，机队204架，其航线遍布世界达636 000千米（包括75个国家和150个中转站）。法航提供的客舱服务在众多航空公司中也是首屈一指的。

（2）机场。

巴黎共有三个机场：戴高乐机场、奥利机场和布尔热机场。北部戴高乐机场又分一号机场和二号机场。一号机场供外国航空公司的远程和中程飞机使用，每天起落飞机300架次，每年可接待1 000万旅客，装卸40万吨货物。二号机场供法国航空公司国际航线的飞机使用，每年客运量可达4 500万人次，货运量140万吨。南部奥利机场用于法国国内航线和北非航线，每年过往旅客2 500万人次。北部布尔热机场用于国际航空展。

戴高乐机场（CDG）是欧洲大陆最重要的航空枢纽之一。2014年旅客吞吐量6 381万，世界排名第八位，欧洲排名第二位，紧跟在伦敦希思罗机场之后。

戴高乐机场始建于20世纪70年代，一直以法国航空公司为中心来设计和发展。但是，由于戴高乐机场距市区50千米，奥利机场距离市区仅9千米，公众更偏爱奥利机场，因此戴高乐机场自1974年正式投入使用以来，一直发展缓慢，未能达到法国政府的预期目标。机场建成后，法国政府不仅强行命令国营的法航从奥利机场转移到戴高乐机场，戴高乐机场主营国际航线，奥利机场主营国内航线、非洲和加勒比航线以及假日旅游航线，而且还动用相当多的行政干预手段，协调并优先保证戴高乐机场的发展。尽管如此，戴高乐机场仍然花了20年的时间，于1994年才赶上奥利机场的运量水平。戴高乐机场占地面积32平方千米，拥有四条跑道和九个航站楼。

3. 旅游概况

法国是全球第一旅游大国，2002年接待外国游客7 560万人次。2001年旅游外汇收入约合350亿欧元，旅游业用工人数达67.95万人。首都巴黎、地中海和大西洋沿岸风景区、阿尔卑斯山区以及科西嘉岛和一些海外省均是著名旅游胜地。法国一些知名博物馆收藏着世界文化的宝贵遗产。此外，法国还有一些历史名城和众多古堡。法国有4万余家旅馆和分布在乡间的小旅店、野外宿营地、青年之家，可提供1 849万张旅客床位。

法国首都巴黎是欧洲大陆上最大的城市，也是世界上最繁华的都市之一。巴黎地处法国北部，塞纳河西岸，距河口（英吉利海峡）375千米。巴黎也是法国最大的工商业城市。北部诸郊区主要为制造业区。最发达的制造业项目有汽车、电器、化工、医药、食品等。奢华品生产居次，并主要集中在市中心各区；产品有贵重金属器具、皮革制品、瓷器、服装等。外围城区专事生产家具、鞋、精密工具、光学仪器等。

巴黎拥有50个剧场、200个电影院、15个音乐厅。巴黎歌剧院是世界上面积最大的歌剧院，位于市中心的奥斯曼大街，占地11万平方米，整个建筑兼有哥特式和罗马式的风格。法国国家音乐学院和舞蹈学校也设在这里。

巴黎是一座世界历史名城，名胜古迹比比皆是：埃菲尔铁塔、凯旋门、爱丽舍宫、凡尔赛宫、卢浮宫、协和广场、巴黎圣母院、乔治·蓬皮杜全国文化艺术中心等，是国内外游客流连忘返的地方。美丽的塞纳河两岸，公园、绿地星罗棋布，32座大桥横跨河上，使河上风光更加妩媚多姿。

（四）德国

1. 国家概况

德国特殊的地理位置，传统的文化氛围，导致了德国风格各异的自然风光和独特的人文景致。宛如童话仙境般的中世纪古堡和各种建筑风格的老城、教堂以及古老的民族风情令人流连忘返。在这个环保意识深得人心、环保科技高度发达的国家，森林密布，山峦叠翠，河流穿梭，湛蓝的天，洁白的云，交织成一派犹如世外桃源般的田园风光。

（1）地理概况。

德国位于欧洲中部。东邻波兰、捷克，南毗奥地利、瑞士，西界荷兰、比利时、卢森堡、法国，北接丹麦，濒临北海和波罗的海，海岸线长1 333千米，面积357 020.22平方千米。

德国行政区划分为联邦、州、地区三级，共有16个州，14 808个地区。各州的名称是巴登—符腾堡、巴伐利亚、柏林、勃兰登堡、不来梅、汉堡、黑森、梅克伦堡—前波莫瑞、下萨克森、北莱茵—威斯特法伦、莱茵兰—法耳茨、萨尔、萨克森、萨克森—安哈特、石勒苏益格—荷尔斯泰因和图林根。其中柏林、不来梅和汉堡是市州。德国有人口8 198万，主要是德意志人，有少数丹麦人和索布族人。有734万外籍人，占人口总数的8.9%。通用德语。

德国首都柏林，是全国的政治、经济和文化中心，国际标准时 GMT+1小时。

(2) 经济概况。

德国是高度发达的工业国家，经济实力位居欧洲首位，在国际上仅次于美国和日本，为第三大经济强国和美国之后第二大贸易国。2001年德国国内生产总值为20 630亿欧元，按照不变价格计算增幅为0.6%，为1993年以来最低增幅。经济增长明显放缓的主要原因在于世界经济衰退的影响、国内设备和建筑投资下降、企业库存减少等。2001年德国共有32 278家企业破产，比2000年增加了14%，是德国统一以来企业破产最多的一年。

德国工业在国民生产总值中占有很大比重，其工业结构及特点如下：①侧重重工业。汽车和机械制造、化工、电气等部门是支柱产业，占全部工业产值的40%以上。其他如食品、纺织与服装、钢铁加工、采矿、精密仪器、光学以及航空与航天工业也很发达。②外向型。主要部门的产品一半或一半以上销往国外。③工业主要由中小企业组成。④垄断程度高。2004年国家负债总额达13 257亿欧元（人均16 054欧元）。

2004年德国经济主要数字如下：国内生产总值3.577亿美元，人均国内生产总值43 741美元。

2. 航空概况

德国航空运输业发达。1999年共有各类航空企业357家，各种商用飞机1 720架。2000年航空客运量1.21亿人次；货运量220万吨，国内货运量9.2万吨。1999年航空运输业营业额307.64亿马克。2000年航空港货物吞吐总量233.1万吨。法兰克福机场是世界主要航空港之一，2000年进出港旅客和货物吞吐量分别为4 927.8万人次和158.3万吨。

(1) 航空公司。

德国汉莎航空公司（DLH/LH）是世界十大航空公司之一，1996年的旅客运量在全球高居第二位。德国汉莎航空公司1926年在柏林成立，总部设在科隆。成立该公司的主要目的是研究飞行安全及开通洲际航线。第二次世界大战期间，该公司的航线网络只保存下来一小部分，1945年该公司被战胜国关闭清算。20世纪50年代初，德国政府经努力取得了空域主权。1953年，在科隆成立德国汉莎航空公司，后更名为汉莎航空股份公司。1955年，这家新的德国航空公司开始运营。第一个海外航班是飞纽约，在此之后，航线很快扩展至南美洲、中东、远东。1996年1月，汉莎航空公司把技术部和货运部分开，分别成立汉莎技术公司和汉莎货运公司。1997年，汉莎航空公司、加拿大航空公司、北欧航空公司、泰国国际航空公司、联合航空公司形成名曰"星空联盟"的全球网络。1997年年底，汉莎航空公司成了一家完全私有化的航空公司。

目前该航空公司在欧洲、北美、南美、非洲、中东和亚太地区的290个目的港提供服务，平均每天1 600个航班。现在汉莎有员工将近6万人、飞机315架。公司主要基地在法兰克福和慕尼黑。

2005年7月，欧盟同意了汉莎航空并购瑞士航空公司的计划，汉莎成为欧洲第二大航空公司。合并后的汉莎推出了一系列的服务，例如先推出的服务包括更全面的累积里数及兑换奖赏方法，以及贵宾候机楼互相享用计划等，这些服务措施都为汉莎在国际市场上创造了优良的品牌。

德国汉莎航空公司专门为头等舱乘客建立了一座全新独立的候机楼休息厅，这在国际航空领域内是绝无仅有的。位于法兰克福机场的头等舱休息厅于2004年12月竣工，占地面积超过1.9万平方英尺，其中的"雪茄"休息厅全部装备了真皮扶手椅。餐厅中提供自己烹制的新鲜面包，还有来自于苏格兰的烟熏鲑鱼和威尼斯的精美糕点。休息厅中的个

图7.12 德国汉莎航空公司航徽

人办公室和豪华房间拥有自己的独立浴室和淋浴，整个休息厅的氛围看起来好像酒店，而不仅仅是机场休息厅。这里的每一位乘客都被安排有自己的个人助理，代为处理行李检查等事宜，并且乘客可以乘坐机场提供的奔

驰轿车或者保时捷豪华轿车去往自己的飞机，毫无疑问来到这里的乘客大多都会有一种流连忘返的感觉。

(2) 机场。

①法兰克福。

法兰克福国际机场（FRA）位于德国中部黑森州境内法兰克福西南方向，按客流规模计算，法兰克福机场为欧洲第三、全球第七大机场；按货运量计算，法兰克福机场位居欧洲首位，全球十大机场之列。2003年，法兰克福机场飞机起降总计458 865次，平均每日1 257次，其中起降频率最高的一天为2003年9月11日，达1 415次，这一年尽管受伊拉克战争、SARS疫情及全球经济不景气等诸多不利因素的影响，法兰克福机场客运量仍达4 840万人，货运总量达165万吨。

法兰克福机场现有两条跑道，设有两个候机楼群，共有五个候机大厅。两个候机区域有无人驾驶的高架轻轨公交车辆相连。机场火车站、地铁、购物中心、旅馆餐饮服务、停车设施等融为一体，设备齐全，远近交通极为方便。

为适应旅游及航空运输事业的飞速发展，法兰克福机场公司计划投资34亿欧元对法兰克福机场进行扩容，新建第三候机楼群，增加一条起降跑道。2015年，扩建后的法兰克福机场规划起降能力提高到66万架次/年，年客运量8 200万人次，货运量达到280万吨。此外，新建大型客机A380维修库，满足汉莎及其他航空公司启用的大型客机的维修服务需求。

②柏林。

柏林目前由三个机场组成。

a）泰格尔机场（TXL）。

位于柏林市区，距市中心仅8千米，以前属于东柏林。1995年，汉莎航空公司将位于前东柏林滕伯尔霍夫机场的航班全部转移到泰格尔机场，泰格尔机场一跃而成为柏林的首要机场，2001年的旅客吞吐量为991万，世界排名第96位。

b）滕伯尔霍夫机场（THF）。

位于柏林市区，距市中心仅6千米，以前属于西柏林。汉莎航空转移到泰格尔机场后，滕伯尔霍夫机场的业务逐渐向支线飞机集中，2001年旅客吞吐量为77万，世界排名第427位。

c）舍讷费尔德机场（SXF）。

位于柏林东南方向，距市中心18千米，目前占地面积630万平方米，有两条跑道和三座候机楼，2001旅客吞吐量为192万，世界排名第284位。

以上三个机场现有的容量加起来，不过1 550万的年旅客吞吐能力，无法适应德国迁都柏林后的经济与运量发展。因此，德国政府决定在舍讷费尔德机场的基础上，修建新的柏林与布兰登堡国际机场（Berlin and Brandenburg International Airport，简称BBI）。新柏林机场将于2004年动工，于2007年投入使用，初始的容量规模为2 000万年旅客吞吐能力，到2030年的容量规模为3 000万年旅客吞吐能力。德国政府还决定，2003年关闭滕伯尔霍夫机场，而泰格尔机场也随新柏林机场的投入使用而关闭。

3. 旅游概况

德国旅游业发达，每年有大量国内外游客在德国旅游，2003年旅游过夜人次共3.15亿，其中国内游客入住约2.76亿人次，外国游客约0.39亿人次。2003年德国有各种旅馆5.38万家，床位252万个，旅游业收入203.18亿欧元。著名景点有科隆大教堂、柏林国会大厦、波恩文化艺术展览馆、罗滕堡、慕尼黑德意志博物馆、海德堡古城堡、巴伐利亚新天鹅石宫、德累斯顿画廊等。

法兰克福的历史可以上溯到公元前后，那时莱茵河和多瑙河是罗马帝国的北方边界，但两河并不相连，其间无险可守，因此罗马人修筑了连接两河的长城。这座长城固然不能与中国的长城同日而语，但也连绵数百里，从法兰克福附近经过。

法兰克福一直是一个繁荣的商业城市，德国统一后，这里工业迅速发展，化学工业尤为突出。德国三大化学工业公司之一的赫希斯特公司就是在法兰克福起家的。1914年法兰克福又创办了约翰·沃尔夫冈·歌德大学（现已发展到3.7万多学生）。第二次世界大战中，33次大轰炸摧毁了法兰克福80%的建筑，留下1 700万吨垃圾。千年古城变为一片废墟。战后法兰克福迅速重建，发展惊人，令人咋舌，今天除化学、电子、机械工业外，第三产业如交通、金融、博览事业更是蓬勃发展，市区一改旧观，高楼林立，法兰克福一跃成为国际知名的大都市。

法兰克福有许多世界著名的旅游景点，如罗马广场，古城区的罗马广场就在缅因河的北边。罗马广场旁有个罗马厅，实际上就是罗马的市政厅，里面的皇帝殿是许多罗马皇帝进行加冕的地方。罗马广场西侧的三个山形墙的建筑物，可以说是法兰克福的象征。虽然遭遇数百年战火的摧残，但整修后仍保存完好。

老歌剧院是法兰克福最著名的建筑之一，法国巴黎歌剧院的复制品，1880年建成，开演当年威廉一世皇帝观看了首场演出之后，大为感动，宣布说唯有法兰克福能继承如此金碧辉煌，第二次世界大战以后它完全成为废墟，20世纪70年代末，维修费用共使用了2.4亿马克，新建筑采用新古典主义式。如今同时作为音乐厅和会议中心使用，是一流的文化场所。

（五）瑞典

1. 国家概况

瑞典坐落在波罗的海地区的中心地带。这个高度工业化的国家，以高水准的生活、广泛的福利事业和优良的通信和运输系统著称于世。自1809年以来，已有近200年没有卷入战争的瑞典，是一个安定祥和的国度，它所散发出来的温和气息，荡漾在波罗的海的碧水清波里，弥漫在佳木葱茏的原野上，古朴典雅，又不乏时尚，让人有种如堕梦境的感觉。

（1）地理概况。

瑞典位于北欧斯堪的纳维亚半岛东半部。西邻挪威，边境长1 619千米；东北接芬兰，边境长586千米；东临波罗的海，西南濒北海，同丹麦隔海相望，海岸线长2 181千米，领海12海里。地形狭长，地势自西北向东南倾斜。北部为诺尔兰高原，南部及沿海多为平原或丘陵。湖泊约10万个，可通航河流较少。面积449 964平方千米，人口897.7万人。

瑞典被划分为21个省和289个市。省长由政府任命，市的领导机构由选举产生，省、市均有较大自主权。

瑞典首都斯德哥尔摩，是全国的政治、经济和文化中心。国际标准时GMT+1，比北京时间晚7个小时。

(2) 经济概况。

瑞典经济发达，在20世纪90年代初期曾受世界性经济危机影响出现过衰退，但1994年经济开始回升，此后大力发展电子和信息技术产业，经济一直保持2%~4%的增长速度。2003年经济发展略高于预测，主要原因是2003年年底开始的货物仓库的大量建设。2003年人均国内生产总值272 018克朗（约合3.66万美元）。

铁矿、森林和水力是瑞典的大资源。已探明铁矿储量36.5亿吨，系欧洲最大的铁矿砂出口国。铀矿储量25万吨~30万吨。森林覆盖率为54%，蓄材26.4亿立方米。瑞典工业十分发达，主要有矿业、机械制造业、森林及造纸工业、电力设备、汽车、化工、电信、食品加工等，工业产值占国民生产总值的26.3%。

2. 航空概况

北欧航空公司（SAS）为瑞典、丹麦和挪威（丹麦、挪威、冰岛等北欧诸国的介绍略）共有，瑞典占3/7股份，现有飞机154架；此外瑞典还有安德森商业航空公司、商业喷气公司等从事商业旅行服务和国内短途旅行的小型航空公司十余个。2003年全国机场进出港1 500千万人次，货运量20万吨。

(1) 航空公司。

北欧航空公司（SAS/SK）是瑞典境内最大的航空公司，1946年8月1日成立，由丹麦、挪威和瑞典组成。在这些航空公司中，私人投资者和各自的政府各拥有一半股份。1997年11月下旬，北欧航空公司取得了挪威的地区航空公司Wideroe Flyveselskap 29%的股份，以加强其在挪威市场的地位。1998年1月，北欧航空公司购买了博特尼亚航空公司。北欧航空公司服务于34个国家的105个目的港，每天平均有1 000个航班飞行。1997年5月，北欧航空公司与加拿大航空公司、汉莎航空公司、泰国国际航空公司及联合航空公司组成全球网络，取名"星空联盟"。员工总人数20 500人，机队飞机总数136架，基地18个。

航空公司飞机上还不能打手机，但空中上网已经不是梦想。总部位于瑞典斯德哥尔摩的北欧航空公司宣布，在该公司所有的洲际航班上提供宽带上网服务。这种空中上网技术由波音公司提供，它利用同步卫星和地基接收站构成全球网络，在飞机和全球信息网之间传输信息。

图 7.13　北欧航空公司航徽

（2）机场。

阿兰达机场（ARN）。过去很长一段时间，瑞典、丹麦、挪威三国共同组建的北欧航空公司以丹麦首都哥本哈根机场为主要基地和枢纽，因此阿兰达机场通航的国际远程航线只有少数航点达到每天一班，其他航点多数通过哥本哈根中转。近年来，北欧航空公司积极实施双中枢发展战略，阿兰达机场的地位逐渐提高，2001 年的旅客吞吐量为 1 828 万，世界排名第 55 位，已经超过了哥本哈根机场。阿兰达机场距离市区较远，乘坐机场巴士需要 55 分钟，乘坐出租汽车需要 35 分钟。1999 年，机场快线铁路开通，时间缩短到 20 分钟。阿兰达机场现有三条跑道和五个航站楼。

3. 旅游概况

瑞典旅游业发展稳定，2003 年共接待外国旅客 660 万人次。主要旅游地有首都斯德哥尔摩、北部省市和自然保护区、南部的哥德堡市和斯科纳省。

斯德哥尔摩是 1250 年建设在斯塔丹岛的小镇的基础上发展而来的。当时因受到海盗侵扰，人们便在一个小岛上用巨木修建了城堡，并在水中设置圆木栅栏，以便抵御外敌。当地人称这些圆木为"Stock"，称该岛为"holm"，斯德哥尔摩的名称就由此而来，意为"木头岛"。1436 年瑞典定都于此，因为该城最初是由木建城堡发展而来的，于是命名为斯德哥尔摩，至今在城内还可以找到具有中世纪特色的不规则的街道。

斯德哥尔摩是一座既古老又年轻、既典雅又繁华的城市，又被称为

"北方的威尼斯"。它的老城区已有700多年的历史，由于免受战争的破坏而保存良好，现在保持着古香古色的风格。这里有装饰着雕有石刻的中世纪建筑物，街道狭窄，一派古城风貌。老城的中央广场还保留着一口古井，据说这是几百年前供居民饮用的唯一淡水井。这里还有巍峨的王宫尼古拉教堂等古迹。如果在中午时分赶到王宫前，还会看到衣饰华丽、仪式隆重的哨兵换岗。只要花几个瑞典克朗就可以买到一张门票，顺利地通过这些岗哨，到王宫内参观历代瑞典王室遗留下的金银珠宝和各种精美的器皿，观赏艺术精湛的壁画。斯德哥尔摩还具有现代化城市的特点，市内绿草如茵，环境幽雅，建筑均为树墙围绕，街心、路旁、宅畔广植草坪，遍栽花卉，此外还设有喷水池。

（六）芬兰

1. 国家概况

"信是千湖国，港湾分外多，森林峰岭立，岛屿似星罗。"这是我国著名历史学家、诗人郭沫若在20世纪50年代访问芬兰时留下的美妙诗句。在许多中国人印象中芬兰是一个遥远而陌生的国度，但实际上她比想象中近得多，芬兰与中国之间只隔着俄罗斯，乘坐芬兰航空的航班只需8个小时左右就能从北京或上海飞抵赫尔辛基。除此之外，芬兰早在1950年就与中国建立了外交关系，是最早承认新中国的西方国家之一。

（1）地理概况。

芬兰位于欧洲北部，与瑞典、挪威、俄罗斯接壤，南临芬兰湾，西濒波的尼亚湾。海岸线长1 100千米。地势北高南低。内陆水域面积占全国面积的10%，有岛屿约17.9万个，湖泊约18.8万个，有"千湖之国"之称。全国1/3的土地在北极圈内，属温带海洋性气候。芬兰首都赫尔辛基，人口55.9万人，是全国的政治、经济和文化中心。国际标准时GMT+2，比北京时间晚6个小时。

（2）经济概况。

20世纪80年代，芬兰经济以年平均增长3.7%的速度持续发展。20世纪90年代初，经济出现严重衰退。1993年开始复苏，1994年以来经济总体上发展良好。芬兰政府20世纪90年代初完成经济结构调整，增大知识型经济在国民经济中所占比重，重视科技投入，发展高新技术和信息技术,在宏观上继续执行紧缩财政、鼓励投资、削减社会福利、降低所得税、加快国有企业私有化进程、改善就业的政策,使经济保持稳定增长。90年代中后期经济增长保持在5%左右。1999年加入欧元,2002年1月欧元正式流通,取代芬兰马克。2004年国内生产总值为1 497亿欧元,比上年增长3.7%,人均国内生产总值2.86万欧元。2003、2004、2005连续3年被世界经济论坛评为年度"世界最具竞争力的国家"。

2. 航空概况

芬兰共有157个机场,4家航空公司,客运量11亿人千米;货运量200万吨千米;697架民用飞机,国际航线35条。2003年国际机场有赫尔辛基、图尔库和坦佩雷等。

(1) 航空公司。

芬兰航空公司(FIN/AY)是历史最悠久的航空公司之一,成立于1923年11月1日,是世界上第六家成立的航空公司。自成立之日起,芬航凭借着优质的服务和丰富的经验,不断地为世界各地的旅客创造愉快舒适的旅程。时至今日,芬航每年运送超过800万名旅客,经营约50条国际航线以及22条芬兰国内航线。公司现拥有包括波音、麦道、空中客车等在内的60多架高品质客机。芬航飞抵约50个国际目的地及16个芬兰国内目的地。无论从何处搭乘芬航班机,地处优越地理位置的赫尔辛基都是节省旅行时间的强大保障。

公司的总部设在欧洲重要的航线枢纽——赫尔辛基。同时,芬航也是寰宇一家成员之一,借助寰宇一家遍布全球的航线网络系统,旅客在全球轻松旅行的同时还将享受到成员航空公司的奖励积分。

1988年6月2日,芬航正式开辟了赫尔辛基至北京的直达航线,飞行时间8小时,是欧洲到北京最便捷的途径。随着2002年2月7日香港航线、2003年9月3日上海航线以及2005年9月广州航线的开通,芬航在中国成功地构筑起华北、华南、华东通往欧洲的空中网络。他们的航线现在已经成为连接东西方的快速通道,向各国乘客提供经赫尔辛基中转去欧洲其他国家的服务。乘客在中国搭乘芬航的班机到欧洲去旅行,不仅能够以最快的速度准时抵达目的地,还可以享受到高品质的服务。

从开通中国航线之日起,芬航就致力于为中国旅客提供尽善尽美的服务。目前，在北京及上海航线上都配备了中国乘务员，免去了乘客由于语言不通所产生的不便。芬航会根据飞行时间、季节以及目的地等因素为乘客准备各种类型的餐食以满足不同客人的饮食习惯与偏好。芬航的机上餐食曾屡获殊荣，其中公务舱供酒更是屡获大奖。1997 年，世界最著名的酒类杂志 *Decanter* 将芬航公务舱供应的红酒评为最佳公务舱红酒；*Business Traveler* 杂志将芬航评为最佳空中酒窖。在飞行途中，您还可以欣赏到芬航精心准备的中文娱乐项目，包括中文杂志、音乐和影片，让漫长的旅途变得轻松愉快。在您到达赫尔辛基机场之后，专业的工作人员将用普通话为语言不便的国内旅客服务。2004 年 3 月，芬航在中国航线上开始播放中央电视台的中文新闻节目。

图 7.14　芬兰航空公司航徽

(2) 机场。

赫尔辛基万塔国际机场（HEJ）位于赫尔辛基市以北 20 千米处的万塔市，距离另一个南部主要城市艾斯堡也仅有 25 千米。赫尔辛基机场虽然不大，但是因为其高效率的运转、舒适的环境和周到的服务而多次被评为世界最佳机场和欧洲最佳机场。

赫尔辛基机场的国际航班候机楼（T2）内设有商店及休闲场所，可媲美一个小型的购物中心。其间包括餐厅、咖啡厅、免税商店、名牌精品店、百货公司分店、电器专卖店、网吧、药房及银行。海关的关口附近还有外币兑换处。为了协助带小孩的父母照顾孩子，候机厅内附设儿童游戏室与育婴室。候机区专门设有舒适的贵宾候机室向商务舱、头等舱以及各个航空公司的常旅客开放。贵宾候机厅里装备有先进的商务设施以及提供各种免费的酒水和餐食。为方便各地忙碌的商务客人，机场里还特设有先进的会议中心等商务设施。

2004 年 8 月启用的国际航班候机楼（T3）主要是为接纳欧洲国家的出入境乘客的。候机区包括有一个新的购物中心，一家大的免税商店，四家特殊物品商店、咖啡餐厅、外汇换汇点（可办理退税），以及一个300平方米的全新公务舱休息室。该候机楼也是特殊为亚洲乘客服务设计的。航空管理局特别聘请了汉语和日语的工作人员，并安装了汉、日两种文字的指示牌。值得一提的是，这里有专业的中文导购，可为中国乘客提供更优质的服务。

赫尔辛基机场与赫尔辛基市中心的交通也相当方便。芬兰航空的机场穿梭巴士往返于机场与赫尔辛基市中心火车站旁的 Finn air City Terminal 之间，其发车间隔时间为15～20分钟。

以赫尔辛基万塔机场为枢纽，芬兰航空建立起了密布的航线网络，欧洲境内的航点达50多个，几乎通达任何一个欧洲的主要城市。芬航的航线现在已经成为连接东西方的快速通道，向各国乘客提供经赫尔辛基中转去欧洲其他国家的服务。在北京搭乘芬航的班机到欧洲去旅行，不仅能够以最快的速度准时抵达目的地，还可以享受到高品质的服务。

此外，欧洲的其他各主要航空也有频繁的航班从其基地城市飞往赫尔辛基，如英国航空（LON—HEL）、法国航空（PAR—HEL）、荷兰皇家航空（AMS—HEL）、北欧航空（CPH—HEL）等。

3．旅游概况

到芬兰旅游的最佳季节是每年的6—9月。在这个季节来芬兰可以看到世界罕见的"极昼"奇观，还可以看到人们欢庆"仲夏节"的欢乐场面；此外，北极村这个旅游景点是在美国总统罗斯福夫人启示下设置的。北极村里有许多美丽奇妙的自然风光，夏季到这里，你可以观赏难以忘怀的午夜不落的太阳；冬季到这里，你可以在昼夜不见太阳的晴空中，看到世界上罕见的北极光。

赫尔辛基是芬兰首都，全国最大的港口城市，经济、文化中心。赫尔辛基有四个卫星城，万塔市以国际机场城之称而闻名，是赫尔辛基市区所属的四个卫星城之一，也是赫尔辛基万塔国际机场的所在地。您可以在很短的时间内从这里飞到欧洲和俄罗斯的任何一个大城市，并可以在一天之内飞到世界的另一端。近年来，万塔市被誉为欧洲城区发展最快的机场城市。在芬兰，万塔市已成为赫尔辛基地区的后勤保障中心，是最具发展潜力的国际商业中心，也是连接东西方的真正通道。赫尔辛基也有"波罗的海女儿"的雅称。站在天文台山上,湛蓝的海水拍打着脚下的岩石,如画的赫尔辛基尽收眼底。在码头区,你可以在市场广场的露天市场购买新鲜蔬果、精巧的手工艺品;当然你也可以坐在露天咖啡座上消磨时光。而欣赏赫市附近风光如画般的小岛,参加当地水上巴士之旅也是不错的选择。

(七)意大利

1. 国家概况

意大利是欧洲的一个文明古国。公元前2世纪到公元2世纪为全盛时期古罗马帝国的中心。14至16世纪的文艺复兴开始于意大利。意大利在长期分裂后,于1870年实现统一。1922年墨索里尼上台,建立了法西斯统治,1940年向英、法宣战,1943年9月败降。1946年6月2日意大利举行公民投票,正式宣告废除王国,成立意大利共和国。

意大利是著名的旅游国家。它有独特的城市风貌,有优美的自然风光,也有可资炫耀的历史和文化,一直以来就是全世界最热的旅游地之一。

(1)地理概况。

意大利共和国位于欧洲南部。它北连欧洲大陆,东临亚得里亚海,西濒利古里亚海和第勒尼安海,南接奥尼亚海。意大利西同法国接壤,北与瑞士、奥地利相连,东同南斯拉夫毗邻。东邻的阿尔巴尼亚、南部的阿尔及利亚、突尼斯、利比亚和马耳他等北非诸国均与意大利隔海相望。

意大利全国领土面积301 277平方千米,海岸线总长约8 600千米。意大利也是一个多山国家。山区面积为106 102平方千米,丘陵面积125 421平方千米,平原面积仅为69 753平方千米。山地与丘陵占全国面积的76.8%,平原仅占23.2%。

意大利首都罗马,国际标准时GMT+1,比北京时间晚7个小时。

(2)经济概况。

意大利由于矿产资源贫乏,仅有水力、地热、天然气、大理石、汞、硫黄等资源,还有少量铅、铝、锌和铝矾土等。四分之三的能源供给和主要工业原料依赖国外进口,而产品的三分之一以上供出口。历史上意大利国家参与制企业比较发达。伊利、埃尼和埃菲姆曾是三大国营财团,在全国工业产值中约占三分之一,经营范围涉及钢铁、造船、机械、石油、化工、军火等部门。20个世纪90年代以来,政府加快了国有企业私有化进程。中小企业在意经济中占有重要地位,在制革、制鞋、服装、纺织、家具、厨房设备、瓷砖、丝绸、首饰、酿酒、机械、大理石开采及机械工业等领域有较大优势,具有专业化程度高、适应能力强、产品出口比例大等特点。

受全球经济不景气的影响,意大利的经济发展脚步放慢,2001年国内生产总值12 165.83亿欧元(约合10 949.25亿美元),人均国内生产总值21 091.94万欧元(约18 983美元)。

2. 航空概况

(1) 航空公司。

意大利航空公司(AZA/AZ),是国内最大的航空公司,并且也是欧洲最大的航空公司之一。创建于1946年的意大利航空公司,目前拥有世界上最先进的177架飞机,占有本国内近60%的市场份额,在整个欧洲地区占有5.8%左右的市场。

图7.15　意大利航空公司航徽

2003年,意大利航空公司曾面临着市场份额下降、并且亏损达到4亿欧元的局面,这和意大利航空没能合理利用自己的地理优势有很大的关系。意航总部所在地罗马是欧美至中东、非洲地区的航线枢纽,在地缘上有着建立广泛国际航空联盟的先机,但意航在航线设置上未能及时因势利导,从而失去了相当一部分老顾客。为扭转不利局势,意航组成的新管理层已制定了一项旨在重振公司的"低成本"的发展措施,其主要措施包括:进一步裁减人员,降低运营成本;投资12亿欧元购买能飞远程航线的客机,增加新航线。另外,意航准备走航空联盟之路,与意大利国内及外国航空公司结盟,以实现国际航线上的资源共享和优势互补。

(2) 国际机场。

①罗马。

罗马目前包括两个机场,从1974年开始由罗马机场公司同时管理。

a）菲乌米奇诺机场（FCO）。

菲乌米奇诺机场 1961 年首航后即成为罗马的首要机场。2001 年，菲乌米奇诺机场旅客吞吐量 2 557 万，世界排名第 29，是欧洲第 8 大机场。机场占地面积 15.5 平方千米，有四条跑道和一座航站楼。

b）钱皮诺机场（CIA）。

钱皮诺机场 20 世纪 30 年代投入使用，20 世纪 60 年代菲乌米奇诺机场建成后就陷入停滞状态。2001 年，钱皮诺机场的旅客吞吐量为 69 万，世界排名第 454 位。与菲乌米奇诺机场 2 557 万的运量规模比较，钱皮诺机场 69 万的运量规模几乎可以忽略不计。钱皮诺机场占地面积 2.2 平方千米，有一条跑道和七个登机口。

②米兰。

米兰目前由三个机场构成。摩尔彭萨机场和利纳特机场以及 Orio al Serio。由于三个机场是由同一个机构进行管理，因此，国际航协也将这 3 个机场的三字代码都归在米兰名下。

a）摩尔彭萨机场（MXP）。

2001 年，摩尔彭萨机场旅客吞吐量 1 857 万人，世界排名第 52 位。摩尔彭萨机场距离米兰市中心 48 千米，1948 年投入商业航班使用。20 世纪 50 年代修建第二条跑道后，逐步成为米兰的首要机场和国际机场。1995 年 2 号航站楼投入使用。

b）利纳特机场（LIN）。

利纳特机场位于米兰市区，2001 年旅客吞吐量 714 万，世界排名第 130 位。利纳特机场是米兰最早的机场之一，20 世纪三四十年代即投入使用。目前主要用于国内航班和公务飞机。

c）Orio al Serio（BGY）。

Orio al Serio 机场位于贝加莫市，距离米兰 45 千米，距离贝加莫 8 千米。60 年代建成后陆续扩建，有一条 3 024 米的跑道。2001 年旅客吞吐量 106 万，世界排名第 371 位。1988 年，意大利政府将这三个机场纳入同一个机场管理体系。

3. 旅游概况

意大利的旅游业非常发达，旅游收入是弥补国家收支逆差的重要来源。2001年,外国游客在意大利消费约2 877.9万欧元,减少3.8%;意大利游客去国外旅游消费1 568.1万欧元,减少7.9%;全年旅游纯赢利额为1 309.8万欧元,略高于上年的1 289.3万欧元。意大利旅游资源丰富,气候湿润,风景秀丽,文物古迹很多,有良好的海滩和山区,公路四通八达。旅馆多为中小型,包括宾馆、露营地、旅游村和农业旅游住所等在内全国共有11.5万处,2000年接待本国游客4 453万和外国游客3 459万;留宿人次分别为本国人19 481.3万,外国人13 754.5万。主要旅游城市是罗马、佛罗伦萨和威尼斯。

①罗马(Rome)。

罗马位于台伯河下游的丘陵平原上,已有2 500余年历史。它是一座艺术宝库、文化名城。罗马是意大利的首都,也是罗马天主教廷所在地。是意大利占地面积最广、人口最多的城市。罗马是意大利政治、历史和文化的中心,同时也是世界灿烂文化的发祥地。古城居北,新城在南——它在20世纪20—50年代建成,是拥有摩天大楼的现代花园式城市。罗马教廷所在地——梵蒂冈位于古城区西北角。罗马古城酷似一座巨型的露天历史博物馆。在罗马古都遗址上,矗立着帝国元老院、凯旋门、纪功柱、万神殿和大竞技场等世界闻名的古迹;这里还有文艺复兴时期的许多精美建筑和艺术精品。广场是罗马人生活的中心,也是游览的中心,广场上的喷泉伴着各式别出心裁的大理石雕像,英雄美人、神仙水怪,无一不是艺术杰作。

②威尼斯。

威尼斯素有"亚得里亚海明珠"之称,它既是旅游胜地,又是意大利的重要港口。威尼斯城四周环海,包括了一百座大大小小的岛屿,只有西北角有一条4千米长的长堤,与大陆相通。威尼斯被称为水城,其房屋建造独特,地基都淹没在水中,像从水中钻出的似的。威尼斯水道是城市的马路,市内没有汽车和自行车,也没有交通指挥灯,船是市内唯一的交通工具。

非洲区域

(一)南非

1. 国家概况

在南非最早的当地居民是桑人、科伊人及后来南迁的班图人。17世纪开始,荷兰人、英国人相继入侵并不断将殖民地向非洲内部推进。19

世纪中叶，白人统治者建立起四个政治实体：两个英国殖民地，即开普和纳塔尔殖民地；两个布尔人共和国，即德兰士瓦南非共和国和奥兰治自由邦。1899—1902年英布战争以英国人艰难取胜告终。1910年四个政权合并为"南非联邦"，成为英国的自治领地。1961年5月31日退出英联邦，成立南非共和国。南非当局长期在国内以立法和行政手段推行种族歧视和种族隔离政策。1948年国民党执政后，全面推行种族隔离制度，镇压南非人民的反抗斗争，遭到国际社会的谴责。1989年，德克勒克出任国民党领袖和总统后，推行政治改革，取消对黑人解放组织的禁令并释放曼德拉等人。1991年，非国大、南非政府、国民党等19方就政治解决南非问题举行多党谈判，并于1993年就政治过渡安排达成协议。1994年4—5月，南非举行首次不分种族大选，以非国大为首的非国大、南非共产党、南非工会大会三方联盟以62.65%的多数获胜，曼德拉出任南非首任黑人总统，非国大、国民党、因卡塔自由党组成民族团结政府。

（1）地理概况。

南非位于非洲大陆最南端，北邻纳米比亚、博茨瓦纳、津巴布韦、莫桑比克和斯威士兰，东、南、西三面濒印度洋和大西洋。海岸线长3 000千米，国土面积121.9平方千米。

南非共和国首都有3个，比勒陀利亚为行政首都，人口220万；开普敦为立法首都，人口300万；布隆方丹为司法首都，人口50万。国际标准时间GMT+2，比北京时间晚6个小时。

（2）经济概况。

南非属于中等收入的发展中国家。国内生产总值约占全非国内生产总值近20%，是非洲经济最发达的国家。自然资源丰富，是世界五大矿产国之一。金融、法律体系比较完善，通讯、交通、能源等基础设施良好。矿业、制造业、农业和服务业是经济四大支柱，深矿开采等技术居于世界领先地位。但国民经济各部门发展水平、地区分布不均衡，二元制经济特征明显。20世纪80年代初期至90年代初期，受国际制裁经济出现衰退。新南非政府制定了"重建与发展计划"，强调提高黑人社会、经济地位。1996年推出"增长、就业、再分配"的宏观经济政策，旨在通过国有部门私有化、削减财政赤字、增加劳动力市场灵活性、促进出口、放松外汇管制、鼓励中小企业发展等措施实现经济增长，增加就业，逐步改变分配不合理的情况。姆贝基政府执行谨慎的财政和货币政策，逐步推动国有资产重组和私有化进程，推进劳动力市场和贸易领域的结构调整，适时增加社会服务投入，新南非经济总体保持低速增长。2004年，全球经济加快复苏、国际市场需求上升以及国际商品价格上涨等因素推动南外部经济环境改善，降息效果显著，政府增支计划等刺激国内需求和消费增长，制造业复苏进程加快，服务业增长势头良好，全年GDP增速达3.7%。2003年主要经济数据：国内生产总值1 599亿美元，人均国民总收入2 780美元，国内生产总值年增长率1.9%。

2. 航空概况

共有各类航运飞机5 900多架，其中南非航空公司拥有包括30余架波音飞机和15架空中客车在内的各类民航机共48架，是世界最大的50家航空公司之一。每周有600多个国内航班和70多个国际航班，与非洲、欧洲、亚洲及中东、南美一些国家直接通航。主要国际机场有约翰内斯堡国际机场、德班国际机场和开普敦国际机场等。约翰内斯堡国际机场是非洲大陆最为繁忙的机场，2005年接待旅客量达到1 800万人次。

（1）航空公司。

南非航空公司（SAA/SA）是一家国家航空公司，拥有49架飞机，服务于国内航线和国际航线，该航空公司在伦敦举行的2003年度航空公司评比中被评为非洲最好的航空公司。成立于1934年的南非航空公司现在经营飞往27个国家38个城市的空中航线，每年运送旅客650万人次。国内航线每周有600多次航班。南非航空公司有飞往曼彻斯特的航班，也有正常的航班飞往迪拜、埃及、中国台北、中国香港、迈阿密、纽约、珀思（澳大利亚）、里约热内卢、新加坡、悉尼和特拉维夫。

南非航空公司在非洲的航线通往布兰太尔（马拉维）、布拉瓦约（津巴布韦）、哈拉里（津巴布韦）、利隆圭（马拉维）、卢萨卡（赞比亚）、马普托（莫桑比克）、毛里求斯、内罗毕、温得和克（纳米比亚）。

费尔特斯达航空公司成立于1991年10月，是一家私营航空公司，拥有6架飞机，在南非境内每周有112次航班。

南非还有20家私营航空公司，主要为地方提供客运和货运服务，35

家国际航空公司在南非与56个外国城市有航空业务。

图7.16　南非航空公司航徽

（2）机场。

南非有九个主要机场，其中约翰内斯堡、开普敦和德班为国际机场，约翰内斯堡国际机场是非洲最大的国际机场。在南非航空公司约翰内斯堡机场的头等舱休息厅中，简单灵活的点餐风格一直都是一大特色。在这里的菜单中，新鲜的水产品和当时特产调料烹制的肉类食物种类丰富，包括新鲜的明虾沙拉、印度比亚尼风味烤饼以及蔬菜。在剪票过后，乘客们可以选择在休息厅中享受美餐，或者在五个隔音休息厅中小憩，当然也可以听音乐。休息厅中也安装有淋浴，吸烟区中的烟雾将被及时地驱散。

3. 旅游概况

①约翰内斯堡。

南非第一大城市和仅次于开罗的非洲第二大城市，豪登省省会，素有"黄金城"之称。海拔1 760米，人口400万。始建于1886年。是南非最重要的工矿业中心，附近方圆240千米一带有60多处金矿。工业产值举足轻重，有大型矿山机械、钻石切割、化学、医药、纺织、电机、汽车装配、橡胶等工业。金融、商业发达，南非证券交易所、各大公司和银行总部多设于此，是南部非洲金融中心。其中杉腾地区发展最快，成为新的金融和商业区。约翰内斯堡是南非铁路和公路枢纽。三十余国在此设有总领馆、领馆或名誉领事。

南非最大的黑人城市索书托位于约翰内斯堡西南约20千米处，人口1 100多万。初为黑人矿工的合法聚居地，后形成黑人城市。20世纪50年代后逐渐成为南非黑人反对种族隔离斗争的基地。1955年，非国大在索韦托的克利普镇通过著名的《自由宪章》。曼德拉、图图大主教等均在此领导过反对种族隔离制度的斗争。1976年6月16日，黑人学生强烈抵制用阿非利卡语教学，举行大规模示威游行，遭当局武装镇压，发生震惊世界的"索韦托惨案"。新南非诞生后，非国大政府将索韦托树为黑人翻身做主的样板，大力改善黑人生活、加强基础设施建设等，成效明显。海克特·皮特森纪念碑是索韦托的象征和著名旅游景点。

②东兰德。

2000年12月地方政府选举之后新设大都市，2001年4月更名为爱库鲁莱尼市。西临约翰内斯堡，北靠比陀。面积逾2 000平方千米，人口200万。下辖11个区，多为著名工业区。历史上曾是重要采矿业中心，闻名于世的约翰内斯堡地区黄金矿脉由东向西延伸至市中心。白云石矿藏丰富。近年来，采矿业渐趋没落，市中心黄金矿脉区因过度开采已形成所谓"真空地带"——杂乱无章的废弃矿井导致居民点支离破碎，严重侵蚀一些本可优先开发的土地。现市政府尤重恢复和重建废弃矿区。湿地资源丰富也是一大特色，两大湿地区分处东边布莱斯博克斯普鲁特和西边纳塔斯布鲁特和埃尔斯伯格斯布鲁特，位于阿尔伯顿的克利普瑞沃斯伯格自然保护区资源保护价值很高。该市交通设施完备，航空、陆路交通发达。拥有南部非洲最大的、最现代化的也是最繁忙的约翰内斯堡国际机场。

四、IATA 三区

IATA三区北起北冰洋，南至南极洲，包括亚洲（除中东部分国家）、大洋洲以及太平洋岛屿的广大地区。

亚洲，又称亚细亚洲。位于东半球的东北部，东、北、南三面分别濒临太平洋、北冰洋和印度洋，西靠大西洋的属海地中海和黑海。亚洲面积4 400万平方千米，约占世界陆地面积的29.4%，是世界第一大洲。亚洲大陆与欧洲大陆相连，合称亚欧大陆。

亚洲共有49个国家和地区，在地理上习惯分为东亚、东南亚、南亚、中亚、西亚和北亚。亚洲地区历史悠久，黄河流域、印度河流域、幼发拉底河和底格里斯两河流域都是人类文明的发祥地。从20世纪60年代，亚洲的经济发展便开始受到世界瞩目，如"亚洲四小龙"（新加坡、中国台湾、中国香港和韩国）已经发展成为新兴的工业化国家和地区。尤其进入20世纪80年代后，随着亚洲地区的经济增长，东盟五国、韩国和中国的航空运输也在高速发展,这二十多年来,亚洲(尤其亚太地区)航空运输总周转量的年平均增长率居各区之首,占世界的比重也在不断增大。

大洋洲,位于太平洋西南部和南部、赤道南北的广大海域中。大洋洲陆地面积约897万平方千米,约占世界陆地面积的6%,是世界上最小的一个洲。

大洋洲共有14个独立的国家,其余十几个地区为美、英、法等国的属地。在自然地理中大洋洲被划分为澳大利亚、新西兰、新几内亚、美拉尼西亚、密克罗尼西亚和波利尼西亚六区。

大洋洲由于所处的地理位置优越,地处亚洲、北美、拉丁美洲和南极洲之间,东西沟通太平洋和印度洋,又是联系各大洲的海空航线,因此在世界交通和战略上都具有很重要的地位。结合自然、人文地理知识内容,我们将领略IATA三区经济发达国家的空运地理知识。

亚洲区

(一) 日本

1. 日本概况

"日本"这个词的名字意思是"朝阳升起的地方"。是东北亚一个由本州、四国、九州、北海道四个大岛及众多小岛组成的岛国。东临太平洋,西与中国、朝鲜、韩国以及俄罗斯隔海相望。公元4世纪中叶,日本开始成为统一的国家,称为大和国,公元645年大化革新后,日本建立了以天皇为绝对君主的中央集权制国家,后进入幕府时代,19世纪中期明治维新后日本成为帝国主义列强之一,第二次世界大战战败后通过《和平宪法》,国家理念为立宪主义、尊重国民主权和基本人权、和平主义,实行以天皇为国家象征的君主立宪政体。日本是全球最富裕、经济最发达的国家之一。

日本也是世界著名的旅游大国之一,除了大批的日本人喜欢出游国外,日本国内也有许多吸引人的地方。东京的繁华、奈良的古老、北海道的神秘色彩都给人留下深刻的印象。而三月的樱花和遍布山间的温泉则使人流连忘返。日本首都东京是全国的政治、经济和文化中心,也是全世界人口密度最大的城市之一。东京时间GMT+9小时,比北京时间早一个小时。

(1) 地理概况。

日本，位于亚洲东部的太平洋上。由四个大岛（北海道、本州、四国、九州）以及约4 000个小的岛屿组成，面积37.78万平方千米，全国73%的地域是山区。日本最高的山是著名的富士山，海拔3 776米。由于平原较少，日本很多山上种植有农作物。日本位于太平洋的火山带，全国时常会发生火山活动。严重的地震则每一个世纪都会发生几次。因此日本也被称为"火山地震国"，日本的温泉很多，并且已经发展成为旅游景点。

由于日本的岛屿几乎垂直地从北拉伸到南部，故当地的气候变化较大。北部的岛屿夏天温暖，冬天则十分漫长、寒冷，还时常有大量降雪。中西部地区则冬天比较干燥，很少下雪，夏天潮湿。

(2) 经济概况。

第二次世界大战后，日本利用了10年（1945—1955）的时间恢复战后经济，1955年后，日本实行政府主导干预经济，使日本经济迅速发展。日本经济保持了30多年的高速成长：20世纪60年代平均10%的增长，20世纪70年代平均5%的增长，20世纪80年代平均4%的增长。到今天，日本已经拥有高度发达的工业企业、强大的工作群以及各种领域的高科技，并成为当今科技含量仅次于美国的第二高的经济体，2002年GDP总值占全球GDP的13%，外汇储备总额和海外纯资产分别居世界第一和第二位，外贸总额居世界第三位。2002年2月，日本政府推出综合通货紧缩对策，核心是促进解决不良债权、稳定金融体系。2003年，首相小泉纯一郎继续逐步推进改革，成效开始显现，全年GDP增长率达到2.7%，创近年最高纪录。2004年1月19日，日本政府宣布日本经济复苏。2003年国内生产总值约4.7万亿美元。人均国内生产总值30 000美元以上。

日本的经济支柱是工业。由于国土资源有限，日本需要依赖进口原材料和能源，而较小规模的农业则依赖政府的补助与保护，日本的大米能够自足，但其他农作物的50%则需要进口。日本国民经济构成特点是：第三产业特别是服务业占主要地位，且在产业中所占比重继续呈上升趋势；传统的工业、制造业占较重要地位，但比重将继续下降。高新技术和现代农业发达。日本是全球最大的渔业国家之一，捕鱼量占全球总捕鱼量的近15%。

2. 航空概况

根据国际民航组织（ICAO）的最新统计，2004年，美国航空运输总周转量以1 449.59亿吨千米的超强业绩排名世界第一位，德国以246.8亿吨千米排名第二位，其次中国（240.76亿吨千米）、日本（224.3亿吨千米）和英国（222.6亿吨千米）分列三至五位。日本是一个航空运输大国，早在20世纪80年代，日本航空公司就已经跻身世界航空公司前十强之列。

日本目前主要有四家航空公司：日航集团公司（JAL）、全日空航空公司（NH）以及两个独立航空公司Skymark Airlines和北海道国际航空。

（1）航空公司。

①日本航空集团公司（JAL/JL）。

2002年10月2日，日本航空公司与日本佳速航空公司通过重组，设立了新日航集团。并从2004年4月1日起，在"JAL日本航空"的统一品牌基础上，成立了以Japan Airlines Domestic负责所有日本国内客运业；Japan Airlines International负责所有国际客运及货运业务的航空公司。此外该集团内还包括有JAL ways、Japan Asia Airways、Japan Trans ocean Airways、JAL Express、J-Air、Ryukyu Air Commuter、Japan Air Commuter和Hokkaido Air System等航空公司。

图7.17　日本航空集团公司航徽

到2004年4月，日航集团公司内将分别设立日本国际航空公司及日本国内航空公司，完全重组后的日本航空集团，全年销售总额约为2兆2千亿日元，员工5万人左右。而且日航的重组是全方位的，包括运力的合并、航线和人员的整合及收益的合理分配等。原来日本航空公司收益的70%依靠国际航线，而现在佳速航空的加入，充实了日本航空公司国内航线的收入，稳定了日航的收入基础。目前，日航集团拥有以波音系列为主的飞机286架、国际航线200条（包括代码共享航班）、货运航线45条、国内航线166条（包括代码共享航班）。

日航集团与我国通航的城市主要有13个，主要是北京、大连、青岛、上海、天津、香港、厦门、广州、昆明、西安、沈阳、杭州、海口。

②全日空航空公司（ANA/NH）。

全日空航空公司于1952年成立，是国际星空联盟的成员，其总部设在日本东京，2004年被《世界商业评论》评为世界前十大航空公司之一。2005年3月，全日空航空公司有员工12 091人，拥有以波音系列为主的飞机141架。

图7.18　全日航空公司航徽

目前，全日空航空公司已经开通了从日本成田机场、关西机场飞往中国北京、上海、沈阳、大连、青岛、杭州、厦门和香港等八个城市的航线，航班数达到每周112班，占全日空国际航班数的51%，而且在2004年3月底已经与中国国际航空公司实现了代码共享，双方公司的航班总数已达到了每周151航班。由此可见，全日空公司已经把中国航班划定为"全日空"国际航线的核心航线。

（2）机场。

日本目前共有机场100多个，其中东京成田机场、羽田机场以及大阪关西国际机场、仙台机场、广岛机场、札幌的新千岁机场都是世界顶级机场。

①成田机场（NRT）。

日本成田机场位于东京东千叶县成田市，西距东京66千米，占地

1 065公顷，从成田机场到东京市中心的直线距离为60千米。从成田空港到东京有三种交通手段："JR"（日本铁路公司）、"京成电气铁路"、"接送专车"。当然也能乘坐出租车，但至少要花近15000日元，从费用上说不大现实。

成田为日本主要的国际门户，有30多个国家的40多个航空公司使用该机场，形成了通达北美、欧洲及亚太的全球性国际航线网络。近几年来，成田机场的国际旅客吞吐量、货邮吞吐量、航班班次均占日本全国机场国际业务总量的50%以上。机坪占地190公顷，目前有112个机位，机坪扩建工程正进行，建成后将共有150个机位，90%以上的机位可供B747型飞机停放。机场现有1号、2号两个旅客航站楼，建筑面积分别约为27.4万平方米、28.4万平方米。其他货运设施、场区交通、飞机维修、供油、航管等各类设施一应俱全。该机场共有3条跑道，多年来，该跑道在每天宵禁7小时（晚23：00—次日6：00），即每天限制在370架次以内的制约条件下，承担了年旅客吞吐量约2 500万人，货邮吞吐量约180万吨的客货运量。一条跑道承担如此巨大的客货运量，这在日本乃至世界的机场中都是罕见的。

②羽田机场（HND）。

日本羽田机场位于东京市东南，距离市中心14千米，客源主要为国内旅客。羽田机场为日本国内最繁忙的机场，该机场1931年投入使用，共建有4条跑道，1997年旅客吞吐量位于世界第六位。

中国最繁忙的首都机场——也是中国唯一进入世界50强的机场——2000年旅客吞吐量为2 166万人次，仅相当于香港机场的66%、韩国汉城（今首尔）机场的54%、日本羽田机场的33%。

2004年11月底，日本羽田机场投入670亿日元建造的第二旅客候机楼已经竣工，并投入运营，目前，羽田机场候机楼面积达到47万平方米，是日本最大的机场之一。羽田机场也在2005年4月1日开始对使用机场的旅客（成人）每次征收100日元的机场使用费，此举每年将为羽田机场增收60亿日元。

③大阪关西国际机场（KIX）。

大阪关西国际机场位于大阪湾东南部的泉州附近海面上，通过填海造陆面积达到1 230公顷,是全世界第一个以人工岛为主的建筑,提供24小时飞机起降服务。

该机场共有三条跑道,机场全部投资达到314.4亿美元,今后将成为亚洲最大的海陆空交通枢纽之一。

3. 旅游概况

2002年旅游业总收入为55 830亿日元,在国内生产总值(GDP)中约占1.1%。2003年前11个月的旅游业总收入为46 452亿日元。2002年旅游业收入中海外旅行收入为22 652亿日元,同比增长6.9%。2002年和2003年外国游客分别为524.4万人和521.9万人。主要旅游服务设施有各种规模的和式、西式及中式餐馆、温泉旅馆等。主要旅游点有富士山、东京、迪斯尼乐园、大阪、京都、奈良、冲绳、北海道等。

(1) 东京。

东京是日本的首都,它位于本州关东平原南端,东南濒临东京湾,通连太平洋,面积2 187平方千米,人口3 530万,是日本的政治、经济、文化中心。

东京创建于1457年,古称江户。1868年明治维新后,明治天皇从京都迁都江户,改称东京。东京是日本最大的工业城市,全国主要的公司都集中于此,工业产值居全国第一位。东京与横滨、千叶构成日本著名的京滨工业区。东京也是日本的商业、金融中心。银座是东京的一条繁华街道,从京桥到新桥一千米长的路段上集中了许多高级商店、饭店、酒吧和夜总会。除此以外,新宿、池袋、涩谷也是东京的繁华地区。

周恩来、鲁迅、郭沫若青年时代都曾在东京求过学。1979年3月14日,东京和北京市结为友好城市。到东京旅游,一座美丽的城市正在欢迎您的到来。广告牌大小的屏幕上的画面和声音会强烈地吸引您的注意力,而川流不息的人流很可能会让您情不自禁地置身其中,这就是东京,地球上最先迎接未来的地方。

①东京塔。

东京塔1958年12月开工,工期为11个月,其速度仅是埃菲尔铁塔建设速度的70%(东京塔高333米,埃菲尔塔高320.5米),总工程费用为28亿日元。作为日本经济高速发展的象征,完全应用日本的技术、材料而建成的世界第一的铁塔而受人瞩目。另外,东京塔的名称是公共投稿中选出来的。塔上有150米高的大展望台和250米高的特别展望台。晴朗的日子里,可以看到富士山、房总半岛、筑波山等地。特别是元旦的时候,作为离海最近的展望台,而成为看日出(上午6点51分)的著名场所。

②银座。

银座是东京最主要的繁华商业街,以其华丽高雅、雍容大方、充满成熟浪漫气息而著称。银座大街,以银座四丁目十字路口为最繁华,横贯银座的中央大道往南通往新桥,可达著名电器街秋叶原。银座的地价在世界上首屈一指,银座的物价为世界之最。银座既有百年老店,也有令人目不暇接的新潮店铺。节假日的步行者天国,又让人感受银座的自由和惬意。银座是富有魅力的大街,而四丁目则是感受历史和时代的交叉点。

③富士山。

富士山在日语中的意思是"火山",它海拔高度为3 776米,是日本的第一高峰,面积为90.76平方千米,距东京80千米。

这座被日本人奉为"圣岳"的山峰自781年有文字记载以来,共喷发了18次,最后一次喷发是在1707年,此后休眠至今。山顶上的两个火山口形成了两个美丽的火山湖,山麓处还有火山喷发后留下的千姿百态的山洞,有些仍在不断喷气。富士山北麓有富士五湖,湖光山色十分宜人;富士山南是一片辽阔的高原牧场,绿草如茵,牛羊成群。

(2)大阪。

大阪古称浪速,又叫难波,19世纪开始称大阪。它是日本的第二大城市,位于本州西南部,市内多河流,水域面积占大阪总面积的10%以上,故有"水都"之称,全市有1 400座桥。自古以来这里就是古都奈良和京都的门户,几代天皇均在此建都。大阪的名胜古迹主要有奈良时代的古皇宫难波宫遗址、平安时代的大会佛寺、江户时代的丹珠庵和明治时代造币局的泉布观等。东区有丰臣秀吉修建的大阪城。

南区是被称为"吃穷"的饮食文化中心区,特别是道顿堀和心斋桥附近为大阪的代表性商业街。外号为美国村的一带,是年轻人特有流行文化的发源地。日本桥号称大阪的秋叶原,电器商店林立。有推古天皇元年

(593)修建的四天王寺，后毁于战火，1963年重建。

（二）韩国

1. 韩国概况

和中国相比，韩国是个小国；和中国相比，韩国也是个大国。访问中国的韩国人，当他们坐火车穿越中国茫茫大地后，往往会产生一个令他们惊惧的印象："中国，太大了！"是的，韩国的国土面积仅为9.9万平方千米，约占中国面积的百分之一，只相当于广东省的一半。人口也只有4 800万，约为中国的1/28。

可是，就是这个也曾极度落后、饱受蹂躏的东方小国，却走在了中国前头，其经济规模的总量，已居世界第十位，接近中国的一半，而其人均国民生产总值已近15 000元美金，是中国的十余倍。

今天，从废墟上昂首迈入世界发达工业国家行列的韩国，其成就被形象地称为"汉江奇迹"。除了经济领域外，近十多年来，韩国在政治、文化、电影、电视、大众娱乐、体育等各个领域，都取得了长足的进步。

韩国首都首尔是全国的政治、经济、文化中心，亦是朝鲜半岛最大的城市。首尔时间为GMT+9，比北京时间早一个小时。

（1）地理概况。

韩国全称"大韩民国"，位于朝鲜半岛南部，隔"三八线"与朝鲜民主主义人民共和国相邻，面积9.93万平方千米，南北长约500千米，东西宽约250千米，东濒日本海，西临黄海，东南与日本隔海相望。除与大陆相连的半岛之外，韩国还拥有3 000个大小岛屿。

（2）经济概况。

曾经是世界上最贫穷的农业社会之一的韩国从1962年开始着手发展经济。在不到40年之中，韩国取得了被誉为"汉江奇迹"的经济成就。这一惊人的进程改变了韩国的经济，成为韩国历史上的转折点。以出口增长为动力的外向型经济发展战略，大大地促进了韩国经济的根本转变。在这一战略基础上，韩国实行了很多发展计划。这使1962年至2004年韩国的国民总收入由23亿美元增加到近5 000亿美元，人均国民收入由87美元增加到15 000美元。这些令人印象深刻的数字清楚表明韩国的经济计划所取得的重大成就。2003年卢武铉执政后，提出把韩国建设成东北亚枢纽国家等政策目标，继续推动经济改革，培育新兴产业，吸引外资。但受国内外各种因素影响，韩国经济增长速度明显放缓。2003年主要经济指标：国内生产总值6 052亿美元，人均国民收入12 646美元。

韩国工业部门齐全，工业实力和规模已接近发达国家的水平，但对外依赖性较强，主要部门有钢铁、电子工业、造船、纺织、汽车、电力、电器等，均居世界前列。另外，韩国的商业发达，农业在经济中比重不足1/10，以产稻米、豆类、大麦为主。

2. 航空概况

由于成功地主办了1988年汉城奥运会，首尔（汉城）在国际航空交通中的重要性大大增长。主要的国际航空公司每周有822次航班直达或不停站地往来于首尔与北美、南美、欧洲、北非、中东和亚洲之间。目前，韩国已同74个国家签订了航空服务协定。

（1）航空公司。

①大韩航空公司（KAL/KE）。

大韩航空，为天合联盟的主要伙伴，同时也是代表大韩民国的航空公司。2001年，大韩航空庆祝了韩进集团总裁赵重勋于1969年接管原由政府所有的大韩航空公司32周年纪念。韩进集团乃世界上最大的运输集团之一，也是世界二十家顶尖级航空公司之一。

在私有化之前，大韩航空乃是一个规模较小的地区性航空公司，它有8架飞机飞往韩国的10个城市和日本的3个城市，遭受长期的财政赤字的困扰。现在，大韩航空值得夸耀的是，它的航线遍及29国家的77个城市，其中客运航线与世界26国家68个城市相连，货运航线与世界21个国家31个城市相连，并且拥有112架最新式的飞机，主要以波音为主。

2000年，大韩航空载运2 200万以上的乘客和120万吨以上的货物到达全球数百个目的地，与创立之年（1969年）相比，乘客数目增长了70多倍，货运量增长了600多倍，这是令人惊异的增长。

每年，大韩航空公司都有数额可观的投资，以使飞机现代化。2000年，公司一次性购进17架最新型的飞机，包括8架新一代的B737－800S及3架B777S。在2001年，大韩航空购入14架飞机，其中包括8架B737－800S、一架B747－400、两架B747－400S（F）、一架B777－200及两架

A330S。

　　大韩航空的优质机舱服务，已得到若干调查统计的肯定。2000年，大韩航空的经济舱服务以及飞行里数奖励计划，已连续第二年被"商务旅行者亚洲太平洋"公司评选为世界第一。除了荣获这两项殊荣之外，大韩航空还在提供最佳头等舱和商务舱服务，座位舒适度，机舱服务，机舱食品，以及向顾客提供全方位服务方面，持续地被列入世界前十名以内。

　　大韩航空的优质机舱服务归功于全体机舱服务员的优良素质，其热情款待及专业服务均受到世界的认可。大韩航空在2000年12月亦已经将"个人消闲系统"及"带有耳机的视像系统"扩展到经济舱。

　　大韩航空的货运业务。从1997年起，每年均被"国际航空运输协会（IATA）"评为世界第二大商业航空货运企业。大韩航空是世界上最大的越洋货物运载企业，于全球的客运航空公司中，拥有最庞大的货运机队，并在全世界八大机场中拥有货运站。2000年10月，大韩航空又于纽约的肯尼迪机场开设货运站。

　　目前，大韩航空与我国北京、天津、青岛、上海、沈阳、三亚、香港7个城市开通了客运航线，并在上海、香港开通了货运航线。

　　②韩亚航空公司（AAR/OZ）。

　　韩亚航空公司成立于1988年2月17日，是目前韩国的第二大航空公司，又称"韩亚航空株式会社"。韩亚航空公司除了航空运输外，还涉及了土木、建筑、设备、电器、通讯、韩亚标志商品、观光、宾馆、教育、配餐、电子商务、广告企划及代理、机内商务销售等行业。

　　截至2003年6月，韩亚航空公司共有64架飞机，开辟了国际46个城市52条航线以及国内14个城市18条航线。

　　韩亚航空在货运上提供陆、海运输相结合的具有竞争力的复合运输服务，即从最初的始发国通过海运到达国内釜山港或仁川港的货物，再利用空运输送到目的地。这样的海运、空运服务可以在3～5日内从上海、大连、青岛等中国的主要城市到达美国、加拿大、欧洲等主要城市。利用中国快运可以享受以下优惠：比空运货物低廉的运输费、比海运快速的运输时间。

　　（2）机场。

　　韩国目前有8个主要的国际机场：襄阳国际机场、仁川国际机场、金浦国际机场、光州机场、釜山金海机场、济州岛机场、大邱国际机场、清州国际机场。国内航线机场主要有蔚山、木浦、丽水、江陵等。

①仁川国际机场（ICN）。

仁川国际机场是韩国最大的机场。位于韩国首都首尔市西52千米处，其航站楼于1996年5月23日动工，2000年12月31日竣工。航站楼的总面积为49.6万平方米，作为单一建筑物是国内最大的规模。仁川机场目前有44个登机口，其中38个是供国际航线，3个供国内航线，3个兼用为国际、国内航线。

仁川国际机场的货运站是将通过仁川国际机场出入境或过站的货物灵活运输、保管、处理的设备。通过货运站有效对付日益增加的航空货物的需求，管理进出口货物及过站货物，具有通关、保管的功能。货运站有3个站，每家航空公司确保独立的货运，以提供特色化的服务。

交通中心作为仁川国际机场的第一个门户，既是仁川国际机场的交通设备，作为国际交流的始发点，同时它也是走向未来的空间，它将成为韩国的陆标。为了灵活处理航站楼的交通量，交通中心位于航站楼前边。此外，有多种便利设备供旅客及工作人员使用。

仁川国际机场的航运设备引导飞机的安全起降，目前采取尖端的自动化技术及包括卫星系统在内的数字技术，正在为成为全球最安全的机场做出努力。仁川国际机场的航运设备大致分为导航安全设备、卫星导航系统（CNS/ATM）、助航灯光设备、地理资讯系统及管制系统等。可以看出，仁川国际机场具有21世纪机场城市的综合功能，将是一个最尖端的未来型机场。

②金浦国际机场。

金浦机场位于韩国首都首尔市，是目前韩国第二大机场。1939年机场开始使用。金浦机场除了具有空港的功能以外，还具有文化、娱乐、购物等设备设施。

（3）航线。

目前，我国的国际航空、东方、南方、北方、西北、西南、海南、云南、重庆与韩国的大韩、韩亚航空公司经营我国与韩国之间的定期和不定期航班业务。并且我国的深圳、上海与韩国首尔之间有货物定期航班。

中韩之间的定期航班有韩国首尔往返我国北京、青岛、上海、天津、沈阳、长春、大连、哈尔滨、烟台、昆明、重庆、西安、广州、桂林、三亚航线；韩国釜山往返我国北京、上海航线；韩国济州岛往返我国北京、上海航线。中韩之间的不定期包机航线有韩国青州与我国上海、韩国首尔与我国延边等。

3. 旅游景点

韩国风景优美，有许多文化和历史遗产，旅游业较发达。2003年访韩外国游客475.4万人次，其中日本180.2万人次、中国51.2万人次、美国42.2万人次，旅游外汇收入52.41亿美元。韩国有40多家饭店达到国际标准，其中部分已加入国际饭店预订系列。首尔的新罗饭店、乐天饭店、洲际饭店、朝鲜饭店、凯悦饭店、广场饭店、华克山庄饭店等被列入超豪华类别。主要旅游点有景福宫、德寿宫、昌庆宫、昌德宫、民俗博物馆、南山塔、江华岛、板门店、庆州、济州岛、雪岳山等。

（1）首尔。

首尔是韩国的首都，位于汉江之滨，是一座有1 100多万人口的大都会。在城市化和工业化的过程中，首尔迅速扩大。在维持其现有规模和对其进行改造的同时，首尔不断地在成长为韩国繁荣昌盛的政治、经济、文化和教育中心。

首尔是世界第十大城市，在这座城市里古与今以奇妙的方式并存。历史悠久的宫殿、寺院、花园和博物馆里无价的艺术藏品，证明了这座城市辉煌的历史，而闪闪发光、高耸入云的摩天大楼和熙熙攘攘的街道，则代表了它生机勃勃的今天。

①景福宫。

景福宫是李朝（1392—1910）时期首尔的五大宫之一，也是李氏王朝的正宫，具有500年历史。景福宫是李朝的始祖——太祖李成桂（1392—1398在位）于1395年将原来高丽的首都迁移时建造的新王朝的宫殿，位于首都首尔北部，因此也叫"北阙"。

景福宫内还有很多值得一看的文化遗迹。有敬天寺十层石塔、梵天寺地光国师贤母塔等国宝级的遗迹以及安装自鸣钟的报漏阁、安装自动水漏的钦敬阁等，这些本来散布在全国各地，后来移至景福宫。

1910年韩日合并条约签署后，日本帝国主义为了建造总督府，就将景福宫南面的殿阁都拆除，建造了总督府大楼。现在已将楼拆除，并正在进行景福宫复原工程。

②首尔大公园。

首尔大公园是典型的主题公园。公园内设有各种游乐设施，占地宽广的动物园同周边景色协调地融合在一起。2 300万平方米的公园完工于1984年并对外开放。以湖为中心，公园内还有动物园，植物园，青少年修炼场及其他便利设施。

动物园内饲养着世界稀有的低地大猩猩和其他360多种动物，并按产地和生态系统对这些动物加以区分管理。海豚和海狗的表演是首尔大公园的压轴好戏，深受老老少少的喜爱。900多坪的植物园内则按气候带种植着1 300多种植物。清溪丛林中7.4千米长的山林浴场是游人散步的好地方。

③明洞。

明洞是一个让人联想起一座巨大购物城市的地方。在这里，各种各样的品牌专卖店、百货店、保税商店等聚集在一起。这里被称为服饰流行的中心，可以买到领导服饰潮流的各种服装、鞋帽、饰物，等等，而且集中了许多质量上乘的品牌产品。此外，还有各种品牌店聚集在中央大街和两边的胡同里。

在明洞，除了购物，还有许多好吃的和好玩的。在吃的方面，有西餐厅、快餐店以及韩式、西式、日式等各种各样的餐厅，其中明洞炸猪排和刀切面最为有名。此外，明洞还有美容店、银行、剧场等设施为游人提供方便。特别值得一提的是到明洞一定要去的地方——明洞圣堂。这里是韩国最早的天主教堂，纯粹的哥特式建筑古香古色。教堂的后面有让人们在烦乱的都市中休息的地方，游客可以在这里减轻旅途的疲劳。

(2) 釜山。

釜山位于朝鲜半岛的最东南端，是韩国第二大城市兼第一大贸易港口。作为国际化的现代都市，釜山不仅是连接亚洲、欧洲和北美的东北亚中心，也同隔海相望的日本进行着活跃的贸易文化交流。也因此逐渐成为一个多种文化共存的国际性都市。釜山先后承办了2002年第14届亚运会和韩日世界杯比赛，而且自1995年起，每年都举办的釜山世界电影节吸引着世界各地爱好电影的人士前来参加。

随季节变换，釜山也呈现出不同的面貌。夏天，各海水浴场举办形式多样的庆祝活动；秋天，刀鱼市场会举办刀鱼文化观光节；冬天，洛东江下游的候鸟栖息地又成为游客瞩目的焦点。近来，因电影《朋友》的知名度，龙头山公园和刀鱼市场一跃成为新的观光景点。此外，釜山的东莱葱饼和生鱼片也很有名。另有釜山海洋自然史博物馆、福泉博物馆、釜山市立美术馆和福山博物馆等文化场所。

（3）济州岛。

以风多、石头多而闻名的济州岛是韩国最南端的岛屿，位于韩半岛的西南海域。济州岛风光秀丽，气候温暖，拥有独特的风土人情。这里不仅是世界性的休养胜地，也是多次举办国际会议的地方。在济州岛可以登山、骑自行车、玩飞伞、潜泳、风帆，还可以打高尔夫、打猎、钓鱼、骑马、赛马、游海泳、乘游览船等。济州的特产有柑橘和济州香水，可吃到的特色菜则有清蒸鲷鱼、烤鲷鱼、鲅鱼粥和山鸡等。说济州岛处处是风景一点也不夸张，尤其是汉拿山上成群的麋鹿和180多种植物构成的自然生态园，已成为游客眼里一道独特的风景线。

（三）越南

1. 越南概况

越南全称为越南社会主义共和国，提起这个国家大家大概都不会陌生，尤其是老一辈的人们感慨良深，他们应该还记得20世纪五六十年代流行的"越南中国，山连山，水连水"等歌曲，那时越南作为我们亲密的邻邦，两国的关系是"同志加兄弟"。岁月沧桑，中越关系经历了风风雨雨之后，逐渐走向明朗化，双方将深化互利合作，促进共同发展。

越南人口7 973万。越南是一个多民族的国家，越族（京族）占89%以上，其余有岱依、芒、侬、傣、赫蒙（苗）、瑶、占、高棉等60多个民族。通用越南语。主要宗教有佛教、天主教、和好教和高台教。

越南首都河内是全国的政治、文化中心，被誉为"千年文物之地"。河内时间GMT+7，比北京时间晚一个小时。

(1) 地理概况。

位于亚洲中南半岛东部,北与中国接壤,西与老挝、柬埔寨交界,东面和南面临南海,海岸线长3 260多千米。面积约33万平方千米。越南地形狭长,南北长1 600千米,东西最窄处为50千米。越南地势西高东低,境内四分之三为山地和高原。北部和西北部为高山和高原。中部长山山脉纵贯南北。主要河流有北部的红河,南部的湄公河。

(2) 经济概况。

越南是发展中的社会主义国家,经济主要依靠农业,矿产资源比较丰富,其中煤、铁、铝储量较大。1996年至2000年五年计划期间,GDP年均增长6.7%,第一、二、三产业年均增长分别为5%、12.2%和6.4%,粮食产量年均增长130万吨,大米、咖啡出口跃居世界第二、三位。

2004年越南克服了禽流感疫情、霜冻、干旱等自然灾害及国际市场原材料价格大幅上扬的不利因素影响,取得了经济快速发展,各项经济指标均完成或超额完成计划目标,工农业生产维持较高增长并趋于稳定;服务业继续快速增长。2004年越南国内生产总值为713万亿越南盾,较2003年增长7.7%,人均GDP约为560美元,目前还属于联合国颁布的人均日收入低于2美元的贫困国家。

2. 航空概况

越南之旅是一次神奇之旅。在每个角落,总有令人屏息凝神的惊喜。世上只有一个地方如此独特,也只有一家航空公司能从登机伊始就带给您这样的感受,越南航空公司让越南文化走向世界。

越南航空公司(HVN/VN)的前身是越南民用航空局,1996年正式成立越南航空总公司。目前越南航空有飞机36架,飞往国内22个城市以及世界25个城市。

越航主要和我国的广州、北京、昆明、香港有航线往来。

图7.19 越南航空公司航徽

3. 旅游景点

越南旅游资源丰富，5处风景名胜被联合国教科文组织列为世界文化和自然遗产。近年来旅游业增长迅速，经济效益显著。2003年上半年受非典疫情影响，旅游业一度低迷。但越南加强推介活动，大力开拓国内市场，使旅游业逐步复苏。全年接待国外游客220万人次，国内游客1 300万人次。旅游总收入约20万亿越南盾，同比下降13%。主要客源国（地区）为中国（70万人次）、美国（21.4万人次）、日本（21万人次）、韩国（13万人次）、澳大利亚（9万人次）。主要旅游景点有河内市的还剑湖、胡志明陵墓、文庙、巴亭广场，胡志明市的统一宫、芽庄港口、莲潭公园、古芝地道和广宁省的下龙湾等。

河内是越南的首都，位于越南民族发源地红河平原的中部，红河与墩河的汇流处，是越南最大的城市之一，辖区相当于越南的一个大省。河内是一个历史悠久的城市。公元10世纪以前，先后名为"龙编""紫城""宋平""罗城""大罗城"。原称大罗，曾为越南李、陈、后黎诸封建王朝的京城，被誉为"千年文物之地"。早在7世纪初，这里就开始构筑城池，时称紫城。

①巴亭广场。

如果说首都河内是越南心脏，那么巴亭广场则是河内的心脏。这里有庄严的胡志明陵墓、胡志明博物馆、胡志明故居。巴亭是1886年至1887年抗法将领丁公壮等集起义军在清化省俄山县建立的一个根据地，法国侵略者曾在那里遭受过致命打击，巴亭在越南抗法史上具有重大的影响。1945年8月越南革命胜利后，为了纪念持续近一个世纪的抗法斗争，在河内市中心修建了巴亭广场。

②西湖。

西湖是河内市区最大的湖泊，位于市区北部，面积420公顷，周长近17千米。西湖是红河改道遗留下来的一段河流。西湖陈时代称霪潭（因水面上经常烟雾弥漫），到15世纪黎朝才取名为西湖。西湖是历代王朝皇宫贵族的度假避暑区，四周湖畔上修建了许多宫殿，如李朝的翠花宫，陈朝的咸元殿（现为镇国寺），还保留着1639年的建筑风格。

(四) 新加坡

1. 新加坡概况

新加坡是一个小的岛国,它面积虽然很小,但是名气却很大;它虽然地处东南亚,但却没有苍郁的热带气息,反倒散发出一股清爽的快感;它虽然曾遭受过殖民列强的摧残,但它的美丽却没有一丝消减,新加坡人以温良恭谦的性格包容了这一切矛盾。

新加坡不光以美丽而闻名于世,它还有很多好听的名字,诸如"狮子之城""花园之城""海峡""星岛""星洲"等。据说,在公元1 150年,苏门答腊岛的一位王子与其侍从驾船来到了这个岛上,这位王子看到岛上有种非常漂亮的动物,便问侍从,侍从告诉他这种动物叫狮子,随后,这位王子便给这个岛起名为"新加坡拉",在马来语中翻译为"狮子之城",后来这个名字一直沿用至今。

新加坡首都新加坡城,时间GMT+8,与北京时间一致。20世纪60年代初开始,加速发展资本密集、高增值的新兴工业,大力投资基础设施建设,力求以最优越的商业环境吸引外来投资。

新加坡以制造业和服务业作为经济增长的双引擎,不断提高产业结构,20世纪90年代为重视信息产业,已投资在全岛兴建"新加坡综合网"。为进一步推进经济增长,新加坡大力推行"区域化经济发展战略",加速向海外投资,积极开展在国外的经济活动。经济以五大部门为主:商业、制造业、建筑业、金融业、交通和通讯业。工业主要包括制造业和建筑业。

为刺激经济发展,政府提出"打造新的新加坡",制定从传统经济向知识经济转型的战略规划,并成立了经济重组委员会,全面检讨经济发展政策,大力弘扬创业文化,积极与世界主要经济体商签自由贸易协定。2003年新加坡经济受非典型性肺炎打击仅增长1.4%。2004年,随着全球和地区经济形势好转及国内各项经济政策初见成效,新加坡出口大幅增加,内需增长强劲,就业市场显著复苏,经济出现恢复性高速增长,达8.4%。国内生产总值1 805.54亿新元,人均国内生产总值42 581新元。

2. 航空概况

（1）航空公司。

新加坡航空公司（SIA/SQ）的前身是马来亚航空公司，成立于1947年并稳健地成长。1963年，该公司被易名为马来西亚航空公司。1966年，该公司又被易名为马新航并由马来西亚与新加坡两国政府负责监督。1972年，新航取代了马新航并逐渐地建立其声望。新航不断地更新其机队及引进新技术与提高服务素质。

新加坡航空公司以其现代化的机队服务于世界各国，在航空界享有"趋势创立者"的美誉。新航的机队是世界主要航空公司中最年轻的机队之一，平均机龄只有5年。机型包括B747-400型、B777-200型、B777-300型、A340-300型，以及A310-300型和A380-800型。A380是目前世界上最大的民用客机，并且A380于2006年第二季度在新加坡航空公司首次投入商业运营。

新加坡航空公司在为满足乘客的需求上，从未间断努力创新的脚步，不仅于1991年首度装设机上环球卫星电话，于1996年起开始在全部舱等装设最先进的"银刃世界"客舱娱乐及通信系统，还于1998年引进了具有随选视听功能的"WISEMEN"客舱娱乐系统，装设于头等舱和莱佛士商务舱。在1999年，新加坡航空采用最新研发的杜比耳机科技，让乘客在飞机上享受如电影院般的立体环绕音响效果。为满足不同乘客的需求，新航设有豪华尊贵的头等舱，舒适个性的莱佛士商务舱，以及经济超值的普通舱。继在头等舱推出平躺睡床后，新航又于2002年6月开始在跨洲航线的公务舱内装设平躺睡床，使新航的商务舱成为目前世界上最宽敞舒适的商务舱。

新加坡航空公司自1985年起开展中国业务，十几年来，在中国进行了积极的投资，取得了骄人的成绩。现在，新航每天上、下午两班从北京，每天三班从上海，每周五班自广州飞往新加坡；并可方便、快捷地当天自新加坡续程前往世界各地。航线网络遍及33个国家的56个城市。所有自中国出发的航班，每个座位都配有"银刃世界"个人娱乐系统，有超过200种不同类型的节目可供选择。客人可以看电视、玩游戏、听音乐，使漫漫旅程轻松度过。

(2) 机场。

新加坡樟宜国际机场（SIN）位于新加坡岛的东端，距市区约20千米。新加坡樟宜机场是全世界最好的机场之一。樟宜机场为50多家航空公司服务，连接了世界162个城市和52个国家，成为亚太地区主要的空中交通枢纽。

2006年，樟宜机场第三搭客大厦投入使用，樟宜机场的年吞吐旅客量超过每年6 000万人次。新加坡樟宜机场第三搭客大厦有趣的平屋顶，包括了很多天窗，好让自然光能够照进大厦内部。天窗将使用百叶结构，避免阳光直射，让第三搭客大厦的大厅在白天充满了柔和的自然光。夜间，屋顶的人造光将为乘客创造一个柔和舒适的环境。当乘客在行李提取大厅提取行李的时候，也会感受到第三搭客大厦这独特的功能。

樟宜机场不单单只是一个航空港。通常，换机时无聊的等待总是很漫长。在樟宜机场，旅客的候机时间变得将愉快舒适。从屋顶游泳池到最新的体育新闻，还有浏览互联网，每个人都会在樟宜找到自己喜欢做的事情。而且在机场的周边还有小超市、儿童游乐场、邮局和电信、吸烟室、餐厅、花园、竹林等等设施可谓一应俱全。

3. 旅游景点

新加坡是世界公认的环境优美的花园城市，这里不仅美丽干净，而且还是世界最著名的旅游胜地之一。旅游业是新加坡外汇主要来源之一，游客主要来自东盟、中国、日本、澳大利亚和印度。2004年接待外国游客832.86万人次，比上年上升35.9%，酒店住房率80.6%。主要景点有：圣淘沙岛、植物园、夜间动物园等。

①鱼尾狮公园。

在新加坡河河口的海滨大道上，有一座喷水的狮城标志，白色的狮头鱼身像，高达8米，乃新加坡的国徽。狮头鱼身坐立在水波上的鱼尾狮，其设计概念将事实和传说合二为一。狮头代表传说中的狮城新加坡。鱼尾象征古城单马锡，并代表新加坡是由一个小渔村发展起来的。

②裕廊飞禽公园。

该公园占地20公顷，位于裕廊山西面的山腰，是世界上最大的飞禽饲养场。在广大的公园内，至少有600种鸟类及8 000只以上的禽鸟在此栖息，另外还有一个世界唯一的猛禽区，所谓的猛禽就是老鹰、枭等，至少有1 500只以上。当鸟儿在园内自在散步、飞翔时，可以观察到它们的自然生态，并欣赏鸟类的自然舞台表演。

③圣淘沙。

圣淘沙是新加坡著名的旅游胜地，岛上主要康乐场所及展馆有新加坡先驱人物蜡像馆，这是圣淘沙岛上最具特色的展览馆，亦是新加坡最著名的蜡像馆；19世纪英国西罗梭炮台，它已有百年的历史；世界昆虫馆，这是亚洲最大的昆虫馆之一，展出了4 000多种包括蝴蝶、蛾类、甲虫类等标本及活虫，令人眼界大开；还有珊瑚馆、圣淘沙艺术中心、独木舟中心、高尔夫球场、音乐喷泉等。

（五）印度尼西亚

1. 国家概况

印度尼西亚是一个由17 508个大小岛屿组成的国家，该国也被称之为"千岛之国"。印度尼西亚的名称是由两个希腊语形成的合成语，即"indos"指印度人，"nesos"指岛屿的意思。印度尼西亚的代表岛屿有爪哇、苏门答腊、加里曼丹、苏拉维西、伊里安查亚等5个地区。

印度尼西亚人口众多，目前人口2.7亿人，其中约有87%的人信奉伊斯兰教，是世界上穆斯林人数最多的国家。

印度尼西亚的首都雅加达是东南亚最大的城市之一，是世界著名的海港，位于爪哇岛西北部沿海。雅加达的时间GMT+7，比北京时间早一个小时。

（1）地理概况。

印度尼西亚位于亚洲东南部，地跨赤道，是世界上最大的群岛国家，由太平洋和印度洋之间17 508个大小岛屿组成，其中约6 000个有人居住。陆地面积为1 904 443平方千米，海洋面积3 166 163平方千米（不包括专属经济区）素称千岛之国。北部的加里曼丹岛与马来西亚接壤，新几内亚岛与巴布亚新几内亚相连。东北部临菲律宾，东南部是印度洋，西南与澳大利亚相望。海岸线总长54 716千米。属热带雨林气候，年平均温度25～27℃。印度尼西亚是一个火山之国，全国共有火山1 400多座，其中活火山100多座。火山喷出的火山灰以及海洋性气候带来的充沛雨量，使印尼成为世界上土地最肥沃的地带之一。全国各岛处处青山绿水，四季皆夏，人们称它为"赤道上的翡翠"。

（2）经济概况。

资源丰富的印尼有"热带宝岛"之称，矿产资源丰富。印尼是东盟最大的经济体，农业和油气产业是其传统支柱产业。全国59%的人口从事包括林业和渔业在内的农业生产，可可、棕榈油、橡胶和胡椒产量均居世界第二位，咖啡产量居世界第四位。印尼是石油输出国组织（欧佩克）成员国，2004年底日产原油约140万桶。

2004年印尼经济保持平稳增长势头。苏希洛政府重视改善投资环境、加强基础设施建设、增加就业机会、消除贫困、加强法制建设和反腐工作。2004年主要经济数据为国民生产总值2 303万亿盾（约合2 678亿美元），国民生产总值增长率5.13%。

2. 航空概况

2003年国营和私营航空公司拥有飞机374架，部门及企业拥有非营运性飞机339架。有民用机场187个、可起降宽体客机6个。雅加达附近的苏加诺—哈达机场为国内最大机场。主要航空公司有鹰记、鸽记、狮航、曼达拉、辛巴迪等。2003年国内客运量4 154.8万人次，货运量40.12万吨；国际客运量851.3万人次，货运量23.72万吨。

（1）航空公司。

印度尼西亚鹰航空公司（嘉鲁达航空公司）（GIA/GA）是全国最大的经营国内国际航线的航空公司，目前有机队62架，其中主要以B737-400机型为主。该航空公司的航线目前连接国内的30个城市和世界24个城市，国际航线在亚洲主要到达曼谷、北京、香港、胡志明市、首尔、新加坡、上海、广州、东京等城市。

（2）机场。

雅加达附近的苏加诺—哈达机场（JKT）为国内最大的机场，2000年旅客吞吐量1 087万人次，货邮吞吐量29.5万吨，由于该机场位于雅加达附近，雅加达不仅有印尼最大港口设施，而且还有较大的集装箱堆场，这都为该机场的发展创造了有利的条件。

3. 旅游概况

旅游业是印尼非油气行业中的第二大创汇行业,政府长期重视开发旅游景点,兴建饭店,培训人员和简化手续。1997年以来先后受到金融危机、政局动荡、恐怖爆炸事件、"非典"等不利影响。近年来有所恢复。2004年外国旅客530万人次,外汇收入48亿美元。

主要景点有巴厘岛、婆罗浮屠佛塔、"美丽的印度尼西亚"缩影公园、日惹苏丹王宫、多巴湖等。

① 雅加达。

雅加达历史悠久,早在14世纪就已成为初具规模的港口城市,当时叫巽他加拉巴,意思是"椰子",华侨称其为"椰城"。约在16世纪改名为雅加达,意思是"胜利和光荣之堡"。雅加达旅游名胜很多。在东郊距市中心26千米处,有世界著名的"印尼缩影公园",也称"迷你公园",也有称它为"缩影国"的。

新区的丹姆林大道,宽阔整洁,现代化的豪华建筑参差林立。这里是银行、大公司云集之地,有印尼的"华尔街"之称。

② 巴厘岛。

巴厘岛属于印度尼西亚17 508个岛屿之一,也是印度尼西亚27个省份之一。巴厘岛曾一度被荷兰、日本所占据统治,直到1945年印度尼西亚独立,巴厘岛才回到了印度尼西亚的怀抱,成为印度尼西亚群岛中最闪亮的一颗星。巴厘岛有"艺术之岛""千庙之岛""天堂之岛"的美称。

(六) 印度

1. 国家概况

"印度"梵文的意思是月亮,中文名称是唐代高僧玄奘所著《大唐西域记》中的译法,在这以前称天竺。印度是世界四大文明古国之一,公元前2000年前后创造了灿烂的印度河文明,具有绚丽的多样性和丰富的文化遗产和旅游资源。几千年的文明积淀使印度成为一个充满神秘色彩、十分迷人的国度,去印度旅游将是一次神秘之旅。印度北部雄伟的喜马拉雅山倚天而立,佛教圣河恒河蜿蜒流转,世界七大奇迹之一的印度泰姬陵优雅妩媚,莫卧尔王朝的阿格拉古堡庄严壮观。

印度首都新德里位于印度北部地区,是印度重要的政治、经济和交通

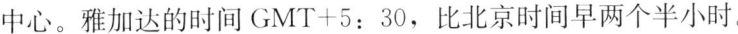

中心。雅加达的时间 GMT+5：30，比北京时间早两个半小时。

(1) 地理概况。

印度位于南亚次大陆，与巴基斯坦、中国、尼泊尔、不丹、缅甸和孟加拉国为邻，濒临孟加拉湾和阿拉伯海，政府称其领土面积为 328.78 万平方千米。印度全境分为德干高原和中央高原、平原及喜马拉雅山区等三个自然地理区。属热带季风气候，气温因海拔高度不同而异。

(2) 经济概况。

印度是一个农业大国，农业占国内生产总值的 24.7%。主要农产品有稻米、小麦、牛奶、油料、甘蔗、茶叶、棉花和黄麻等。全国耕地面积约 1.6 亿公顷，人均 0.17 公顷。印度是世界第一大产奶国，也是世界重要的产棉国和产茶国。2001—2002 年度，工矿业比上年度增长 2.7%，产值 33 680 亿卢比，占国内生产总值的 26.4%。近年来，印度纺织、食品、精密仪器、汽车、软件制造、航空和空间等新兴工业发展迅速。

2. 航空概况

印度航空公司有印度国际航空公司、印度航空公司和其他 42 家私营航空公司。2001—2002 年度，旅客数量为 3 998.3 万，货运量为 85.4 万吨。航线通达各大洲主要城市。全国有德里、孟买、加尔各答、马德拉斯和特里凡得琅 5 个国际机场，国内机场 92 个。

(1) 航空公司。

印度航空公司（AIC/AI）是印度的旗舰，虽然印度的航空运输诞生于 1911 年 2 月 18 日，当时 Henri Piquet 驾驶 Humber 双翼飞机将邮件从 Allahabad 送到 6 英里外的 Naini Junction，但真正有时间记载的服务始于 1932 年 10 月 15 日。就在这一天，印度国内航空之父、奠基人——J. R. D Tata 驾驶小型单引擎 de Havilland Puss Moth 飞机从 Drigh Road Airport Karachi 起飞，经 Ahmedabad 飞到 Mumbai（因 Bombay 而出名）。从 1947 年开始，印度航空公司将目光投往国际市场。年底，与印度政府达成协议成立印度国际航空有限公司从事国际业务。目前共有飞机 39 架，主要以空客和波音系列机型为主。航线目前遍及了包括国内的共 36 个城市的连接。

(2) 机场。

①印度德里国际机场 (DEL)。

德里国际机场位于市中心新德里 20 千米处，从市中心到达机场乘坐大巴只需要 20 分钟左右的时间。该机场目前设备先进，有三个航站楼，平均每天处理 13 100 位国内旅客和 9 500 位国际旅客。其中 2 号航站楼有 35 条航线飞往世界主要的城市。

②孟买国际机场 (BOM)。

孟买目前有两个机场，专门为国际和国内旅客分别建造的。其中国际机场是孟买主要的机场，现在可提供每小时 45 架次的飞机起飞能力。

3. 旅游景点

首都新德里位于印度北部，东依亚穆纳河，东北紧连德里旧城（沙贾汉纳巴德），是全国的政治、经济和文化中心。新德里兴建于 1911 年，1929 年建成，从 1931 年起成为首府，1947 年印度独立后成为首都。

城市以姆拉斯广场为中心，城市街道成辐射状、蛛网式地伸向四面八方。市中心耸立着宏伟的建筑群，如国会大厦、总统府、印度门等。城东部亚穆纳河畔，有黑色大理石砌成的甘地冢。城南有尼赫鲁纪念博物馆和图书馆，建于 1930 年，因庭院前有三个手持长矛的古代武士铜像而又称"三偶像公馆"。在国会大街的琴佗孟佗公园内，有建于 1710 年的古天文台，这座天文台共有 14 组奇形怪状的建筑，分别用来测量日月星辰。在新德里，寺院神庙随处可见，最有名的一座神庙是比拉财团出资修建的拉克希米—纳拉因庙。西端的康瑙特市场建筑新巧，呈圆盘形，是新德里的最大商业中心。

大洋洲区域

（一）澳大利亚

1. 国家概况

澳大利亚一词，意即"南方大陆"，欧洲人在 17 世纪初叶发现这块大陆时，误以为这是一块直通南极的陆地，故取名"澳大利亚"。

澳大利亚地大物博，自然风光无限，兼有大都会的繁华，同时也是目前地球上仍然保有原始状态的荒野少数地区之一。最早居民为土著人。1770 年英国航海家詹姆斯·库克抵澳东海岸，宣布英国占有这片土地。

1788年1月26日英国流放到澳的第一批犯人抵悉尼湾,英开始在澳建立殖民地,后来这一天被定为澳国庆日。1900年7月,英议会通过《澳大利亚联邦宪法》和《不列颠自治领条例》。1901年1月1日,澳各殖民区改为州,成立澳大利亚联邦。1931年成为英联邦内的独立国家。1986年,英议会通过《与澳大利亚关系法》,澳大利亚获得完全立法权和司法终审权。

(1) 地理概况。

澳大利亚位于南太平洋和印度洋之间,由澳大利亚大陆和塔斯马尼亚等岛屿组成,澳大利亚不仅是世界上最大的岛屿,同时也是最小的洲。澳大利亚四面临海,东南隔塔斯曼海与新西兰为邻,北部隔帝汶海和托雷斯海峡与东帝汶、印度尼西亚和巴布亚新几内亚相望。面积769.2万平方千米,海岸线长36 735千米。

澳大利亚的首都堪培拉位于澳大利亚首都直辖区东北部、澳大利亚阿尔卑斯山脉的山麓平原上,跨莫朗格洛河两岸,是全国的政治、文化中心。堪培拉的时间GMT+10,比北京时间早2个小时。

(2) 经济概况。

澳大利亚是一个后起的工业化国家,农牧业发达,自然资源丰富,盛产羊、牛、小麦和蔗糖,同时也是世界重要的矿产品生产和出口国。农牧业、采矿业为澳传统产业。近年来,制造业和高科技产业有较快发展。服务业已成为国民经济主导产业,占GDP 70%左右。20世纪70年代以来,澳进行了一系列的经济改革,大力发展对外贸易,经济持续较快增长,2003—2004年经济增长率为4.1%。

澳农牧业发达,在国民经济中占有重要位置,是世界上最大的羊毛和牛肉出口国,2001—2002年度农牧业总产值为396亿澳元。

2. 航空概况

澳大利亚国内截至2002年6月,注册飞机11 779架;至2002年8月,有261个注册机场,其中12个国际机场。2002年,国际飞行8.7万架次,客运1 644.9万人次。2001年,货运量66.9万吨;国内飞行24.6万架次,客运5 314.8万人次。澳航空业务主要由"快达"航空公司和"维珍"、澳亚航空航空公司主导。年客流量在100万人次以上的国际机场有：悉尼、墨尔本、布里斯班和珀斯。

(1) 航空公司。

①澳大利亚快达航空公司（QFA/QF）。

澳大利亚快达航空是澳大利亚最大的航空公司，快达航空公司也是世界上历史第二悠久的航空公司，于1920年在澳洲昆士兰创立。快达航空公司被认为是世界领先的远程航空公司之一，在澳洲到北美和欧洲航线上提供优良的服务。快达航空公司雇员约有2 900人，经营着分布在澳洲本土、非洲、美洲、亚洲、欧洲、中东，以及太平洋地区的由104个目的地构成的航线网。总部位于澳大利亚的悉尼。在澳大利亚该航空公司也被视为世界长距离航空公司的领导者和最强壮的商标之一。

快达航空目前有飞机194架，作为B747-400ER飞机的启动用户，该公司于2000年12月订购了6架B747-400ER，由于B747-400ER飞机的航程比早期的747飞机更远，所以快达航空计划将其投入到跨太平洋的超远程航线上。另外快达航空还拥有6架B747-400、7架A320和23架B737-800世界最先进的机型。快达航空还购买了12架世界上最大的飞机A380，于2008年投入使用。

快达航空公司是澳大利亚领先的国内航线航空公司，每天飞行565个航班到遍布全国各州的50个目的地。从澳大利亚每周发出370次航班到其他32个国家的54个目的地。其中亚洲太平洋地区可飞往25个城市（其中6个通过代码共享），欧洲可飞往13个城市（9个通过代码共享），北美可飞往11个城市（9个通过代码共享），南美可飞往2个城市（其中1个通过代码共享），南部非洲可飞往2个城市，中东可飞往1个城市（代码共享）。

快达航空公司在旅客乘坐飞机的途中服务是一流的，其中包括娱乐服务（从最新的影片到新闻以及世界的重大事件、航空杂志）、飞机上的手机通话等。

②澳亚航空公司（AO）。

澳亚航空公司成立于2002年10月，是一家年轻的航空公司，总部在澳大利亚悉尼。澳亚航空目前开辟的航线只涉及澳大利亚和亚洲之间的13个国家，主要机型以B767-300为主。

图 7.20　澳亚航空公司航徽

(2) 机场。

①墨尔本国际机场（MEL）。

墨尔本国际机场是一个澳大利亚最大的全天候、无宵禁的客运、货运机场，机场与市中心有往来巴士，提供 24 小时不间断服务，距离墨尔本市中心约 25 千米处，它的地理位置使得由此进入中心商业区非常方便，而且位于三条主要的高速公路的交汇处。

2004 年墨尔本机场旅客吞吐量近 2 000 万人次，并且这一数据从 1997 年开始一直持续增长。墨尔本国际机场主要的货运机专门提供往来于欧洲及北美的货运服务。机场目前年货物吞吐量超过了 375 000 吨。并且还有很大的上升空间。

墨尔本国际机场目前共提供 23 条国际航班，有竞争力的货运费使墨尔本成为进入这一地区的高速度、低成本的基地。它的价格优势明显高于吉隆坡、新加坡、曼谷和许多北美、欧洲的机场。

②悉尼国际机场（SYD）。

悉尼国际机场是澳大利亚的首要机场。作为进入澳大利亚的交通枢纽，悉尼国际机场是澳大利亚最繁忙的客运机场，吸引了大约 49% 的出入澳大利亚的国际旅客和 30% 的国内客流。机场入口处立着几十个大牌子，牌子上贴着各个航空公司的标识，乘客只需到牌子所对应的门口检票就可，十分便捷。

悉尼国际机场曾获得澳大利亚机场协会 2000 年度最佳机场的荣誉，而且被公认为是世界上在机场零售业方面表现最佳的两个机场之一。悉尼机场为旅客们设置了一系列便利设施，医疗中心、机场药店、淋浴设施、免费上网设施、邮局、商店、兑换货币和自动提款机（ATM）等，应有尽有。

国际机场火车站在机场的候机楼下，国内机场火车站则位于澳航国内候机室下，你可以直接从候机室前往。在特快候机室的乘客可以沿着明显的标志前往火车站。坐火车从机场到中央火车站只有三站距离，交通十分便利。

3. 旅游概况

（1）悉尼。

悉尼是新南威尔士州的首府，也是澳大利亚第一大城市，面积为2 400平方千米，位于围绕杰克逊湾的低丘之上。200多年前，这里是一片荒原，经过两个世纪的艰辛开拓与经营，它已成为澳大利亚最繁华的现代化、国际化城市，有"南半球纽约"之称。

（2）堪培拉。

首都堪培拉位于澳大利亚首都直辖区东北部、澳大利亚阿尔卑斯山脉的山麓平原上，跨莫朗格洛河两岸。1824年初建居民点，称坎伯里，1836年更名堪培拉。1899年成立联邦区后划归首都直辖区。1913年开始兴建，1927年正式迁都，联邦议会也由墨尔本正式迁此。今天的堪培拉已是澳大利亚拥有众多现代化建筑的、发展最快的城市。

和其他大的城市用许多公园点缀相反，堪培拉被描绘成一个建在花园里的城市。这个澳大利亚最大的内陆城市的中央是一个11千米长的人工湖，它看上去好像是天然形成的一样，整座城市掩映在一片绿色之中，绿地占地区面积一半以上，重要公共建筑绕湖而建，这里还拥有第一流的购物、餐饮、体育和娱乐设施。

（3）墨尔本。

如果说悉尼是南太平洋的纽约，那墨尔本则可说是伦敦。维多利亚州的首府——墨尔本是澳大利亚的第二大城市，也是澳大利亚东南部的一个港口城市。这是个古老的城市，同时也是澳大利亚的经济、文化、金融中心。

墨尔本是移民居住的中心，来到澳大利亚的移民大部分都住在墨尔本和悉尼。移民在这儿开始了他们的新生活，但同时还保留着自己民族的传统和习惯。

(二)新西兰

1. 国家概况

展开世界地图观看,在浩瀚的南太平洋上,有个美丽的岛国,形似一只倒悬的长筒高跟皮靴,这就是新西兰。游人尽可以在这里找到"宠辱不惊,看庭前花开花落;去留无意,望天上云卷云舒"的闲适意境。

早在1350年,毛利人就在新西兰定居。1642年荷兰航海者在新西兰登陆。1769年至1777年,英国库克船长先后5次到新西兰。此后英国向新西兰大批移民并宣布占领。1840年2月6日,英国迫使毛利人族长签订《威坦哲条约》,新西兰成为英国殖民地。1907年新成为英国自治领,政治、经济、外交仍受英国控制。1947年成为主权国家,是英联邦成员。

(1)地理概况。

位于太平洋西南部,首都惠灵顿是地球上最靠南的都城。西隔塔斯曼海与澳大利亚相望,相距1 600千米。由南岛、北岛及一些小岛组成,两岛隔库克海峡相望。全境多山,平原狭小,山地和丘陵占全国面积的75%以上,河流短而湍急,航运不便,但水利资源丰富。北岛多火山和温泉,南岛多冰河与湖泊,南岛的库克峰海拔3 754米,为全国最高峰。海岸线长6 900千米。属温带海洋性气候。平均气温夏季20℃左右,冬季10℃左右。年平均降水量600~1 500毫米。

新西兰首都惠灵顿,国际时间GMT+12,比北京时间早4小时。

(2)经济概况。

新西兰是经济发达国家,以农牧业为主,农牧产品出口占出口总量的50%。羊肉和奶制品出口量居世界第一位,羊毛出口量居世界第二位。2003年新西兰经济增长率3.5%,在经济合作与发展组织国家中居前列。

目前,澳、美、日、中、英、韩为新西兰最重要的贸易伙伴。近年来,新西兰逐步把贸易重点转向亚太地区。由于受新元升值等因素影响,2003年新西兰对外贸易下降,外贸总额为601.66亿新元,其中新出口283.97亿新元,同比下降8.4%,进口317.82亿新元,同比下降1.7%,贸易逆差33.85亿新元,是过去10年间第二大赤字年。出口产品主要是乳制品、肉类、羊毛、林木产品、水果和鱼类;进口产品主要是汽车、机电设备、原油、光学/医疗及测量仪器、塑料制品等。

2. 航空概况

新西兰共有各类民用飞机 3 295 架，飞行员 8 620 人，机场 156 个（2001 年），国际机场有奥克兰机场，克赖斯特彻奇机场和惠灵顿机场。新西兰民航客机飞南太、亚洲、北美和欧洲多个国家和地区。27 家外国航空公司班机飞新西兰。2003 年下半年，国内航线运送旅客 229 多万人次，增长 15.4%，国际航线载运旅客 300 多万人次，增长 9.9%。

（1）航空公司。

新西兰航空公司（ANZ/NZ）成立于 1940 年 4 月，成立之初该航空公司并不属于新西兰政府，直到 1961 年 4 月新西兰籍的政府确定了完全的所有权。

目前新西兰航空公司共有以波音为主的机队 46 架，另有 44 架租赁的飞机。

图 7.21　新西兰航空公司航徽

（2）机场。

奥克兰国际机场（OAK）是新西兰最大和最繁忙的机场。大多数海外游客都由此入境。机场位于奥克兰西南方的郊区芒哲雷。奥克兰机场早在 1928 年就开始建立了，建立之初仅租用了一块土地，开始称为奥克兰俱乐部，直到 1937 年成为奥克兰的官方机场。

3. 旅游概况

新西兰气候宜人，风景优美，旅游胜地多。2003 年新西兰十大游客来源地来新西兰游客人次和同比增长率分别为：澳大利亚 702 162 人，增长 11.0%；英国 264 819 人，增长 11.7%；美国 211 624 人，增长 3.1%；

日本150 851人，下降13.1%；韩国112 658人，增长2.5%；中国59 379人，增长1.09%；德国52 534人，增长7.3%；加拿大39 940人，增长0.7%；新加坡32 603人，下降4.2%；中国台湾省25 008人，下降34.8%。2003年新西兰出境游客高达137.4万人，比上年增加8.05万人，增幅6%。旅游业收入占新西兰GDP近10%，提供了1/11的就业机会，是仅次于乳制品业的第二大出口创汇产业。

奥克兰市位于新西兰北岛北部的瓦依提马它港湾和曼努考港湾之间的狭长地带上，面积（含岛屿）约60平方千米。

奥克兰是新西兰对外贸易、旅游的门户，是重要的公路、铁路和航空交通枢纽。新西兰最大的国际机场——奥克兰国际机场距奥克兰市中心仅30分钟的车程。奥克兰港拥有新西兰最大的集装箱码头，新西兰全国约46%的进口物资和约25%的出口物资在该港进出。奥克兰市是新西兰最大最繁忙的商业金融中心，新西兰的股票交易所及多家大银行的总部就设在这里。奥克兰市还是新西兰的旅游胜地，以"风帆之城"闻名世界。

思考练习

1. 简述日本、新加坡航空运输业发达的原因，主要的影响因素有哪些。
2. 简述欧洲地区航空运输业的主要概况。
3. 讨论美国在国际航空运输中的作用及其影响。
4. 通过其他方式收集若干个世界主要机场的近期数据，分析这些机场的地理位置、机场容量与所在城市相联系的一般规律。